Theodor W.
Adorno

阿多诺选集 遗著

否定辩证法
讲演录

[德] 阿多诺 著

[德] 罗尔夫·蒂德曼 编

谢永康 毛林林 译

ung über Negative Dialektik: Fragmente zur Vorlesung 1965/66

上海人民出版社

国家社科基金重大项目资助

阿多诺哲学文献的翻译与研究（编号：20&ZD034）

总　序

如果没有特奥多·W.阿多诺，没有这个哲学家、音乐理论家和社会学家，就不会有批判理论。当然，还有其他人，为20世纪哲学的这个重要流派奠定了基石；也还有其他人，在这个学派的最初岁月里就公开地铸就了其知识形象(intellektuelles Erscheinungsbild)。马克斯·霍克海默开启了后来被称为"法兰克福学派"的批判理论传统，他于1930年被聘为社会研究所的所长，这个研究所是1923年在法兰克福建立的。在霍克海默还未被委以新任的时候，他身边就聚拢了一个由志同道合的科学家构成的圈子，一起以一种非正统的马克思主义精神来研究当时资本主义的结构和动力；此时他特别重视研究规划的经验性方向，采取学科交叉的项目形式，对西欧资本主义社会的实际发展——而不仅仅是假设的发展——进行探索。在开始的阶段，霍克海默认为意义特别重大的问题是，考虑到历史形势的改变，坚持马克思主义关于无产阶级革命潜力的旧有信条，是否还是合时宜的。与此相应的，是关于无产阶级成员的社会化条件和人格性形成的受精神分析影响的研究，这些研究从根本上规定了那时批判理论在公共领域中的形象。而阿多诺则相反，他受他的朋友霍克海默之托，在研究所从事哲学和美学方面的基础课题，从一开始就完全处于这种经验研究活动的阴影之中；他关于方法论、音乐理论和历史哲学的作品，虽然正合西方马克思主义的激进代表人物的小圈子的兴趣,但是最初在研究所的内部并没有更大的影响。当社会研究所结束美国的流亡,迁回法兰克福之后,这个由霍克海默建立的批判理论,除了阿多诺之外,就没有任何别的名字能够代表,而这已然是20年之后的事了;又过了20年,阿多诺被西德学生运动视为理论学派的知识分子首领,人们将反抗联邦共和国国内复辟和固化的关系的本质性冲动归功于这个理论学派。如今,被称为批判理论或者法兰克福学派的东西,几乎等同于特奥多·W.阿多诺的著作。因此,这个思想家对这个20世纪哲学最重要的流派之一所具有的杰出意义,乃是源于其否定主义方法的激进性,源于其理论工作的令人惊叹的涉猎范围,源于其思想姿态的刚正不阿。

在特奥多·W.阿多诺,这个天资聪慧的学生于1930年成为社会研究所的成员之时,他才刚刚27岁;此时他已经在维也纳跟随十二音音乐之父学习了音乐理论,并在他的家乡美因河畔法兰克福学习了哲学。在他关于一种批判理论的方法论的诸多早期作品中,就已经显露出否定主义的特征了,这些在后来构成了他的整个哲学和社会理论的根本特征。在结束了对格奥格尔·卢卡奇的《历史与阶级意识》的开创性研究之后,青年阿多诺便认为,社会世界处于资本主义经济的统治之下;只有在对外部自然和内部本性的控制可能性的工具性计算形式下,这种经济才允许人类理性的潜能发挥出来。阿多诺哲学的独特面貌是在其因纳粹掌权而被迫于1938年流亡美国期间才获得的,而在此之前他已经在英国的牛津大学停留了3年作学术研究。在美国,当时快要40岁的阿多诺,开始逐渐意识到,被资本主义强迫推行的理性单一化在当时已经达到了如此程度,以至于社会生活的所有冲动和实施都受到了它的损害。因此阿多诺从现在开始将蔓延到全球的资本主义统治理解为一种"总体的蒙蔽关联"(totalen Verblendungszusammenhang),在其中主体、自然,包括心理感受,都被按照同一种模型来处理,这种模型将所有鲜活事物都归结为某种单纯物性的可支配的东西。阿多诺这种否定主义最终影响如此深远,以至于他同时作为音乐理论家和作曲家能够辨认出,只有在现代的、加密的艺术作品中,还留有反抗理性的社会病理学的一席之地;阿多诺的所有后期著作,无论是《否定的辩证法》《美学理论》《最低限度的道德》,还是那许多文化批判文集,都是这种思考的见证,它试图对抗资本主义对我们理性能力的肢解,回忆那沉睡在艺术中的、一种非同一化的世界关系的力量。借助于这个动机和基本思想,特奥多·W.阿多诺成为了所有批判理论在精神上的核心人物;任何在今天努力接续法兰克福学派传统的人,都必须接受阿多诺哲学的严格、严肃和远见的衡量。

因为阿多诺的著作在 20 世纪哲学中是如此独一无二和不可分割,现在上海人民出版社已经作出决定,出版一套规模宏大的著作选集,以让中国的公众能够受惠,这是功德无量的。这勇敢的一步,不仅仅标志着东西方知识文化之间迟来的接近;而且,它还是一个明确的信号,即无论在东方还是西方,在经济的应用兴趣和政治的权力诉求重新占据主导地位的今天,都需要一种思维,这种思维在对工具合理性的批判中,呼唤我们真实理性的人道和负责任的潜力。我们,在西方想要推进批判理论传统的我们,只能希望,这个宏大的、令人钦佩的阿多诺著作中文出版计划,对它自己的国度亦不无裨益。

阿克塞尔·霍耐特

2020 年 7 月于美因河畔法兰克福

目　　录

否定辩证法讲演录

第一讲至第十讲

第十一讲至第二十五讲提纲

附　录

否定辩证法讲演录①

阿多诺1965—1966年冬季学期的课程是他四门关于否定辩证法讲授课中的最后一门,这些讲授课表明他正走向首次出版于1966年的代表作《否定辩证法》。在这门讲授课中,只有前十次课的文句以录音转写稿的形式流传了下来,最后的十五个学时只能刊印阿多诺用来做即兴演讲的提纲。②

注释

① 阿多诺曾预告过以"否定辩证法"为题的课程,为了避免与同名著作发生标题上的混淆,编者使用了"否定辩证法讲演录"这个题目。

② 通常,阿多诺只为他的讲授课写下简短的提纲,然后就这些提纲自由地即兴演讲。从1958年起,这些讲课都会被录音,社会研究所的秘书会根据磁带将讲座抄录下来。然而,除了1968年夏天的最后一门课之外,这些磁带又都被洗掉了,但是对磁带的(阿多诺未审核)转写稿被保留了下来。遗憾的是,眼下这门课程只有前十个课时的转写稿留下来,而第十一次到第二十五次讲课只有提纲了。至于转写稿是丢失了还是由于录音设备的故障完全没录成,已经无法确定;甚至参与录音的助理和临时助手尽其所能,也无法给出说法。由于这门讲授课作为阿多诺主要作品的概论具有重要的意义,我们无法在"阿多诺遗著集"的框架中放弃它,所以就将前十个课时的录音转写稿印刷出来;对第十一到第二十五次讲课,则只能满足于阿多诺的提纲了。为了至少是在一个例子中了解阿多诺讲座提纲的完整样子,在前十个课时的文字本身前面,也放上了它们相应的提纲。如果以后这些丢失的录音转写稿,甚至只是来自听众圈子的可靠的记录或笔记被找到,那么当前这个版本理所当然是要被新的版本替代的。

3

第 一 讲

(1965 年 11 月 9 日)

提　　纲

开始于

1965 年 10 月 25 日 ①

研究与教学的特别关系。

从进展中的著作出发的讲课。

计划：

(1) 导入一种否定辩证法的概念。

(2) 从对当下哲学，尤其是对本体论方法的批判向否定辩证法的过渡。

(3) 否定辩证法的几个范畴。

否定辩证法意味着什么——辩证法不是同一性而是非同一性。不是外在的三段论(Triplizität)的图式。尤其缺乏对所谓合题的强调。辩证法涉及思维的脉络(die Fiber des Denkens)，内在的结构，而不是建筑术上的布局。

基本观念:矛盾的结构,也就是在双重含义上:

(1) 概念充满矛盾的特征,也就是概念与它的事物的矛盾(解释:在概念中略去的是什么,在哪一点上它又是更多。矛盾＝差异(Inadäquanz)。但若为概念的着重特征,它(这个特征)就变成了矛盾。概念之中的矛盾,而不是单纯概念之间的矛盾。[)]

(2) 现实充满矛盾的特征:模式:对抗性的社会。(解释:生活十灾难;如今,社会通过它所炸毁的东西而存活。)

这种双重特征不是世界奇迹。应该表明那些以对抗的方式铸就现实的因素,和那些倾向于将精神和概念当作对抗的因素。自然统治的原则精神化为同一性。

这意味着辩证法不是任意想象出来的东西,不是世界观。我的任务是,阐释辩证方法的严格性;这就是它真正涉及的内容。

10

辩证法的两个版本:唯心主义的和唯物主义的。

那么,为什么是否定辩证法。

内行的异议。否定,辩证法的精华(《精神现象学》"序言"的引文13②)。主体;思维自身首先是被给予物的简单的否定性。

所有辩证法都是否定的:那么为何要这么称呼一种辩证法呢? 同义反复?

1965 年 11 月 8 日

讲 课 记 录

亲爱的同学们,保罗·蒂利希③几个星期前去世了,从 1929 年到 1933 年,也就是直到我们所有人都被希特勒赶走的那段时间,他曾是这所学校唯一的哲学教席的执掌者。(1932 年才设立了霍克海默的教席)去谈论在我已故的朋友蒂利希的工作和生活中那些至关重要的东西,也即那些神学的东西,不是我的任务,我也无权这么做。关于这些,至少就像计划的那样,菲利普教授④自己将做一个公开的演讲。我不想在这个课时里完全地或者用其中大部分时间来谈论蒂利希;我相信,我由此已经免除了如下事情,也就是我们有这个意图,将哲学高级研讨班的第一个课时,也就是下周四的第一次课用来探讨哲学和神学的关系,这恰恰是在本质上探究蒂利希曾经从事的问题。⑤ 然而我想,我对各位以及对我自己而言都有责任,即告诉各位,保罗·蒂利希,无疑对各位当中的许多人来说现在还仅仅是一个名字,但他是我一生中遇到的最为出色的人之一,是他在 1931 年,也就是在前法西斯主义的那个风声鹤唳的年代批准了我的大学授课资格,对此,我对他表示最衷心的感激;一种只对极少数人才有的感激。假如当时他没有为我如此出头,更确切地说,在不考虑我们从一开始就坦率持有的理论立场的差别的情况下为我努力,那么很难说我现在还是否能够为各位开设这门讲授课;甚至我那时是否能够活下来都成问题。但这并不仅仅是一段私人的回忆,相反,它与蒂利希那无与伦比的、真正独特的品质相关:一种豁达、开明的精神态度,我从未在其他人那里见过类似的品质。我知道,正是这种无拘无束的豁达和开放,使得蒂利希饱受诟病;而我自己也是很早作出这些指责的人之一。但是此刻我仍然想说,蒂利希所给出的自由思想的例子在一个非常广泛的意义上是永恒的,因为它已经在蒂利希身上得到了证明——事实上,在我认识的其他所有人中,没有任何人被证明在他们身上有类似的品质,这种对他所经历的每一种精神经验几乎都是无拘无束的豁达,在他那里,在真正意义上的一种确实爱好和平的本性中,在他的个人行为中与最大的决心结合在一起。不言而喻,国家社会主义者向蒂利希这样对其他人具有非凡魅力的,具有被称为"领袖特质"这种品质的人许诺了飞黄腾达——我知道他们的确这么做了。在 1933 年的夏天,我们当时都在吕根岛(Rügen),他给我讲了很多这方面的事情。他毫不犹豫地拒绝了这些诱惑,这些对他来说必定也曾是一种诱惑。在需要表明一个人是否真的正派的时候,他的开明并没有阻碍他得出坚定的结论。这是一句冷静的话:一个人是正派的这一点,在我向各位提到的这样一种背景中获得一种强调,否则的话他可能不会被认为是正派的。此外,我在这个聚集了这么多年轻人的课程的一开始谈论蒂利希,也是因为想到了他的教育才能,这种才能也与他的开明息息相关。如果我对各位说,我从未碰到一个人拥有像蒂利希那样的教育天赋,也并不夸张;也就是在这个意义上说,即他能够通过一种难以形容的博爱——他用这种博爱来对待学生的反馈——将他们最贫乏和最微薄的天赋发挥到极致。人们在蒂利希的课堂上——在我成为私人讲师之前,我曾是他多年的非官方助理——会有这样的感觉,就是他与人打交道、与年轻人打交道的方式预先采取了这样一种状态,在其中,诸如通常的天赋、智力和所有其他的那些差别都不重要了;在那里,这些差别通过诸如彼此的实际接触被扬弃了;在那里,甚至被限制和被压抑的意识也能够得到发展,以今天对被压抑的意识而言几乎不可能和不被允许的方式得到发展。我还想进行一些补充,我本人在教学能力方面学到的东西和使得我或许能够获得你们的一些信任的东西,即那种只要可能便从他人的意识中发展客观性,使意识与之建立联系的能力;那些我由此可能已经学到的东西(尽管我意识到,我还落后保罗·蒂利希很多),我都将其归功于**他**和我们持续多年合作的高级和初级研讨班⑥。请各位相信,在我自己的命运中并非只有极少数几个具有重要意义的人,毋宁说是我将这样一种影响归之于他们——一种远远超过了他们著作记载的影响。因为蒂利希属于那样的思想家,他们的个人交往和生命的积极活动方面远远超过了在他们作品中的记录。而各位,如果你们不认识他或者至多可能是我们在法兰克福这里的共同讨论⑦中见过他一两次,那么你们真的是很难对此有所感受的。

如果各位能够为纪念保罗·蒂利希而起立,我将非常感激。

谢谢各位。

女士们、先生们,各位知道,对大学的传统定义要求研究和教学相统一。各位同样也知道,这个现在还在坚持的理念的实现是多么困难重重。我自己的工作也深深地为这个问题所困扰,这就是说:逐渐落在我身上的教学任务和行政任务的分量,使得我几乎不可能在学期间以这样的方式去完成所谓的研究任务——如果人们想要在哲学领域谈论研究的话:不仅仅是以客观的方式去揭示,而且首先也是符合我自己的爱好和规划。在这样的状况下,在这种强迫和压力之下,人只能养成一种最多被叫作机灵的性格。因此我试图以如下方式来为这个状况辩护,即主要从我那本冗长并的确让人感到沉重的著作出发来讲授我们的课程,我从六年前开始着手这部著作,它将以《否定的辩证法》为题,这也正是我这门课程的题目——在之前的两个学期我已经采取这个方式了,这个学期还将再一次这样做。我已经意识到这样的做法可能会

14 招致异议,特别是持实证主义意识的人立即会反对说——作为一名学院教师,一个人只能提供完成了的、使人信服的和严密的成果。我不想化不利为有利,但我仍然认为,这个观念恰恰不怎么符合哲学的概念;哲学正是一种处在永久新生状态(statu nascendi)的思想;并且就如伟大的辩证法奠基人黑格尔所说,在哲学中过程和结果同样重要;过程和结果,就像《精神现象学》中著名的一段所说的那样,甚至是一回事。⑧此外,我认为,对哲学思想而言,尝试着的、实验着的因素,而非结论性的东西才是其本己的东西,它使哲学区别于实证科学,而且刚刚对它的探讨甚至不构成我的课程最微不足道的对象。因此,我在这里向各位阐述一些思考,只要这些思考还没有获得它们的语言形态,没有获得我所能及的,就我的力量够得着的最终形态,它们就会带有这样的实验性特征。实际上,我可以进一步鼓励各位——我再一次想到了保罗·蒂利希——以我向各位所说的方式一起思考,并且自己进行这样的思考,而不是我现在想传达一些可靠的知识,你们可以安心地带回家的知识。我打算做的事情是这样计划的:我想首先——我会告诉各位这一点,这

样各位就在一定程度上了解这也许有些复杂的、必须对之有所预期的
思考——因此,我想首先向各位从总体上介绍否定辩证法的概念。接
下来我想从一种与当前的哲学状况相关的批判性考虑转到否定辩证
法;我想为各位提出这样一种否定辩证法的理念,并且是在其严格性上
提出它,如果我能够成功的话;之后,我想提供给各位关于这样一种否
定辩证法的一些范畴。我或许可以作这样一个补充,我眼前的这个计
划——外在地,粗糙地以建筑术的方式看——大概符合这一点,即一个
关于我总体上所要做的事情的方法上的考虑;如果可以这么说,那么在
这里处理的是这样一些根本性的思考,各位接下来会在我的许多材料
性的、内容性的工作中详细地发现它们。因此,我只想尝试部分地回答
那些了解我其他著作的人眼下肯定也会提出的一个问题:他究竟是如
何走到这一步的? 这一切的背后是什么? 我想尝试着亮出我的底
牌——就我知道我的底牌而言,并且就一个思想家知道他自己的底牌
而言。当然,这绝非如它或许以先验的方式向各位显现出来的那么确
定无疑。从另一方面来说,我由此向各位所预示的东西是复杂的和成
问题的,即我并不承认方法和内容之间通行的区分——这也是这个课
程本身的一个内容;而且在特别的意义上,所谓方法上的考量
(Erwägungen)本身是依赖于内容性考量的。这也会被算作我们在这
里必须处理的论题,即各位可能会对你们各个学科通行的区分感到些
许困惑,这种区分一方面与方法相关,另一方面与对事实内涵的洞见
相关。

现在,我或许必须首先——预先地并且以一种现在肯定需要兑现
的方式——说一下,我用否定辩证法这个概念指的到底是什么。它应
该是[并且这绝对只是一种,以及由此仍然是相当不完善的、形式上的
预告(Anzeige)]一种不是同一性的而是非同一性(Nichtidentität)的辩
证法。它涉及一种哲学的构思,这种哲学不以思维与存在的同一性概
念为前提,也不在这个概念中结束,相反它恰恰是想要明确表达对立,

16 也即想要明确表达概念与事物（Sache）、主体与客体的彼此分离，以及它们之间的不可和解。因此，在我使用辩证法这个表达的时候，我请求各位从一开始就不要想到著名的三段论图式，即不要在通常的意义上思考正题（θέσις）、反题（ἀντίθεσις）和合题（σύνθεσις）——就像人们在这个学派的最外在的描述中得到的对辩证法的解释一样。黑格尔自己——他最终还是有一个类似体系的东西，他希望作为体系的那个东西是合题——不仅从未在公式化的意义上坚持这个图式，而且在我之前已经说过的《精神现象学》的"前言"中，黑格尔已经对这个陈腐的三段论图式表达了极大的蔑视。⑨ 为了预先描述这里涉及的是什么问题——各位会特别地发现，在否定辩证法中，合题的这个概念已经不寻常地退却了；对此，除了对合题的概念抱有一种言语上的动机，也即对这个概念的一种根深蒂固的反感之外，我最初完全没有任何其他的动机，自那之后，我作任何思考时都会有这种感觉。既然哲学思维——或许各位已经阅读了我发表在《新德意志杂志》（*Neuen Deutschen Heften*）上的作品《哲学思维评论》⑩，既然哲学思维本质上正在于人遵循自己的精神经验，那么这样一种否定辩证法的动机之一就是找出，也就是发现我的秘密意图，为什么我会如此抗拒合题的概念。另一个动机是，我最初独立自主的（也就是非解释性的），却没有幸存下来的哲学构想，针对的是一种崩溃（Zerfall）的逻辑⑪，尽管有点自命不凡，但这本身就已经是这种否定辩证法的题旨了。当我在这里谈到辩证法的时候——我请求各位从一开始就清楚这一点并且不要按照这个外在的架

17 构去寻找，我指的是思维的纤维，是它内在的结构：用黑格尔的话来说，是概念自身运动的方式，即朝向它的对立面，也就是非概念之物运动——而不是着眼于一种思维建筑术，这种建筑术在这里无疑是会被各位拒绝的。

尽管如此，应该作为否定辩证法向各位阐述的东西与辩证法的概念有着某种决定性的关系——这一点也应该提前说明。也就是说：矛

盾的概念，更确切地说，在事物自身之中的、在概念之中的，而不是概念之间的矛盾概念，将在我们的讨论中扮演核心角色。在此，矛盾的概念自身就具有双重意义——各位不要误会，这在某种意义上是对黑格尔动机的变调或深化。一方面，正如我已经指出的，我将要处理的是概念的矛盾性特征。这意味着概念本身与它所指的事物就处于矛盾之中。我想再一次向各位作一个很简单的说明——也许你们中有些人会责备我是以一种近乎孩子气的方式；只有这样各位才不会在我们所作的思考中丢掉与完全简单和朴素的事实的联系。因为当我已然认为，思维在于它对原始事物的超越，那么在另一方面，如下这一点同样也是思维的一个要素，即它保存自己与直接经验的联系。我的意思是，我首先会讲概念的问题；在这里概念在辩证法中的明确含义是什么，这些是我们将不得不讨论的。（也就是说它不是通常的概念，而实际上已经是理论了。）但是为了说明，倘若各位放任我作说明的话，我还是想说一些十分简单的东西。如果我将某一系列的标志特征、要素归于一个概念，那么在通常的概念构成中是这样的，我从这些要素中抽象出一个标志性特 18 征，它是所有这些要素彼此共同拥有的：这一个标志性特征应该就是概念，即所有具有这个标志性特征的要素的统一性。这样我就将它们归入了这个概念；因此，我这样说：A 就是所有那些基于这个特征的统一性而在其下被把握的东西，我在此也必然同时想到无数的规定，而这些在诸各别要素之中的规定，其本身并**没有**被溶解到这个概念中。就此而言，这个概念总是落后于被它归之于自身的东西。每一个被说成是 A 的 B，同样也总是一个**他者**，总是**多于** A，**多于**谓词判断中被带入其下的概念。但另一方面，在某种意义上，相较于在其下被把握的东西，每一个概念**也**是更多的。比如，当我思考和言说自由概念的时候，这个自由的概念就不仅仅是所有这些个人的统一标志，他们基于形式自由在某个被给定的状态中被定义为自由的个人，毋宁说，在"自由"这个概念中，隐藏着对如下状态的某种指示，在其中我们所说的职业培训的自由、人们的基本权利或者所有这种状态保障的一切,对人们而言在本质上都超出了自由概念,都冲出了自由概念,但我们从来都没有意识到在概念中的这种更多(Mehrs)。这种关系,即概念总是比被统摄于其下的要素同时既多于又少于的关系,这种关系绝不是非理性的东西,不是偶然的东西,相反,哲学理论、哲学批判能够规定这种关系并且必须非常详细地规定这种关系。

现在各位能够说:这种不一致(Inadäquanz)还不必然是矛盾。但我相信,在这里各位已经获得了对辩证思维的必然性的初步印象。也就是说,在每一个这种"A 是 B,A＝B"的谓词判断中,都隐藏着一个极其有力的主张。首先必须说的是,这两者确实是同一的。它们的非同一性不仅不会出现在这样的判断中,而当它出现的时候,那么按照传统的逻辑规则,按照谓词逻辑,这种同一性就恰恰会被质疑。或者我们说:A＝B 的判断本身根本就是充满矛盾的,原因在于,就像我们的经验和我们的洞见告诉我们的那样,B 本就不是 A。通过这种同一性的强制——这种强制是通过我们的逻辑形式施加于思维的——那些不适应于这种同一性强制的东西就必然具有矛盾的特征。如果按照我在一开始向各位所说的那样,在一种否定辩证法中,矛盾的概念起着如此核心的作用,那么原因就在于逻辑思维自身的结构,这种思维就是由许多逻辑学家(虽然不是在当代逻辑的某些流派的意义上,不是在当代的数理逻辑的意义上)通过矛盾律的有效性来定义的。也就是说:所有那些自相矛盾的东西,都应该基于逻辑而被排除——它是与所有那些不符合同一性设定(Identitätssetzung)的东西简单地相矛盾的。因此,我们的整个逻辑都建基于矛盾概念或对它的拒绝之上,并且由此我们的思维也建立在它之上,这首先表明,将矛盾概念作为中心概念纳入这样一种辩证法中,并由此出发进一步对之进行分析是正确的。

但这是——恰恰是在这种双重性中,各位中的专家将能够轻而易举地识别出被进一步推进的和改变良多的黑格尔动机——这仅仅是其中的一个方面，如果各位愿意这样说：这是辩证法问题中的主观的（subjektive）方面，而不是最终的决定性的方面。所以如果我说，概念的结构以及概念与它的事物本身之间的关系，不得不要求辩证的思维（在矛盾范畴占据其核心的意义上），那么反过来，它也不得不要求客观的实在性，以及客体（Objekt）的领域——如果各位曾有一刻将客观性领域之类的东西简单地想象成是独立于思维的，就像天真的（naive）实在论所做的那样。这个模式（Modell）所支持的是，我们生活在一个对抗性的社会中。因此，我只想非常简短地向各位说明这一点，因为我今天想要以一次讲座开启一门社会学的高级研讨课，这个讲座的内容基于一个报告，在其中被阐述的正是这一想法⑫；我不想浪费我们的时间在这里和接下来的导论中说着同样的东西。因此在这里我仅限于向各位提及作为模式的社会对抗性形态，也就是社会不是**借助**矛盾来维持自己的生命，或者**尽管**有其矛盾，但还是维持了自己的生命，而是**贯通**它的矛盾来维持着自己的生命。这就是说，建立在利益的客观动机之上的社会必然已经在自身之中包含着社会的分裂，正是这个动机，使得社会是分离的和潜在撕裂的，同时也是通过它，社会再生产其本身的生命。再一次解释性地提醒各位一个更为明显的事态：很可能现在整个经济体系已经只能借此维持自身，即在所有国家中——那些所谓的资本主义国家与那些权力集团的国家都一样，国民生产总值中的一个越来越大的部分被花在毁灭手段之上，首要的是核装备以及所有相关产品；因此按照一般看法，在过去二十年间社会的抵御危机的能力（Krisenfestigkeit）——它是如此辉煌地证明了自己——是与这个社会不断增长的技术自我毁灭的潜力直接相关的。我认为，这些考量已足够首先向各位指明，人们如何也从客体方面被迫使用矛盾概念，并且不是在两个彼此相异的事物之间的，而是内在矛盾的概念，在事物自身之中的矛盾概念。女士们、先生们，现在各位可能会说，我希望正是在这第一次课程中尝试着尽可能多地预测各位的反对意见，正如我合理预期的那样,并对之作出一点回答。各位可能会反驳说,这个双重特征(也就是一方面矛盾存在于思维和概念中,但另一方面,世界自身按照其客观形态也是对抗性的),就是某种我在这里向各位说明的"预定不和谐"(prästabilierte Disharmonie);说我有义务向各位解释的,是一种世界奇迹或是否定性的"思与物的符合"(adaequatio rei atque cogitationes)。我将会尝试着去做(无论如何,我对之有计划;我并不知道是否能够履行所有我今天向各位所承诺的;人们在一个讲座中往往只能极其少地兑现他真正打算做的事情),但至少我怀抱最好的意图,去向各位指明,那些将现实造就为对抗性现实的因素(Momente),同样也是让精神、概念走向其内在矛盾的因素。换言之:这两方面都关系到统治的原则即自然统治的原则⑬,接着这个自然统治蔓延开来,延续为人对人的统治并在同一性原则中发现了它的精神性反映:在所有精神内在的努力中,精神的他者,那个被带到精神面前的或者精神偶然发现的东西,被精神同化了,并由此被拉入它自己的统治领域。这至少是一个形式上的预告,一个对我有所预期并向自己抛出的问题的一个预计的答案。

现在——如果各位能够慷慨地允许我再在这些考虑上花费一点点时间——现在固然已经是这样,即辩证法,也就是一种思维,其推理方法和内容本质上是矛盾的,这不是随意想出来的东西,不是所谓的世界观。因为,如果矛盾的必然性(Nötigung)确实像我给各位勾勒的那样,实际地从事物以及思想(Gedanken)中显示出来,那么接受了这一点的思维,只不过好像是它的对象放在它手中的东西的执行者——不是某种从外部带来的立场。在这一点上,我将自己认作一个黑格尔主义者——我曾说——我认为辩证法是单纯的立场哲学⑭的对立面。但是我当然也知道,断言某物不是一种立场哲学,并不足以免除对它的确是一种立场哲学的怀疑。因为,并非世界上的一切都已经将自己假装为立场的对立面;人们还没有将所有被撤销的所谓永恒价值伪装为立场,而这些永恒价值中的大多数又被证明是多么的短命。辩证法无疑不是永恒价值——至少这一个不是。但我同样有责任——这首先发生在向否定辩证法的过渡中——尽我所能地阐明辩证方法(Ansatz)的严谨性;也许这甚至是我现在面临的中心任务。现在,各位都知道,当人们在我默认使用的这种简洁的意义上谈论辩证法时——辩证法的古代概念——它在很大程度上与认识论和逻辑学相一致,因此,它比我现在向各位简述的辩证法要笼统得多,我对之不予考虑,各位都知道,在事物和概念自身的这种矛盾的意义上,有两个主要的辩证法版本:唯心主义的版本,它在确定的意义上完全可以被当作哲学思辨的高峰;唯物主义的版本,它在当今作为官方的世界观(不过由此退化成了它自己的对立面)统治着世界非常大的一个部分。各位可以问我,为什么不干脆满足于这两者中的一种,而是谈论另外一种**否定的**辩证法;以及我是否仅仅是一位试图煲制自己的哲学餐汤的教授,希望借此有机会在"尤伯威克-海因策"的书(Überweg-Heinze),或者它的续篇⑮中拥有自己的一章,在其中找到自己安身之所。在这里,我想谈谈最为人所知的方面对我的反对意见——而且,可以说,它来自各位自己的圈子;来自在座各位的圈子——表述如下:难道不是在辩证法的概念中,辩证法自己恰恰由于矛盾而在自身中直接就包含否定性的因素吗,难道不是每一种辩证法都是否定辩证法,以及就我采用的这个词而言,我难道不过是犯了一种同义反复吗? 可以简单地说,主体,也就是思维作为思维不满足于单纯的现状,它由此首先便否定了现状;主体性自身作为思维的运动是否定的原则,正如黑格尔的《精神现象学》的一个著名段落中所说的那样⑯,那段话说,作为主体的活的(lebendig)实体,就是作为思维,是纯粹简单的否定性,恰恰是由此,对简单之物的二分或造成对立的双重活动,又是对漠不相关的差异和它们的对立的否定,换句话说:和主体性结合的思维自身就是否定性,并且在这个意义上辩证思维恰恰预先就是否定辩证法。就此问题,我想在下一次课中给各位一个详细的答复; 24

23

今天，我只想向各位描述这个问题，它是如何向我提出以及如何需要回答的。

注释

① 阿多诺在这一天开始写下第一次讲课的提纲。此外，他还在他的提纲中的这些地方注明一个日期，以标明他的课程已经到所指的那一天了。

② 阿多诺参考的页码来自这个版本：Hegel, *Phänomenologie des Geistes*, hrsg. von Georg Lasson, 2. Aufl., Leipzig 1921(Philosophische Bibliothek. 114)，引文见本讲注释⑯。

③ 神学家和宗教哲学家保罗·蒂利希(Paul Tillich, 1886—1965)，20 世纪 20 年代宗教社会主义的主要代表人物，阿多诺凭借关于克尔凯郭尔的著作在他那里获得了大学授课资格。Vgl. Adornos ›Erinnerung an Paul Tillich‹, ein Gespräch mit Wolf-Dieter Marsch, in: Werk und Wirken Paul Tillichs. Ein Gedenkbuch, Stuttgart 1967, S. 24 f.；关于阿多诺对蒂利希的态度，信息量最大的是他的《反对保卢姆草案》(*Entwurf contra Paulum*). Vgl. Theodor W. Adorno contra Paul Tillich. Eine bisher unveröffentlichte Tillich-Kritik Adornos aus dem Jahre 1944, hrsg. von Erdmann Sturm, in: Zeitschrift für neuere Theologiegeschichte, 3. Bd., 1996, S. 251 ff.-Vgl. auch NaS IV 14, S. 280, Anm. 213.

④ 沃尔夫冈·菲利普(Wolfgang Philipp, 1915—1969)，自 1964 年起担任美因河畔法兰克福的约翰·沃尔夫冈·歌德大学的新教神学正教授，在 1966 年 2 月 16 日蒂利希的追悼会上发表了题为《保罗·蒂利希轮回的和东方教会的神学》(*Die epizyklische und ostkirchliche Theologie Paul Tillichs*)的演讲，刊载于《保罗·蒂利希的著作和影响》(*Werk und Wirken Paul Tillichs*, a. a. O., S. 135 ff.)。

⑤ 1965—1966 年冬季学期，阿多诺和马克斯·霍克海默共同开设的哲学高级研讨班专门讨论了"黑格尔的否定"这一主题。

⑥ 根据法兰克福大学的课程目录信息，蒂利希与阿多诺在 1932 年夏季学期就莱辛的《人类的教育》(*Erziehung des Menschengeschlechts*)和 1932—1933 年冬季学期就齐美尔的《哲学的主要问题》(*Hauptprobleme der Philosophie*)开设了联合研讨班。1933 年夏季学期预告的关于洛克的《人类理解论》(*Essay*)的课程没有开设：因为他的著作《社会主义抉择》(*Sozia- listische Entscheidung*, Potzdam, 1933)，蒂利希的教席已于 1933 年 4 月被中止，阿多诺于 1933 年春季停止了教学活动，已经获得的特许任教资格 (venia legendi)于 1933 年 9 月 8 日被取消。

⑦ 阿多诺想到的是在 1961 年 5 月 25 日与蒂利希和霍克海默在社会研究所举办的一场关于"当代社会的神学"的讨论，以及在"城西的肖特海斯"

(Schultheiß im Westend)酒店进行的小范围的进一步讨论。Vgl. auch Max Horkheimer, *Gesammelte Schriften*, Bd. 18：Briefwechsel 1949—1973, hrsg. von Gunzelin Schmid Noerr, Frankfurt a. M. 1996, S. 511.

⑧ 没有逐字确定。阿多诺可能想到了"序言"中的以下一段话："因为事情并不是在它的目的里面，而是在它的具体展开过程中才得以穷尽，同样，结果本身也不是一个现实的整体，而是只有与它的转变过程合并起来才是一个现实的整体；目的单就其自身而言是一个僵死的普遍者，创作意图也仅仅是一个仍然缺乏现实性的单纯动机，而赤裸裸的结果则是一具已经把创作意图抛在身后的尸体。"(Georg Wilhelm Friedrich Hegel, Werke in 20 Bänden. Red.：Eva Moldenhauer und Karl Markus Michel, Frankfurt a. M. 1969—1971, Bd. 3：*Phänomenologie des Geistes*, S. 13. 中译参阅黑格尔：《黑格尔著作集》第 3 卷，人民出版社 2015 年版，第 2—3 页。)

⑨ 例如参阅："康德出于一种本能重新发现了三段式，并且将这种尚且处于僵死状态的、尚未概念化的三段式提升到了一种绝对的意义，使得真实形式伴随着它的真实内容同时建立起来，随之得出了科学这一概念。既然如此，那种滥用三段式的做法同样也是不科学的，因为我们看到，它把三段式降格为一种没有生命力的范式，降格为一种不折不扣的线条轮廓，并且把一个科学的有机组织降格为一张图表。"(Ebd., S. 48. 中译参阅同上书，第 31 页。)

⑩ Vgl. Theodor W. Adorno, *Anmerkungen zum philosophischen Denken*, in：Neue Deutsche Hefte, Jg. 12(1965)；Heft 107, S. 5 ff.；jetzt：GS 10・2, S. 599 ff. 中译参阅阿多诺：《批判模式》，林南译，上海人民出版社 2023 年版，第 131—139 页。

⑪ 阿多诺在同名著作中谈到否定辩证法："它的逻辑是一种崩溃的逻辑：诸概念那预备的和对象化的形态的逻辑，这些概念是认知主体最初所具有并直接对立于其自身的。它们与主体的同一性是非真理。借由这种同一性，对现象的主观预赋形(Präformation)推进到非同一物面前、不可言说的个体面前。"(GS 6, S. 148. 中译参阅阿多诺：《否定的辩证法》，张峰译，上海人民出版社 2020 年版，第 125 页，译文有改动。)在《否定的辩证法》结束的注释中是这样说的："崩溃的逻辑的思想是他(即作者)最初的哲学构想：甚至来自他的学生时代。"(Ebd., S. 409. 中译参阅阿多尔诺：《否定辩证法》，王凤才译，商务印书馆 2019 年版，第 465 页，"说明"，译文有改动。)

⑫ 在 1965—1966 年冬季学期的社会学高级研讨课中，阿多诺讨论了"论社会的概念"这个主题；此处所提到的，似乎是在导论课上宣读的报告，它涉及的应该是阿多诺在 1965 年为《新教国家辞典》(Evangelische Staatslexikon)写的《社会》这篇文章，现在参阅：GS 8, S. 9 ff. 中译参阅阿多诺：《整合与分裂——社会学文集》，侯振武译，上海人民出版社即出。

⑬ 对于阿多诺的哲学而言，几乎从一开始，至少从他关于克尔凯郭尔的书开始，"统治自然和对统治自然的理性的批判动机，与自然的和解的动机，作

为一种自然要素的精神的自我意识的动机"[GS 2，S. 262. 中译者注：引用的段落是该著作中纪念蒂利希的文章《再论克尔凯郭尔》(*Kierkegaard noch einmal*)，李理的中译本《克尔凯郭尔：审美对象的建构》(人民出版社2008年版)并未收录这篇文章。]是决定性的；自然统治对它来说是启蒙辩证法的源始现象。不再受强加的命运摆布的、变得成熟的主体，按照趋势已经是马克斯·韦伯以目的合理性的方式来处理的对象，它与阿多诺阐释中的奥德修斯相似，通过以自然的统治者自居来克服统治性的自然。似乎只有通过自然统治(Naturbeherrschung)才能打破被自然的统治(Herrschaft der Natur)，然而："每一次通过打破自然来打破自然强制的尝试，都只会更深地陷入自然强制中。这就是欧洲文明的进程。"(GS 3，S. 29. 中译参阅霍克海默、阿多诺：《启蒙辩证法：哲学断片》，渠敬东、曹卫东译，上海世纪出版集团2006年版，第9页，译文有改动。)对统治的批判是每一种阿多诺思考过的思想的动机。如果统治最初是按照自然统治的模式形成的，那么统治自然总是首先意味着对人类本身的自然的统治；自然统治的原则与自身持存的原则是根本无法分开的。这个斯宾诺莎的"自身持存"，不仅仅是统治性理性的本质；甚至斯宾诺莎将德性建立于它之中，并且按照阿多诺的说法，它"升华到了极致"，甚至还穿透了虚假的"纯粹逻辑的同一性原则"(NaS IV·10，S. 140；vgl. auch GS 3，S. 106 f. 中译参阅霍克海默、阿多诺：《启蒙辩证法：哲学断片》，渠敬东、曹卫东译，上海世纪出版集团2006年版，第72—84页)。精神之物的所有绝对化都只有以倒退回自然为代价才能够超越自然。直到今天，历史都只将精神认作对自然的掌控和统治：对自然的统治、自然统治只能囿于单纯的自然之物。例如，唯心主义的精神是统治性自然的精神，它"不仅仅毁灭……自然的生命：精神本身就是被毁灭的自然的生命，并且依附于神话学"(GS 2，S. 155. 中译参阅阿多诺：《克尔凯郭尔：审美对象的建构》，人民出版社2008年版，第135页，译文有改动)。在阿多诺的《克尔凯郭尔》中，精神作为神话般的精神回忆起它的自然内涵；它在其中出场的神话形态，是它参与自然物的记忆。正如阿多诺在后来的文章《再论克尔凯郭尔》中表述的那样，神话"也意味着自然中'多'的反抗"(ebd.，S. 252)，反抗逻各斯的"一"，反抗逻辑的统一性；它意味着对精神的统治原则的反抗，这个精神将自己认作是"一"并且确立了统一性。但是，自然，作为神话精神的精神努力倒退于其中的自然，几乎没有和解之物；自然，按照阿多诺的说法，乃是"自然性的统治领域"(vgl. ebd.，S. 153. 阿多诺：《克尔凯郭尔：审美对象的建构》，人民出版社2008年版，第134页)，是统治本身。甚至自然的反抗都是为统治原则服务的。因此，自然的统治根本不比精神的统治更可调和，相反，它是后者临摹的原型。因此，阿多诺的哲学在这种无穷无尽的变化中重复着抗议统治的主题。只有在艺术中，才会出现其他的东西：成功的艺术作品与"外在于它们的事物"形成鲜明对照，与"审美事物所从出的自然统治的理性之所"形成鲜明对照，"并变成了自为之物(Für sich)。艺术作品与统治的对立是其对统治的模仿。它们必须适应统治性的行为，以在生产出某种在质上与统治的世界不同的东西。艺术作品与存在者之间的内在争辩姿态，还将战胜了存在者并将存在者脱质化为单纯的存在者的那个原则纳入自身；审美合理性想要补偿自然统治的合理性外在地造成的东西"(GS 7, S. 430. 中译参阅阿多诺：《美学理论（修订译本）》，王柯平译，上海人民出版社 2020 年版，第 423 页，译文有改动）。

⑭ 也参阅阿多诺在《黑格尔三论》中的论文《黑格尔哲学诸方面》："所有的评价都超不出《精神现象学》'序言'部分的一个判断的范围，这个判断是对那些仅仅因为其不在事物之中，从而超乎事物之上的人作出的。他们事先就丧失了黑格尔哲学的严肃性和具有约束力的东西，因为他们与黑格尔相反，推行着被黑格尔完全合理地蔑称为立场哲学的东西。"(GS 5, S. 251. 中译参阅阿多诺：《黑格尔三论》，谢永康译，上海人民出版社 2020 年版，第 1—2 页。)在黑格尔本人那里，立场哲学的概念并没有查到。

⑮《弗里德里希·尤伯威克哲学史纲要》(*Friedrich Ueberwegs Grundriß der Geschichte der Philosophie*)，是一本被广泛使用的手册，第一卷于 1862 年出版，第 5 版到第 9 版(1876—1906)由马克斯·海因策(Max Heinze)完善并编辑出版；自 1993 年开始，"全新修订版"由赫尔穆特·霍尔策(Helmut Holzhey)编辑出版。

⑯ 阿多诺想到的是如下段落："活生生的实体是一个存在，这个存在就其真理而言是一个主体，或者换个同样意思的说法，这个存在就其真理而言是一个现实的东西，只不过在这种情况下，实体是一个自己设定自己的运动，或者说一个以自身为中介而转变为另一个东西的活动。实体作为主体是一个纯粹的单纯否定性，正因如此，实体是一个单纯事物的分裂活动。换言之，实体是一个造成对立的双重活动，而这个活动重新否定了这个漠不相关的差异性，否定了活动造成的对立。只有这个重建着自身的一致性，换言之，只有这个以他者为中介的自身反映——而不是那个严格意义上的原初的或直接的同一性——才是真相。"(Hegel, a. a. O. [Anm. 10], Bd. 3, S. 23. 中译参阅黑格尔：《黑格尔著作集》第 3 卷，人民出版社 2015 年版，第 12 页。)

第 二 讲

（1965 年 11 月 11 日）

提　　纲

25　　对此①：

（1）在黑格尔那里辩证法是肯定性的。记得负负得正（minus mal
minus gleich plus）。否定之否定应该是肯定。青年黑格尔对实定性
（Positivität）*的批判。说明通过制度对抽象主体性的批判：V49②
插入 2a

［插入：］由否定之否定产生的肯定物本身就是青年黑格尔批判的实定
性，一个作为直接性的否定物。

　　社会约束（contrainte sociale）

　　就像黑格尔指出那样，制度正确地对抽象的主体性进行了批判，也就
是说，它是必然的，更确切地说正是为了作为自身持存的主体而是必然的。

　　＊ Positivität（以及 positive）一词，有积极性、肯定性和实定性等含义，本书兼顾早期
　　　黑格尔研究、阿多诺研究和日常用语的语境，主要译为肯定性，但在涉及青年黑格
　　　尔的神学著作时译为实定性，在涉及日常使用的语境时译为积极性。——中译者注

20

制度破坏了主体自在存在的假象,这个主体本身就是社会的客观性的环节。——但是制度不是与这个主体相对的更高的东西,而是直到今天都保持为外在于主体的、集体强制的和压制性的东西。——否定之否定并不轻易地导致肯定性。如今,在一个暗地里地被认为是有问题的状态中,抽象的肯定性概念占据统治地位。"凯斯特纳(Kästner)先生"③

随着所有实质性的预先给定之物的瓦解,所有意识形态都会变得越来越薄弱,越来越抽象 观察处于压力之下的流亡者

肯定的东西("积极的生活态度、形态",积极的批判)据说自在地已然是真的,也就是说,概念的运动被武断地静置了。肯定性作为物神,也就是未经质疑就被承认的东西。而恰恰由此它是否定物,也就是有待批判的东西。

最后但并非最不重要的是,这使我想到了否定辩证法的构想和术语。[插入结束]

现在这适用于整体:所有的否定的总体性转变为肯定性。"凡是现 26 实的东西都是合乎理性的。"④

这被取消了。就像没有谎言,对意义的肯定性指责就不再可能一样(——在奥斯威辛之后,谁还敢说生命是有意义的!)从否定的总概念(Inbegriff)中进行对肯定性的理论构造不再可能。

(2) 由此,辩证法本质上是批判的,在如下的多重意义上:

a. 作为对概念和事物的同一性诉求的批判。

b. 对其中出现的精神的实体化的批判(意识形态批判)。那个命题的力量必需最大的努力。

c. 作为对对抗性的现实以及其潜在地趋向毁灭的现实的批判。

就其提出肯定性的科学而言,这个批判也涉及辩证唯物主义,因此,否定辩证法=对所有现存事物的义无反顾的批判。

1965 年 11 月 11 日

讲 课 记 录

在上一讲中，我开始着手回答这个问题，即为什么否定辩证法这样的一个概念是必要的，以及鉴于否定性在辩证法中的决定性作用，它是否不是同义反复——各位应该还记得。首先，我简略地提出了为这一反对意见辩护的因素，正是通过那些因素，在黑格尔的辩证法构想中思维自身被等同于否定性。但现在我想至少暂时性地尝试，向各位作出对这一非常重要的反对意见的回应。各位必须明白的是，黑格尔的理论在哲学史上被冠以客观唯心主义的名称并非偶然，它与作为主体性的否定性概念背道而驰；黑格尔辩证法中的这个否定性概念并不是最终结论，相反，黑格尔的辩证法，如果用非常时髦的话说，是肯定的辩证法。各位必须首先记住一个十分简单明了的事实——这么说吧，容我指出一个还在第一学期、刚从中学升上来的新生的情况——那就是在算术中学到的负负得正，或者换句话说，否定之否定就是肯定，是肯定之物，是确定之物（Affirmative）。这实际上是黑格尔哲学普遍依据的假设之一。如果各位最初是外在地在三段论图型意义上来理解黑格尔——关于这个图型我在上一讲向各位说过一些黑格尔的不友好之处，那么各位将碰到这样的思想过程，即否定之否定是确定（Affirmation）。这里所指的东西，或许能够在黑格尔对他称之为抽象主观性的东西的批判上最好地揭示出来，这个批判是他通过在这种抽象主观性的对立面树立起来的社会客观性的建制和形式来实现的。这个思想已经在《精神现象学》中被反复提出了，尽管其重点大相径庭，之后又以我刚向各位说过的非常明显的形式出现，首要地是在《法哲学》中，这个思想就是，主体，作为批判既定制度的思维主体，首先是精神解放的因素；并且主体，作为走在从单纯自在存在向自为存在的道路上的精神解放的因素，陈述出其关键性的诸阶段。这是说：在这里达到的这个阶段，在其中精神将客观性,尤其是社会的客观性对置为独立的和要紧的东西,这个阶段首先被承认为必然的因素。但是黑格尔会指责精神,说它由此限制了自己,由此目光短浅;它将一个因素,即在其抽象性中的精神提升为唯一真实的,并由此产生如下误解,即这个抽象的主体性(其典型如康德纯粹实践理性的主体,但在一定程度上,费希特自由的本原行动的主体性同样也是)——也就是,主体性将自己绝对化为一个单纯的因素;它罔顾这样一个事实,它自己应该归功于它本身的实体,归功于它的诸形式,归功于它按照其定在的客观形式,归功于社会的客观定在;只有它将表面上与它无关的甚至是压制性对立的制度理解为同它一样的东西,只有它将它们理解为主体性并在其必然性中理解它们的时候,它才获得自我意识。因此,且不说是决定性的转变之一:黑格尔哲学的一个决定性的狡计在于,单纯的自为存在,这是说:批判地思维着的、抽象的、否定的主体性——事实上在这里才出现否定性的概念——必须否定自身,必须内化它本身的限制性,以通过这种方式在它否定的肯定性中,也就是在社会、国家制度,在客观的和最终绝对精神的制度中扬弃自身。⑤

那种肯定的否定性大约都是这个模式:否定之否定作为新的肯定(Position),它就作为一个模式建构起了黑格尔的哲学。顺便说一句,黑格尔哲学的一个非常引人注目,但依我看来在黑格尔阐释中其含义还完全没有得到澄清的特征是,尽管它是一种极其动态的思维,因此它不能将范畴看作固定的,而是看作生成的(gewordene),由此也是变化着的;但实际上它在自身中包含着无限多个不变的概念结构,包含着比它承认的要多太多的不变之物。这些不变之物,在一定程度上与这种哲学的意图相左,一次又一次出现在如下事实之中,即某些论证的类型——如果可以这么叫的话,在黑格尔的《逻辑学》,以及《精神现象学》中,不断再现。我是这么认为的——考虑到各位之中会出现未来的专业哲学家,如果我可以这么说的话;我相信,我已经多次指出这一点——，这是一项特别重要的任务，即通过对论证关联的重复，在黑格尔的哲学中找出指示性的恒常之物。我刚刚向各位说明的因素，就是这样的一个恒常之物，各位总是可以在黑格尔那里以不同的形态不断发现它；特别是在黑格尔那些与内容性事物有关的，因此不是与逻辑或自然哲学的单纯范畴相关的部分中发现它。这是非常值得注意的，这也是一个历史事实，这个事实具有某种关键特征，这个特征或许与我今天希望各位理解的东西相反，那就是这个否定之否定，这个被黑格尔设定为肯定性的东西，在它确切的名称之下，在实定性或实定之物名称之下，在诺尔(Nohl)所称的《神学青年著作》⑥中遭受了**青年**黑格尔最严厉的批判。这些青年著作的核心内容是对实定性的攻击，尤其是对宗教和神学的实定性的攻击，在这种实定性中，主体不是在其自身(bei sich selbst)的存在，它是与主体相对的陌生之物和物化之物；并且这些作为物化之物、外在之物和各别之物的东西根本不可能是绝对之物，但这些范畴却作为绝对之物出现；此外，后来黑格尔既没有放弃也没有否认这个思想，而仅仅是重新解释了它。他总的来说很少放弃或兑现他的动机，相反只是转变了重点；虽然有时候是以一种赋予它们完全相反的意义的方式。

30　　我向各位简述的论证，各位仍然可以在整个后来的黑格尔哲学的真正规划中找到，比如在我刚刚给各位指出的，在所谓的"差别论文"《费希特与谢林哲学体系的差别》⑦中再次找到。因此，根据这个批判，相对于单纯思维着的和确立于自身之上的主体性的否定，肯定性在《法哲学》中得到了辩护；的确，我们今天可以说：这种强制的情况实际上是埃米尔·涂尔干的术语**社会约束**(contrainte sociale)所描述的情况的表达。⑧现在黑格尔正确地指出了，制度是对批判着的抽象主体性的批判，这就是说，它是必要的——更确切地说，对于主体维持自身而言它也是必要的。单纯的自为存在、相信自己是建立于自身之上的主体的直接性，事实上只是一种单纯的幻觉。实际上，人类在这个意义上是政治的动物(ζῷον πολιτικόν),即他们只有依靠社会,并且最终只能依赖被设立的社会建制才能够生活,之后人们才将自身作为独立的和批判的主体性与社会建制对立起来。必须首先强调的是,黑格尔通过对假象的批判,即一个次一位的东西,也就是向来本己的自身和他的意识,现在据说事实上也是绝对基础的和首要的东西,通过对这个假象的批判,黑格尔在对社会、个人与社会的关系的洞见上作出了决定性的贡献。如果没有这种黑格尔的洞见,我们今天向各位指出的那一种社会理论就根本不可能出现。因此我说,他摧毁了主体的自在存在的假象,并表明它自身就是社会客观性的因素。并且,他进一步推导了这种必然性,即与这种抽象的主体性相对,社会因素应该作为更强有力的东西得到贯彻。但是——正是在这一点上,我想说,恰恰必须开始着手对黑格尔 31 进行一种批判性的思考,这些思考真正来说是为一种**否定**辩证法这个表述作辩护——应该提出的问题是,它是否事实上被表述为必要的条件,以及抽象主体所从属的客观性是否事实上是更高的东西;或者它是否仍然是黑格尔年轻时候批评的东西:外在之物、强制性的集体;是否向这个被信以为真的更高的机关的撤回,并不意味着历尽苦痛才终于赢得了其自由的主体的倒退。一种强迫机制将主体性和思维与跟思维相对立的客观性结合起来,鉴于存在着的依存关系,并且鉴于(我想说)事实的逻辑,它之后会导向客观性的胜利;无法看清的是,为什么通过对这种强制机制的洞见,这个客观性就必须被必然合理地维持。这其中有一个违背良心的因素,这是我在与黑格尔主义的马克思主义者争论的时候,也就是在我们的青年时代与格奥尔格·卢卡奇的争论中最强烈地感受到的东西;他那时正好与他所在的政党有冲突,在这种情况下,他跟我说,他的政党对他的处理是对的,即使他在他的思维和论证中对政党的看法是正确的,因为政党代表了客观的历史状态(Stand),而对他来说以及根据纯粹的思维逻辑,他的更进步的状态是落后于这个客观状态的。⑨我想我不必向各位描述那意味着什么。也就是说,它仅仅意味着,更成功的、自我实现的和被普遍接受了的东西,在辩证法的帮助下,相较于由此看透了虚假性的意识具有更高的真理地位。实际上,东方*的意识形态很大程度上是由这个动机塑造的。这会进一32 步导致意识自己阻断自己,放弃它自己的自由并且简单地使自己适应更强大的阵营。在我看来这个行动是不可能得到贯彻的。

　　这就是我为什么会说,一般而言——我现在只使用**一个**这样的模式向各位举例说明——这个命题,即否定之否定就是肯定性,是肯定(position),是确定,并不能成立(的原因);否定之否定**不是**,或者不会自动地,并不是毫无困难地导致肯定性。今天,人们处在这样一种状态中,一方面人们私底下深感所有的东西都是可疑的,另一方面,这种感觉是如此强烈,以至于人们相信,没有任何东西能够与之对抗,或者可能事实上没有能够与之对抗的东西,在普遍流传的意识之中——与黑格尔批判的抽象主体性或抽象的否定性相反——占统治地位的是这样一些像抽象的肯定性的理想的东西,其意义各位已经通过卡斯特纳那可敬而又相当具有男子气概的(recht virilen)的机智熟悉它了,他在一首诗中写道:"卡斯特纳先生,肯定的东西在哪里呢?"⑩毫不隐瞒地说,在我看来,肯定性概念的可疑性首要地产生于流亡生活之中,在那里人们必须在十分极端的关系中使自己适应社会压力,然后为了能够作出这种适应,为了使对他们具有强制性的过高要求成为合理的,例如鼓励地说——他们如此有条理地被打上了记号,就像他们必须完全认同攻击者一样⑪:是的,他或她是如此积极……这意味着,一个有文化教养和灵魂细腻的人卷起袖子洗碗,或者做其他据说是对社会有用的工作。所有的东西越是溶解在对意识而言实质上是预先给定的内涵中,在某种程度上意识形态能够从中借鉴的就越少,所有意识形态就必然变得越抽象。对纳粹分子而言,他们仍然是这样一个种族,即使是最愚蠢的

---

　　*　这里的"东方"应该是泛指民主德国以及苏联和东欧那些将辩证唯物主义尊为官方意识形态的国家。——中译者注

26

人实际上都已不再相信他们。我认为,在倒退的意识形态的下一阶段
中,它将是单纯的肯定之物,在这个意义上人们应该相信它,就像人们
认为婚姻广告中的"积极的生活态度"的表达是完全值得特别推荐的
一样。我甚至知道有一个叫"积极生活态度联盟"(Bund für positive
Lebensgestaltung)的机构。并不像各位可能认为的那样,是我虚构出
了这么个东西,并不是这样,它是实际存在的。毫无疑问,这个"积极生
活态度联盟"实际上变成一种训练,通过这个训练,人们可以丢掉比如
他的语言障碍,并十分愉快地变成一个在上帝和他人面前能干的卖家。
这就是从肯定性的概念中产生的东西。在它背后的是如下信念,即积
极的东西**自在地**应该就已经是一个积极的东西,而无需询问被接受为
积极之物的东西是**什么**;以及是否由此简单地得出错误结论说,存在于
此的东西和在被设定、在此存在着的意义上是肯定的东西,由于它的不
可避免性就被包装上善的、更高级的和赞同价值的属性——那些属性
与"肯定的"这个词产生共鸣。如果允许我作一些语言形而上学的计
算,那么十分重要且有趣的是,肯定之物这个概念的确具有双重含义。
也就是说,一方面被给定的、被设定的和在此存在着的东西是肯定
的——就像人们说实证主义是遵循数据的哲学那样。但同时具有赞同
价值的、善的、在某种方式上是理想(Ideale)的东西也应该是肯定的(积
极的)。我认为,词语中的语义星丛极其确切地表达了在无数人类意识
中发现的东西。此外,在实践中也是如此,比如当有人被告知"肯定性
的批判"是必要的;这就像我几天前在莱茵地区的一个酒店对酒店经理
说的,他应该为了隔绝可怕的噪音而安装双层窗户,除此之外,他的管
理是非常好的;他之后向我解释,纵然有诸多更好的理由,但装双层窗
户是完全不可能的,然后他说:"但当然,我总是非常感谢肯定性的批
评。"当我谈到否定辩证法时,我丝毫没有简单地将肯定之物拜物教化
这种动机,但我认为这种拜物教化具有意识形态的效果,并且与某些哲
学思潮的进步相关,对此这些哲学思潮做梦也没有想到[12]——我想要

以最为尖锐的方式与之相区分。必须问的是，什么是被肯认的，什么应该是被赞同（bejahen）的，以及什么应该是不去赞同的，而非"是"（Ja）本身已经被提升为一种价值，就像尼采在所有对生活的说是（Jasagen）中展示的那样，那无疑同样是一种抽象，叔本华那种对生活的说不（Neinsagen）也一样，尼采的相关段落就是针对叔本华的这种对生活的说不。⑬正是出于这个原因，可以辩证地说，恰恰是那种作为肯定之物出现的东西本质上是否定的东西，也就是有待批判的东西。这就是否定辩证法的构想和术语汇编的动机，本质性的动机。

我现在就这个模式向各位所作的解释，是黑格尔哲学全部结构的特征，甚至在严格意义上，也是他的哲学的总体性的特征：就是说像人们所说的那样，这是黑格尔哲学的秘密或关键点所在，所有包含于这个哲学中的诸否定的总概念（Inbegriff）——不是作为它们的总和，而是作为它们共同构成的过程——应该变成肯定性，在这个著名的并且各位都熟悉的辩证法命题的意义上变成肯定性，即凡是现实的东西都是合乎理性的。⑭正是这一点，也就是辩证法的肯定性是整体的肯定性；因为即便直到整体的每一个环节都是非理性（Unvernunft）的，人们仍然能够将整体认作是理性的——由此整体被认为是有意义的，但在我看来，它实际上已经变得站不住脚了。19世纪黑格尔的实证主义扁平化（Verflachung）就已经反驳了这一点。但是不得不说，在这个反驳中，它的结论是如此草率，并且完全没有理解，整体的肯定性并不简单地是指所有的一切都极好地被安排好了；而毋宁说，正是这个肯定性的整体，它无限地在自身之中得到中介——尽管如此，必须承认的是，实证主义哲学在19世纪对黑格尔的普遍命题的批判⑮有它的合理之处。但在今天，这个肯定性的假设，即凡是现实的东西都是合乎理性的，也就是存在着的东西有它的意义，已不再可能了。因此存在者的总概念在一种**其他的**意义上被证实是有意义的，而不是一切都应该通过一个确定的、自身统一的原则，即自然统治的原则来解释——这已经变得绝对不可能了。我不知道,在奥斯威辛之后不再能够写诗这个说法是否还应该维持。⑯但在奥斯威辛之后,人们不能再严肃地说,一个在其中写诗的世界曾是可能的世界,在这个世界中,每天都面临着相同或不同形式的新危险,我想起了越南,很可能这种危险此刻就在发生,说这样一个世界是有意义的——对于现实的这样一种整体状态,人们据说能够断言,它是有意义的,这在我看来是一种玩世不恭和轻浮,是的,让我告诉各位:即便在前哲学经验的意义上这个想法也不应该被持有。一种对这一点视而不见的哲学,是带有精神的愚蠢傲慢的哲学,这种精神没有在自身中接纳现实,这种哲学会如此断言:尽管如此,它还是一种意义（Sinn）——在我看来,对于一个还没有完全被哲学弄蠢的人来说（因为与哲学的许多其他功能一样,它毫无疑问能够成功地行使让人变愚蠢的功能）,这个意义并不值得期待。在这种关联中,我非常清楚地记得,在第三帝国骤然崛起之前不久,在一个我和蒂利希共同开设的初级讨论班中,一位女同学曾非常激烈地反对生存意义的概念,当她说,"生活对我来说没有意义,我不知道它是否有意义"时,已经能够听到研讨班上的纳粹—少数派十分激动地表示不满。我并不是想说,纳粹的叫嚣证明或者反驳了什么,但它毕竟十分典型。我想说,对于思维与自由的关系而言,这是一个关键点（Nervenpunkt）,即它是否能够忍受认识到一种给定的现实是无意义的,能够忍受在其中精神无法重获自身;或者是否意识变得如此虚弱以至于如果不一再劝说自己相信一切都井井有条,就根本不再能够自处。出于这个原因,我认为,将肯定性当作所有否定的总概念的理论建构已经不再可能了——除非哲学希望将其与世隔绝的那个坏名声变成荣誉,如果它表现出与世界特别亲密的关系,并给予这个世界以某种肯定性的意义,那么它在大多数情况下就会值得这个名声。

　　通过我所说的,各位应该已经明白,辩证法的概念、否定辩证法的概念将是**批判的**——这也应该证明"否定的"这个术语选择不是无关紧要的;因而它是这样一种辩证法,对它而言重要的不是像晚期黑格尔要求的那样,在所有的否定中找到确定之物,而是相反——它必须以**批判的方式**来对待这个确定之物。在此我想首先以一种完全一般性的方式提出这个论题,即我必须向各位阐明其要素和理念的否定辩证法,在本质上与批判理论是同一个东西。我认为,批判理论和否定辩证法这两个术语⑰指称的是相同的东西。确切地说,或许有一个差异,那就是批判理论实际上只描述了思维的主观方面,因此它指称的正是**理论**,而否定辩证法不仅仅勾画这个方面,而且也描述它遭遇到的**现实**;因此过程并不仅仅是思维的过程,而且同时也是在事物自身中的过程——这是十分黑格尔的。辩证法的这个批判特性应该被分解为一系列的因素。首先是我在上一讲中已经试图向各位阐明的那个因素,即概念与它的对象之间的关系的因素——如果各位还记得的话。我们稍后还会谈到这一点。我们会遇到这样一个事实,即概念与对象之间的同一性命题其实是唯心主义思维的命脉,甚至可以说是整个传统思维的命脉;这种对概念和对象的同一性的主张与现实本身的结构紧密地交织在一起。否定辩证法作为批判首先意味着对这种同一性主张的诉求,这个诉求当然不能运用在坏无限中的每一单个事物上,它只能运用在本质性结构上,而哲学的兴趣发现这些结构与自己相对立,并通过哲学的主题对之进行中介。此外,辩证法作为批判,意味着对作为绝对第一者和绝对承载者(Tragenden)的精神的实体化(Hypostase)的批判。我记得,在流亡期间我曾有一次向布莱希特提出过这个思想(即辩证法是对哲学的批判),布莱希特对此的反应是(他当时想到的只是唯物主义辩证法),这种思想通过讨论早就已经了结了,由此人们将思维转回到一种分歧,而这种分歧已经由于虚幻的历史进程而过时了。这个观点我不能认同。一方面,在我看来,他利用的著作,即列宁关于经验批判主义的著作⑱,在对精神的实体化或唯心主义的哲学批判的意义上,完全无法实现它的理论意图,相反它是一部彻彻底底的教条主义著作,它只是不断地用斥责和类似的方式提出论点而完全没有进入论证的关联。我认为,唯物主义的辩证法在如此可疑的意义上已经成为一种世界观,而不是它一度希望成为的东西,即更高意义上的科学,真正最先进的知识状态,这一事实与这种教条主义息息相关。但除此之外,我相信,现在有太多的理由对精神的实体化进行真正的哲学批判,因为对哲学来说,它自己的中介就是精神;就它自身而言,哲学只是并永远只在精神之中运动——精神的这种实体化是不可抗拒的东西。我相信,每一个真正体验过伟大哲学的人都会认识到精神第一性这个命题的暴力,就像它被包含在每一种所谓的第一哲学(prima philosophia)中那样。一种逃避这种经验的思维,不是在这种经验变得可疑之后,对其自身来进行衡量,并用其本身的力量使之运动起来——任何一种这样的思维都是非常无力的。各位不要忘记,正是因为思维发生在概念中,概念的器官,也就是意识从一开始就在一种优先位置(Prioritätsstellung)上被操纵[19];即使是在最轻微的意义上承认精神的优先性——无论是在作为感性数据被给予精神的给定性的形态中,还是在范畴的优先性的意义上——,即使只是受到这个原则最为轻微的影响,事实上也无法再从中脱身了。黑格尔巨大的威力,就是我们今天仍然对之印象深刻的那种威力,天知道**我**对它是多么地印象深刻,以至于我意识到,我在这里向各位阐释的思想,至少在倾向上,没有任何一个不是也包含在黑格尔哲学中的。[20]

注释

① 这就是说:基于上一讲的末尾涉及的指责,即否定辩证法是一种同义反复。

② 无法确定符号的意义。

③ 暗指埃里希·凯斯特纳经常引用的诗句:"凯斯特纳先生,肯定之物在哪里呢?"见本书第 26 页和本讲注释⑩。

④ 黑格尔在《法哲学》中臭名昭著的句子,见本书第 27 页,和本讲注释⑩。

⑤ 关于作为抽象主体性批判的制度,另见《黑格尔三论》中阿多诺的文章《黑格尔哲学诸方面》。GS 5, S. 289 f. 中译参阅阿多诺:《黑格尔三论》,谢永康

译，上海人民出版社 2020 年版，第 33 页—36 页。

⑥ Vgl. *Hegels Theologische Jugendschriften. Nach den Handschriften der Kgl. Bibliothek in Berlin* hrsg. von Herman Nohl，Tübingen 1907.

⑦ Vgl. Hegel，*Differenz des Fichteschen und Schellingschen Systems der Philosophie in Beziehung auf Reinhold's Beyträge zur leichtern Übersicht des Zustands der Philosophie zu Anfang des neunzehnten Jahrhunderts*，Jena 1801；jetzt：Werke，a. a. O. [Anm. 10]，Bd. 2：Jenaer Schriften〈1801—1807〉，S. 9 ff. 中译参阅黑格尔：《黑格尔著作集》第 2 卷，人民出版社 2017 年版，第 3—92 页。

⑧ 阿多诺从涂尔干的社会学中引用了一个概念，并且用它定义了"社会事实"特殊的类型："这类事实由存在于个人之身外，但又具有使个人不能不服从的强制力的行为方式、思维方式和感觉方式构成"（Émile Durkheim，*Die Regeln der soziologischen Methode. Les règles de la méthode sociologique*，in neuer Übers. hrsg. und eingeleitet von René König，Neuwied 1961，S. 107. 中译参阅 E. 迪尔凯姆：《社会学方法的准则》，狄玉明译，商务印书馆 1995 年版，第 28 页）。在"对埃米尔·涂尔干的《社会学与哲学》的'导言'"中，阿多诺这样描述了社会约束："对于他来说，社会事实就是'社会约束'，是压倒性的社会强制，它被剥夺了任何起着主观理解作用的移情。它没有落入主观的自身意识当中，任何主体都不能轻易地认同它。特殊的社会性的东西的所谓不可还原性也适合于它：这种不可还原性有助于使它日益成为自在存在着的东西，使它不仅相对于认识者而言，而且相对于被集体整合的个人来说，都是绝对独立的。"（GS 8，S. 250. 中译参阅阿多诺：《整合与分裂——社会学文集》，侯振武译，上海人民出版社即出。）

⑨ 阿多诺提到了他与卢卡奇 1925 年 6 月在维也纳的第一次会面，他在 1925 年 6 月 17 日将这次会面告知了齐格弗里德·克拉考尔。vgl. NaS IV·7，S. 383 f.，Anm. 194.

⑩ 参阅 1930 年出版的《一个男人的答复》中的诗《凯斯特纳先生，肯定之物在哪里呢？》："他一次又一次地给我寄信，/在信中，用粗粗的笔画，写道：/凯斯特纳先生，肯定之物在哪里？/是的，魔鬼知道，它在哪里。"（Erich Kästner，Gesammelte Schriften für Erwachsene，Bd. 1：Gedichte，München，Zürich 1969，S. 218.）关于这个主题还可参阅阿多诺后来的、重写为《批判》的文章："有一种反批判的模式本质上是德国的，尽管并不像一个或许并无机会在其他国家观察到类似东西的人容易假定的那样彻底是德国的，这种模式出自那种抹黑说教者的哲学，堕落成空话一堆：诉诸实证的东西。人们总是发现'批判'这个词（如果这个词应当完全被容忍，甚或人们本身就以批判的方式行事）在建设性意义上被分派了。这里的假定是，只有代替被批评者而提出了更好建议的人，才能从事批判；在美学领域莱辛于 200 年前就嘲讽过这一点。通过覆盖上实证的东西，批判从一开始就被驯化，失去了它的激烈性。戈特弗里德·凯勒曾在某处将催促人们有所建树的那种要

求称作甜饼式话语。"（GS 10・2，S. 792. 中译参阅阿多诺：《批判模式》，林南译，上海人民出版社 2023 年版，第 309 页。）

⑪ "安娜・弗洛伊德（Anna Freud）可信地描述的'对攻击者的认同'"（Anna Freud, Das Ich und die Abwehrmechanismen, London 1946，S. 125ff.），根据阿多诺的说法，是"压抑机制和退行机制"的一个"特例"（GS 8，S. 76. 中译参阅阿多诺：《整合与分裂——社会学文集》，侯振武译，上海人民出版社即出）；他经常在与当代社会理论的关联中使用它。（vgl. etwa ebd.，S. 119，S. 168 und S. 251.）

⑫ 在副标题为"论德意志意识形态"的《本真性的行话》中，阿多诺这么命名名称："所有精通这种行话的人，自雅斯贝斯以下，都在颂扬肯定性这一点上意见一致。只有谨慎的海德格尔，由于他自身的缘故避免了一种太过坦率的肯定，但还是间接地完成了他的指标，即通过造作的真正性的语调来完成。而雅斯贝斯却无所顾忌地写道：'只有出于一种肯定的态度来生活的人，才能真实地待在这个世界上，这种肯定的态度无论在何种情况下他都只是通过约束而获得的。'"（GS 6，S. 427 f. 中译参阅阿多诺：《本真性的行话》，谢永康译，上海人民出版社 2021 年版，第 18 页。）

⑬ 例如，在《瞧，这个人》中："我首先看到了真正的对立：——｛一方面是｝以隐秘的复仇欲来反对生命的蜕化本能（——基督教、叔本华哲学、某种意义上甚至柏拉图哲学、全部唯心主义，都是其典型的形式），｛另一方面，则是｝一个出于丰盈、充裕的最高肯定公式，一种毫无保留的肯定，对痛苦本身的肯定，对罪责本身的肯定，对人生此在本身当中一切可疑之物和疏异之物的肯定……后面这种最后的、最快乐的、最热情洋溢的对于生命的肯定，不光是最高的见识，而且也是最深刻的见识，为真理和科学最严格地证实和维护的见识。存在之物中没有什么是要扣除掉的，没有什么是多余的——为基督教徒和其他虚无主义者所拒斥的此在方面，在价值等级制中，甚至要远远地高于颓废本能所能赞同、称道的东西。要理解这一点，就需要有勇气，而作为勇气的条件，就需要有一种充溢的力：因为人之接近于真理，恰恰只有在勇气允许前进的范围之内，恰恰是按照力的尺度来进行的。认识，即对实在的肯定，对于强者来说是必然的，恰如在虚弱感的影响之下，弱者同样必然地会胆怯而逃避实在。"（Friedrich Nietzsche, Sämtliche Werke. Kritische Studienausgabe, hrsg. von Giorgio Colli und Mazzino Montinari, Bd. 6：Der Fall Wagner・Götzen-Dämmerung u. a.，2. Aufl.，München 1988，S. 311 f. 中译参阅尼采：《瞧，这个人》，孙周兴译，商务印书馆 2017 年版，第 77—78 页。）

⑭ 参阅《法哲学原理》的"前言"："凡是合乎理性的东西都是现实的；凡是现实的东西都是合乎理性的。"（Hegel, Werke, a. a. O.［Anm. 10］，Bd. 7：Grundlinien der Philosophie des Rechts oder Naturrecht und Staatswissenschaft im Grundrisse, S. 24. 中译参阅黑格尔：《法哲学原理》，范扬、张企泰译，商务印书馆 1961 年版，第 12 页。）

⑮ 例如，人们应该在这里想到鲁道夫·海姆(Rudolf Haym)的《黑格尔及其时代》(*Hegel und Seine Zeit*)这个系列讲演(柏林，1857年)，在其中，黑格尔关于现实之物的合理性的格言被谴责为"复辟精神的经典词句、政治保守主义、寂静主义和乐观主义的绝对公式"(ebd.，S. 365)。与此相对，阿多诺又总是反对这种简化以捍卫黑格尔，所以，他在《黑格尔哲学的诸方面》中写道："黑格尔学说最成问题从而也是最富争议的是，现实的是合理的，这并不是单纯辩护性的。其实，理性在黑格尔那里乃处于与自由的关联之中。自由和理性，离开对方就是无稽之谈。只有当现实的东西让自由理念所穿透，让人性的现实规定性所穿透，才能被认为是理性的。如果谁将启蒙运动的这份遗产排除在黑格尔哲学之外，并激动地抨击，他的《逻辑学》其实与世界的合乎理性的组织了无关系，那么他就是歪曲黑格尔了。"(GS 5，S. 288. 中译参阅阿多诺：《黑格尔三论》，谢永康译，上海人民出版社2020年版，第33页。)

⑯ 阿多诺指的是他所写的或许最广为人知但也是最常被误解的句子："即使最极端的灾难意识也将面临退化成闲言碎语的危险。文化批判发现自己面对的是文化和野蛮的辩证法的最后阶段：在奥斯威辛之后，写诗是野蛮的，这也侵蚀掉了宣布为什么如今写诗是不可能的认识。"(GS 10·1，S. 30. 中译参阅阿多诺：《棱镜》，彭晓涛译，上海人民出版社即出)关于阿多诺对他的格言的解释，见：Rolf Tiedemann，»Nicht die Erste Philosophie sondern eine letzte«. Anmerkungen zum Denken Adornos，in：Theodor W. Adorno，»Ob nach Auschwitz noch sich leben lasse«. Ein philosophisches Lesebuch，Frankfurt a. M. 1997，S. 11 ff.。

⑰ 虽然黑格尔将柏拉图对话中的苏格拉底式的讨论描述为"否定辩证法"(vgl. Hegel，Werke，a. a. O. [Anm. 10]，Bd. 19：Vorlesungen über die Geschichte der Philosophie II，S. 69)，但这个概念在着重意义上还是由阿多诺创造的，并且首次在他出版于1966年的同名著作中被使用；相反，自马克斯·霍克海默的文章《传统理论与批判理论》以来，批判理论是社会研究所圈子的思想的名称，在很大程度上也是出于政治原因使用的马克思主义的"暗语"(格尔肖·肖勒姆)。"霍克海默的表述'批判理论'"——阿多诺说——"并非想使唯物主义成为可接受的，而是用它来达到理论上的自我意识。由此，唯物主义不仅同科学的'传统理论'区别开来，同时也与对世界的笨拙解释区别开来。理论——在很大程度上像马克思的理论一样——一定是内在辩证的，即使理论最终否定了它活动的整个领域。"(GS 6，S. 197. 中译参阅阿多诺：《否定的辩证法》，张峰译，上海人民出版社2020年版，第168页，译文有改动。)

⑱ Vgl. W. I. Lenin, Materialismus und Empiriokritizismus. Kritische Bemerkungen über eine reaktionäre Philosophie, russ. Erstausg.：Moskau 1909, erste dt. Übers.：Wien, Berlin 1927. 另见霍克海默的文章"论列宁的《唯物主义和经验批评主义》"，他对列宁主要的哲学著作做出了与阿多诺非常不同的评

价。(in：Horkheimer，Gesammelte Schriften，a. a. O.［Anm. 9］，Bd. 11：Nachgelassene Schriften 1914—1931，hrsg. von Gunzelin Schmid Noerr，Frankfurt a. M. 1987，S. 171 ff.)

⑲ 阿多诺已经于 1965 年 5 月在他的一个笔记本中记下了他的哲学的这个核心思想："所有哲学由于其运作方式而被暂定为唯心主义。因为它必须借助概念来进行操作，所以不能将材料、非概念物粘贴到它的文本中(也许在艺术中拼贴画的原则正是它自己对此的无意识反抗；还有托马斯·曼的粘贴技巧)。但由此作为哲学的质料的概念获得优先性这一点已经得到保证。甚至质料都是一种抽象。然而哲学能够认识、命名这个对它来说必然被设定的'谎言'(ψεῦδos)本身；如果它从那里进一步思考，虽然不是消除它，而是以这样一种方式改变自己的结构，即它的所有命题都被浸入到那种非真理的自我意识之中。这正是一种否定辩证法的观念。"(GS 6，S. 531)虽然阿多诺没有对这个准备在《否定的辩证法》的"导论"中使用的笔记进行阐述，但类似的表述仍然可以在《美学理论》中找到。vgl. etwa GS 7，S. 382 f. 中译参阅阿多诺：《美学理论(修订译本)》，王珂平译，上海人民出版社 2020 年版，第 377—378 页。

⑳ 在第二讲结束时，草稿上写着："(从这里开始，有很剧烈的沙沙声和无声，几乎没有办法进行理解；缺了大概 10—12 行。)"

第 三 讲

（1965 年 11 月 16 日）

提　　纲

40　　　（3）① 今天，肯定性概念，更确切地说是抽象的肯定性概念，已经变成了意识形态。

批判**自在地**将自己变得让人怀疑。

相比之下，否定物的概念在其抽象性上，作为抵抗（Widerstand），甚至当它并不抽象地拥有它的肯定物的时候，仍然有它的合理性——它隐藏在被否定之物中。

但是：它涉及的是规定了的否定性，也就是说，使概念与它的对象相对峙以及反过来使对象与其概念对峙起来的内在批判。

否定性并非自在地是善——它是一个坏的肯定物。

否则只有超越事物的存在的虚荣，因为人不在其中。对自我崇拜的滥用警告。——否定性与它本身相对立。

或许的确是有一种肯定性的动机，但它不许表达自己（图像禁忌！），就是说不允许设定自身。不否认固定之物和肯定之物——但是它是一个因素，不能被还原于此。

36

现在,在黑格尔那里,辩证法的肯定性同时是它的前提条件(也就是主体、精神)和它的最终目的($\tau\acute{\epsilon}\lambda os$),它肩负着体系。

从而它产生了两个问题,我必须尝试通过对思想的阐释来对之进行回答:

(1) 否定辩证法真的是**可能的**吗？就是说,如果没有它推导出来的肯定性的设定,那么否定的规定性来自哪里。此外:从否定之否定中**会得出**什么。我的回答是:坏的肯定性。虚假的索引。——对合题概念最严重的限制。此外,在黑格尔那里,所谓的合题(它在文本中发挥着非常微小的作用)不仅是更好的和更高的东西,而且是正题在反题中的实现,是对非同一性的表达;就此,它与经验论哲学并没有太大的不同。——细微差别:这在哲学中是至关重要的※参见 3a②

(2) 是否存在没有**体系**的辩证法——这是变换了形式的同一个问题。本雅明的论点和它的任务。

1965 年 11 月 16 日

讲 课 记 录

因为这门课程叫作"否定辩证法"③,或许我能够再一次回到它当下流行形态的肯定性概念。我相信,我已经在上一次的讲座中向各位指明了,自在的、抽象的肯定性概念在今天已经变成了意识形态;无论其内容为何,批判本身在今天已经变得令人怀疑了。最后但并非最不重要的一点是,它促使我去谈论否定辩证法——如果各位不是从单个问题的角度,而是从宏大的哲学建筑术的角度看问题的话。如果各位想将这里所讨论的现象,简单地限制在意识对肯定性概念主导性的态度上,以及由此与否定性的相同一,那将是错误的和肤浅的(我想尽力避免这种情况)。相反,这里涉及的是一个进程,它似乎能够贯穿当前意识的总的范围,并且物化意识这个概念也确实适用于这个进程,我希

41

望我会成功向各位完整地阐述并在理论上展开这个过程，当然，这在我看来更像是一个社会学的而不是一个哲学的任务。④ 我这里指的是——我认为，或许对各位而言，在各位自己的精神自我反省的意义上注意到它，并不是完全无足轻重的——这些将我们真正带入辩证法主题的概念，根本不再能够按照它们所包含的东西来衡量，并且它们所包含的东西，也不能按照概念被衡量；毋宁说，概念被静置了，人们将概念接受为一种关系，而根本没有询问它所涉及的真理内涵。因此，例如"肯定的"这个概念，在本质上的确就是一个关系概念；它根本不是自在地有效的，相反它总是关涉那些应该被赞同或否认的东西——人们从它在其中起作用的关系中剔除了"肯定的"这个概念，甚至仅仅因为他所获得的情绪价值，因为那些对他造成了影响的感情，而现在人们把它接受为独立的和绝对的东西，并使其成为了所有事物的尺度。完全类似的是——我在八天前的社会学高级研讨课的导论中也说过⑤——关于知识分子的整个争论在今天十分受欢迎，它是以这样一种方式进行的，即人们争论作为人类学的或者精神的或者道德的类型的知识分子，而不询问出现的精神性内容是什么；在确切的意义上说，智性（Intellektualität）是否非充分感知精神事物的器官——还有更多此类问题。我的印象是，这种物化意识的趋势，将会真正导致以一种类似的方式——像广告中的口号那样——静停（still zu stellen）和物神化（zu fetischisieren）所有现有的概念，而这种趋势比如下情况更加具有灾难性，即正是由于它的普遍性，它完全没有真正地被意识到。并且我认为，哲学的工作根本没有如此关乎否定性本身——我马上会就此作些说明，相反它首先存在于，每一个人如此控制他本身的思维方式，即批判地对待自己的思维，以便抵抗住这种物化的思维风格。如果我现在应该表述一下否定辩证法的后果为何，就它应该为各位自己思考提供的支持而言——最终这也是这门课程中的一个不可小觑的任务，那么我将看到（sehen），它使各位意识到了这个趋势；因为各位意识到了它，所以就会阻止各位遵循和顺从它。

当然,这个趋势无论在社会上还是在历史哲学中都可以追溯到很久以前。其主要原因当然是绝对有约束力的统一性范畴无可挽回地丧失了。⑥对意识而言预先规定的所谓实质性的、无可置疑的东西越少,它就越倾向于此——在一定程度上是补偿性的;为了均衡这一点——此外以这种方式,在最字面的意义上,使自身创造的、与意识相比没有任何超验性的概念偶像化,意味着:将自身创造的东西绝对化。也就是通过将这些东西从关系中揪出来并且不再反思这一点来将之绝对化。我想说,鉴于这一事实,否定的概念在其抽象性上仍然具有某种权利——我必须首先必然地,并因此是**错误地**引入它;也就是说,即使它不“具有”自己的肯定性,也具有抵制这种思维习惯的权利。因为,正是这种“具有某物”,具有某种固定的、给定的和不容置疑之物,某种人们可以安心满足的东西——这恰恰才是思维真正应该抵制的。正是那种思维所不具有的东西被指责为一种匮乏,才真正是哲学思想能够发布自身的媒介,如果思想真的是一种哲学思想的话。因此,只要我们首先简单地思考下主观意识的立场,也就是我们每个个体的精神行为的立场,就可以说,在此种对抗性的思维中,肯定性隐藏在对我试图通过物化意识概念向各位解释的那些因素的抵抗之中。但我相信,为了把握 44 我想要实现的意图以及我只能逐步向各位阐释的东西,各位应该立即并且从一开始就明白,不应该将否定性作为一个普遍和抽象的原则,就像我最初出于必要性向各位介绍的那样;毋宁说,在这种否定性中,就像我给各位阐述的——或者还没有阐述,而是像我在一开始提出的,因为人们必须从一个开端入手,即使他从来不相信一个绝对的开端——隐含着一个指示,即黑格尔所谓**规定了的**否定。换句话说,这种类型的否定性使诸概念与它们的对象相对照,并且反过来使对象也对照它们的概念,以此来进行内在批判;通过进行内在批判,这种否定性使自己具体化,通过内在批判,这种否定性便超出了单纯的立场哲学。**自在的**

否定性,如果这样的概念不是废话的话,因为通过这种自在存在,恰恰变成了一个只适用于上下文,即"为他"的概念,已经变成它所指的反面——否定性本身不是要被捍卫的善。这样,它会立即翻转为坏的肯定性。而否定性本身的这种虚假性清楚地表现在一种确定的态度的虚荣上,人在年轻的时候非常容易被它吸引——如果他尚未完全进入个别事物的学科的话。事实上这种态度出现在黑格尔《精神现象学》"序言"的一个著名的段落中,我一直在引用它,并且强烈建议在座的各位在听完这次课后,一定要对之进行彻底的研究——它就是黑格尔在《精神现象学》中用虚荣和空虚描述的态度,因为它没有沉浸在事物之中,所以总是超然于事物之上。⑦抽象的否定性:可以说,为了将自己置于现象之上,人们立即就从外部发现了现象的错误,这在很大程度上只有益于自恋式的理智满足,就此而言它从一开始就被滥用了。辩证思维学科的首要要求之一可能就是人们应该抵制这种诱惑,这点必须牢记在心——尽管其中有一些富有成效的东西:那就是人不应该满足于搪塞给他的东西;人们觉得,人要比它用诡计掩盖的东西更好。我完全不想误判这一点。尽管如此,人们不应该停留在这种态度上。这正是规定了的否定所要求的。

45

同样,这种思考自然有义务不断进行自我反思。我在这里想说,在对我的尝试提出的大量反对意见中——如果人们不能想到更好的东西(不幸的是,他们通常想不出什么更好的东西),他们会说:是的,他是否也将他的否定性应用到他自己的事情上?这几乎是一个教科书式的案例(Schulfall),我想称之为坏的抽象性问题。这与如下这点无关,即因为我以特定的、非常成型的理论关联的方式对所有可能的现象都采取了批判态度,那么我就可以说先天地对我自己的事物采取这种所谓的否定性态度。最后,如果我认为我的事物——它们只在规定了的否定的关系中构成自身——总的来说是错误的或者不真实的,那么我就不会说它们。我言说它们,我说出它们,在根本上已经意味着,自我反思也已经尽我所能地进入这些事物了。但要求是从外部提出的：是的，如果他有一个否定的原则，或者如果他认为否定性是本质性的媒介，那么他就根本不能言说任何东西——对此唯一的回应基本上就是：这应该对任何一个人都适用！我觉得，可能存在着某种诸如思想的所谓肯定性动机的东西——这可能是这种情况下人们可以冒险做的最极端的事情；如果人们**不想要**它，而我故意说"它"，因为人们不能言说、不能表达"它"，那么就没有规定了的否定，那么实际上根本就没有任何东西了。但我相信，正是这个肯定性的因素，在相关意义上，是属于否定性的，也因此与规定了的否定原则相结合，因为它反对被静置为抽象的、固定的、不动的和总是一成不变的东西。如果这是真的，即每一种能对真理提出统一要求的哲学，都倚赖过去的辉煌，即不仅是对哲学⑧的世俗化，而且也正是对神学的世俗化，那么我相信，这里是世俗化进程的一个绝佳的节点：恰恰是那在救赎宗教中占据中心位置的图像禁忌，延伸到思想和思想最细微的分支中。因此，要在这里说清楚：它不涉及对任何确定之点(Punktives)的否认，甚至也不涉及对思维中固定之物的否认；我希望，我们将非常具体地得出固定之物在辩证逻辑中的意义；但是这个固定之物和肯定之物在此恰恰是一个**因素**，跟否定一样——而不是被预期的、可以被置于开端的东西。如果各位追问我对各位说了些什么：如果你承认肯定之物和否定之物一样都只是**因素**，两者都不能被树立为绝对之物，那么，为什么我如此提倡否定性的概念，只有当各位发现我们现在才开始的工作已经完成了，我才能够给出真正的答案：也就是说，当我能够成功地对传统思维的同一性哲学的前提条件，进行令人信服的和内在的批判之后。因此，我必须请求各位耐心一些；眼下我还无法做到这点。但就日常使用而言，几乎可以说作为一个来自民众的普通人，我意识到世界充满了肯定性；并且这种肯定性在某种程度上证明自己是否定物，因此首先应该对这种否定物采取恰当的态度，这种态度将由否定辩证法的概念来描述。

自然这是与黑格尔相区别的,这个区别不能被任何东西掩盖,并且它现在不但与所谓的一般立场(Positionen)相关,而且扩展到了所有个别范畴上。尽管黑格尔是这般无限丰富,尽管任何认真对待黑格尔的哲学思考都要向黑格尔学习无限多的东西,但恰恰在这点上我们几乎不可能忽视差异,或只是将差异视为外在的体系方法。在黑格尔那里,辩证法的肯定性,最终也就是整体,即所有否定的总概念(Inbegriff),是意义,是理性,的确就是:神性,是绝对者,也是前提条件,对他来说,是它在根本上触发了辩证法,就像从另一方面说,它应当能够从这个辩证法中产生,更确切地说是被迫产生出结果。正是对这个圆圈,黑格尔格外为之自豪,因此他将自己的哲学比作圆形(Kreisgestalt)。⑨ 人们可能会按照一个完全不同领域的比喻词,也就是来源于数学领域、很可能是被亨利·彭加勒如此表述的词⑩,将整个黑格尔的哲学正确地理解为一种巨大的同义反复。⑪ 如果没有这个困难,即这种哲学想要拥有一切,这种哲学不想放弃任何东西,对它而言没有任何与它如此相矛盾的

48 概念,这种哲学也不想卷入和使用这些概念,那么就一切安好了,这种哲学一方面尽管将自己说成是一个庞大的分析判断,另一方面却又同时声称是卓越的综合判断;就是说:在这个分析判断中,在精神中去捕捉那种东西,也就是去同化那种自身并不是精神的东西。而这一点,即恰恰某物既是分析判断又是综合判断的双重主张,正是从这一点出发,我相信,如果人们认真地对待黑格尔(真正认真地对待他就是对他最大的尊重),就必须超越黑格尔;因此批判性思维在这里必须背离他。与此同时,我从一开始就以此来描述自己与这个辩证法形态的差别,尽管我不仅将这个形态看作辩证法在哲学上的最高表达,而且总的来说还将其看作哲学迄今为止所达到的最高位置。那么,从到目前为止我尝试着向各位概述的内容中产生了两个问题,我希望通过思想的发展能够在一定程度上为各位作出回答,并且我恳请各位将之当作主题。问题之一是,**否定辩证法究竟是否可能**,也就是说:如果运动自身并不是

由下述事实带来的(如果运动自身并没有被牵扯进去),即应该在其与精神的差异中得到把握的客体,其本身根本上就已然是精神,那么人们究竟能否谈论一种辩证的过程。如果离开如下事实,即肯定性的设定,也就是对产生万物的精神的肯定性从一开始就伴随着否定这个事实,那么否定的规定性该从何而来呢? 反过来也可以这样说,有人问——这是一个我从一开始就已经提到的问题——在这样一种否定辩证法中,黑格尔称之为否定之否定的东西会变成什么;眼下我想这样回答这个问题:否定之否定恰恰并非全然地是肯定物,毋宁说,肯定之物不仅在于其肯定性,而且也在于它自身的可错性和脆弱性,也就是在于其**坏的**肯定性。或者可以说:这是方法论原则之一——如果让我说这样一个原理,而各位不会像胡秃鹫那样扑向我并且说:现在你也就有了一个普遍的方法论原则;这根本不是一个是否有某些普遍或固定的原则的问题,而是这样的原则在哲学的背景下具有何种位值(Stellenwert)和作用的问题,因此,它或许可以表达为(我早先不时尝试这样的表述)[12]斯宾诺莎的和真正同一性哲学的命题,"真理是检验它自身和谬误的试金石"(*verum index sui et falsi*)[13];也就是,在真的东西中可以直接看出它自己的真实和不真实的东西——虽然**它(虚假物)**并不生效;但是,本不该存在的虚假物,**事实上**是它自己的索引:虚假的东西,即首先并不是它自身的东西;意思就是,在如下意义上不是它自身,即它不是它声称所是的东西——如果各位愿意的话,也可以这么说,这个虚假物表现为某种直接性,而这种虚假物的直接性,这个虚假的东西,是检验它自身和真理的试金石。因此,这是对我所认为的"正确的思维"作出了一定的,虽然绝不是过度的说明。

我向各位简述的内容之中,隐含着对**合题**概念的最严重的保留态度。我必须向各位坦白:我只能首先在思维中作出特异反应(idioskratisch)*,

---

* idiosynkratisch 是下文的 idiosykrasie 的形容词形式,意义为特异的、特殊的、不合常规的,在心理学上则有反感、厌恶的意思。——中译者注

几乎可以说是神经反应;而所谓的理论思维,在很大程度上只是通过意识效仿这些特异反应的尝试。如果各位阅读了我最近在《新德意志杂志》上发表的关于哲学思考的小文章⑭,那么各位就能够对我想的东西有所了解。至少从很早开始,我就感觉到对合题的概念有一种强烈的反感。在我还没有正确地意识到它意味着什么的情况下——一开始或许无非是对倾向于极端的人的抵抗,对于这些人而言,融合之路是错误的,他们拒绝的那种中庸之道,按照阿诺德·勋伯格⑮的说法,是唯一不通向罗马的道路。但无论如何我都相信,在对待否定之否定的态度中——合题概念应该按照三段论图型作为这样一种否定之否定,这种厌恶至少以理论的方式被带入了它的概念中。同时我希望各位注意,黑格尔那里有一个与合题相关的十分奇特的情况。也就是说,在黑格尔那里最初的情况是,如果各位仔细阅读黑格尔的文本就会发现,文本里出现的这些合题以及从中看出的肯定性,比各位最初期待的要少得多。而且我相信,如果单纯从词典编辑学的角度追踪黑格尔的合题概念——而不是康德知识批判意义上的综合概念——那么就会发现,相对于像设定、立场或否定的概念,合题这个表达在他那里出现的次数要少得多——这或许与实事(Sache)有某些关系。但这在实事当中有其根源,它并非仅仅是黑格尔语言的外在特征。也就是说,在他那里这正是所谓的合题:它构成了思维的三部曲(Dreigliedrigkeit)中跟否定相对的——如果在黑格尔那里有这样一类东西的话——的第三阶段,绝不单纯是更好的或更高的东西;毋宁说,如果细看任何这样一个三步曲的辩证法——就我来说,它就是著名的有、无、变的最初的三一体⑯——各位就会发现,这个所谓的合题实际上就是某种运动,像是思维的、概念的运动,它会倒转向后并且根本没有把已经获得的东西冒充为一种最后赢得的更高级的东西。黑格尔的合题往往存在于此——如果能够对之进行详细的分析,将会非常值得——,即在反题**之中**,一旦反题被设定了,正题便再次使自己生效。因此,一旦两个矛盾的、相互对立的概念达到了同一性,或者至少这种同一性在反题中被断定了,就像在那个最著名的反题中,即在存在和无的同一性中,进一步的反思随之而来:是的,虽然它们**是**同一的,我把它结合起来了——也就是说,存在作为一个完全无规定之物同时也就是无,如果非要完全简单地表达它的话:但它们毕竟不**完全**是同一个东西。被同一化的思想总是通过同一化对每个个别概念施加暴力;否定之否定真正说来无非是对那种暴力的记忆(ἀνάμνησις);因此是对如下情况的说明:我将两个彼此对立的概念设定为一个,尽管一方面我服从了它们中的必然性,但同时也对它们施加了必须要被纠正的暴力。实际上这种对同一化中的暴力的纠正一直是黑格尔的合题的含义。⑰正是这种结构——这里涉及的是辩证法的结构,正是这种结构并不总是被非常严格地坚持到底;并且我很清楚,在黑格尔的《逻辑学》中,我也可以看到不同类型的结构。但我敢说——**意图**真正说来总是**这**种意图,顺便说一句,它具有非常有趣的体系性结果:辩证法将其描述为一种彻底动态的思维类型的思维运动,绝不仅仅是一种向前的运动,绝不是单义的(einsinnig),而往往同时也是一种向后的运动,它一再把它远离的东西带入自身,至少在意图方面确实如此。如果黑格尔辩证法中最令人惊讶和难以掌握的结构特征是:52 一方面,范畴会被不断地规定为生成着的和自我变化着的,但另一方面,尽管如逻辑学的那些范畴被认为是绝对有效的,就像在任何一种传统逻辑或认识理论中那样——如果我没有弄错的话,那么恰恰是因为这个原因,即通过这种倒退的趋势(这种倒退的趋势存在于前进运动本身中),向前的东西同时也总是被静置的;因此,正是在这个意义上(这至少是黑格尔辩证法的意图),变和有应该是彼此同一的。如果我刚才跟各位说的是对的,也就是说,如果所谓的合题无非是正题和反题的非同一性的表达,那么这种非同一性的表达与我用否定辩证法这个概念所指的东西之间的区别就不会那么绝对,不会那么如有天壤之别,就像各位一开始乍看起来那样,甚至在我向各位对之进行一般性的表述之后还可能依然如此。从以下事实还可以看出,差异——这事实上是哲学向它的门徒提出的最过分的要求——在哲学中真正重要的差异(我已经在较早的讲课中多次谈到过这一点,但是,也许我可以再重复一遍,以便为各位自己的工作提供一定的帮助),在哲学中真正重要的差异,根本不是那些伟大的、彼此截然对立的立场之间的差异。如果将它们互相比较,比如把杰出的理性主义者笛卡尔和经验主义的鼻祖弗朗西斯·培根相互比较,人们就会发现,在无数的事情上,他们不仅说法完全相同,而且意指也完全相同,只是使用的是不同的概念手段;这些

53 哲学的意图要比所谓世界观或者公理立场所期待的接近得多。但正是在我努力阐明的,如黑格尔的合题概念的表述和规定了的否定概念的表述的最细微差别中——恰恰在这些最细微的差别中隐藏着差异。哲学思考的能力本质上是,始终在这种最细微的差别中,最精微之物的差别中经验到整体的差别。

　　我有义务以一种终究还是间接的方式来回答我和各位说过的那些问题。在回答了否定辩证法的可能性问题之后,还必须回答第二个问题,不过它与第一个问题的区别仅仅在于表述上的不同,而非实质上的不同;也就是这样一个问题,究竟是否能够给出一个没有体系的辩证法——以及没有体系的哲学。哲学体系的概念早已声名狼藉;首先是通过众所周知的尼采关于体系的不诚实的命题⑱,后来更多的是通过不同的新康德主义学派的模仿的体系,比如海因里希·里克特(Heinrich Rickert)所谓的开放的体系⑲,在这些流派中,概念装置对于这种思维提出的要求的不适应性是显而易见的。因此,当人们声称反对体系时,并没有耗费多大的精神勇气。如今,不会再有人相信自己仍然会处理体系的问题,但提出"究竟无体系的哲学是否可能"这个问题,也仍然比一再确保没有任何一种体系是可能的要好一点。实际上,我所尝试的并且希望向各位呈现的,无非是在没有体系和没有本体论的情况下,负有责任的哲学的可能性——这是我真正想要获得的。但这

些东西有多重要——请允许我在最后再向各位说明这一点,各位可以 54
由此得知,像本雅明这样享有杂文家和微观逻辑学家(Mikrologen)名
声的思想家,也在论文中——这些论文现在收集在《证言》(Zeugnissen)
中⑳——非常坚定地为这个观点辩护,即没有体系的哲学是不可能的。
他的思想的努力——甚至是一种灾难——实际上针对的是**没有体系的
哲学的可能性**这一问题。我们将在讲座的过程中非常详细地讨论这个
问题——恰恰采用那个相反的说法;与通常不言而喻的事实相反,**哲学
体系是不可能的**。

注释

① 编号续接第二次讲座的提纲,s. oben, S. 25 f.。见本书第 20 页。

② 第一个与接下来的讲座相关的插入 3as. oben, S. 55. 见本书第 50 页。

③ 关于讲授课的标题,见对标题的注释。

④ 阿多诺在笔记本上做了很多关于物化意识的工作计划的笔记,但他再也没
有办法去实现这些了。

⑤ 1965—1966 年冬季学期,阿多诺举办了以"关于社会概念"为题的社会学高
级研讨班,见上文第一讲注释⑭;然而,他在这里的"导论"似乎与那里的阐
述的文本"社会"(s. ebd. sowie GS 8, S. 9 ff. 中译参阅阿多诺:《整合与分
裂——社会学文集》,上海人民出版社即出)并不相同。

⑥ 在草稿中这里(Vo 10834)还有:"对于昨天引用的马林诺夫斯基的话,舍尔
斯基先生已经用……说明了";因为赫尔穆特·舍尔斯基对马林诺夫斯基
的引用没有被查明,所以记录部分被删除了。

⑦ "因此,那些为着目的和结果,为着这个东西和那个东西的差异性和评判所
作的操心,表面上看起来似乎很辛苦的样子,但实际上确实是一份轻松得
多的工作。因为那些做法不是去把握事情本身,而是总是超然于事情之
上。这样的知识不是停留在事情之内并且沉浸其中,反而总是追逐另外的
东西,到头来,它其实是停留在自身之内,而不是停留于事情并投身于事情
之中。"(Hegel, *Werke*, a. a. O. [Anm. 10], Bd. 3, S. 13. 中译参阅黑格
尔:《黑格尔著作集》第 3 卷,人民出版社 2015 年版,第 3 页)

⑧ 在机器打印的草稿中:语文学。(Vo 10837)

⑨ 在众多的参考文献中,这里仅引用了 1830 年《百科全书》的第 15 条:"哲学
的每一个部分都是一个哲学的整体,一个自身完整的圆圈,但哲学理念在
每部分中是处于一个特殊的规定性或要素中的。因为单个的圆在其自身
就是整体,因此它同样突破了要素的限制并且建立更广阔的范围;因此,整

体将自己表象为一个诸多圆圈中的一个,它的每一个都是必要的环节,因此体系用它的特殊的要素构成了整体的观念,这个观念同样表现在每一个个别环节之中。"(Hegel, a. a. O. [Anm. 10], Bd. 8: *Enzyklopädie der philosophischen Wissenschaften im Grundrisse*〈1830〉, 1. Teil, S. 68. 中译参阅黑格尔:《小逻辑》,贺麟译,商务印书馆 1980 年版,第 56 页,译文有改动。)

⑩ 未指明。——亨利·彭加勒(1854—1912),他是那个时代顶尖的数学家,同时也是理论物理学家和哲学家;通俗著作有《科学与假设》(1902 年,德语版 1904 年)和《科学与方法》(1908 年,德语版 1914 年)。

⑪ 在他的"康德的《纯粹理性批判》"的讲授课中,阿多诺使用了可以说是康德预先作出的黑格尔——批判的表达:"……尽管康德一方面进行形式分析,但同时他也看到,如果所有知识只是形式,所有知识仅限于主体,那么它就只是一个庞大的同义反复。因为主体在认识活动中只会不断地认识自身;而主体的这个单纯的'认识自身'正是一个倒退,退回到了启蒙思想家康德所要瓦解的那个神话性思维中。"(NaS IV · 4, S. 105 f.)

⑫ 例如,参见《启蒙辩证法》中的说法:"反抗乌托邦的任何固化的启蒙乃是有其道理的,并且无动于衷地宣布统治为分裂,因此启蒙拒绝掩盖的主客体之间的断裂就变成了其自身非真理和真理的索引(Index)。"(GS 3, S. 57. 中译参阅霍克海默、阿多诺:《启蒙辩证法》,渠敬东、曹卫东译,上海人民出版社 2006 年版,第 32 页,译文有改动。)或者黑格尔研究中《晦涩,或者应当如何阅读黑格尔》一文:"语言本身并不是真实之物的索引,却是虚假之物的索引。"(GS 5, S. 339. 中译参阅阿多诺:《黑格尔三论》,谢永康译,上海人民出版社 2020 年版,第 81 页。)

⑬ 参阅斯宾诺莎:《伦理学》第二部分,命题四十三,附释:"正如光明之显示其自身并显示黑暗,所以真理即是真理自身的标准,又是错误的标准。"(Benedictus de Spinoza, *Die Ethik*, lateinisch und deutsch. Rev. Übers. von Jakob Stern, Nachwort von Bernhard Lakebrink, Stuttgart 1997, S. 214/215. 中译参阅斯宾诺莎:《伦理学》,贺麟译,商务印书馆 1983 年版,第 82 页。)

⑭ Vgl. oben, S. 16, Anm. 12. 参阅本书第一讲注释⑩。

⑮ 阿诺德·勋伯格 1925 年写了他的第二十八号作品《三首讽刺曲》(Drei Satiren),当时他"对我那些更年轻的同代人的攻击感到非常沮丧,并且想要警告他们,跟我吵架是不好的";在讽刺曲合唱的"序言"中是这么说的:"首先,我想认识每一个为他的个人救赎寻找中间道路的人。因为中间道路是唯一不通向罗马的道路。但是它被那些想要适用于现代而蚕食不一致的人利用,然而他们又太过谨慎不能从中得出结论。"(Zit. Willi Reich, *Arnold Schönberg oder Der konservative Revolutionär*, München 1974, S. 161 f.)

⑯ Vgl. Hegel, *Werke* a. a. O. [Anm. 10], Bd. 5: Wissenschaft der Logik I,

S. 82 ff. 中译参阅黑格尔：《黑格尔著作集》第 5 卷，人民出版社 2019 年版，第 60 页。

⑰ 另参阅《否定的辩证法》"导论"中的思想有约束力的表述："我们的思维在以暴力对待它的综合对象时注意到在对象中藏有一种潜在性，并无意识地服从这样的观念，即弥补自己已干的事情。在哲学中，这种无意识的倾向成了有意识的。"（GS 6，S. 30 f. 中译参阅阿多诺：《否定的辩证法》，张峰译，上海人民出版社 2020 年版，第 15 页。）

⑱ 参阅尼采：《偶像的黄昏》："我对所有建立体系者充满疑虑，并且对他们退避三舍。对于体系的意志，在正直方面是一种匮乏。"（Friedrich Nietzsche, *Sämtliche Werke*, a. a. O. ［Anm. 31］Bd. 6, S. 63. 中译参阅尼采：《偶像的黄昏》，卫茂平译，华东师范大学出版社 2007 年版，第 35 页。）

⑲ 例如参阅："不能将理解力的广度和无偏性与一种意愿统一为体系吗？换句话说，一个体系必须总是如此自成一体，以至于在其中没有任何空间容纳新事物？没有任何理由能够阻止哲学体系化地行事，当它争取达到人们能够称之为**开放**的体系的东西时。但这是什么意思呢？在相同的方面，思想结构应当是体系化的，并且同时是开放的？这将产生矛盾。但这也并非它的意思。更确切地说，开放性仅仅需要公正地对待历史文化生活的不完整，并且真正的系统能够建基于高于所有历史的事实，因此不会与历史相冲突。"（Heinrich Rickert, *Vom System der Werte*, in：Logos 4［1913］, S. 297.）

⑳ Vgl. Walter Benjamin, *Über das Programm der kommenden Philosophie*, in：Zeugnisse. Theodor W. Adorno zum 60. Geburtstag, hrsg. von Max Horkheimer, Frankfurt a. M. 1963, S. 33 ff.；jetzt：Benjamin, *Gesammelte Schriften*. Unter Mitwirkung von Theodor W. Adorno und Gershom Scholem hrsg. von Rolf Tiedemann und Hermann Schweppenhäuser, Bd. II · 1, 3. Aufl., Frankfurt a. M. 1990, S. 157 ff.

第 四 讲

(1965 年 11 月 18 日)

提　　纲

55　[插入 3a：]开始于 1965 年 11 月 18 日

顺便说说(ad vocem)体系。

普遍的名誉扫地，更重要的是看到<u>强制</u>。

按照整个传统的哲学概念，一种非体系的哲学会受到谴责。传统的概念先于对世界整体或世界根据(Weltgrund)的解释。

体系＝声称要给出这个整体的形式。

由此要区分<u>系统</u>与<u>体系</u>。

系统是一种自身统一的表现形式，一种万物各得其所的图型，是一种主体理性的活动。

体系是事情自身从"任何东西都不在其外"这一动态而全面的原则出发的发展，费希特是典型。

对体系的需要是如此之大，以至于今天无需注明，系统就作为它的替代品被接受。所有事实在一种事先从事实中抽象出来的秩序图型中找到空间，找到它[原文如此]自己的固定位置，这一点出于解释的目的被接受。

这个需要以此为条件,即以反体系的(尼采)或者非体系的形式出现的思维产物,都潜在地是体系。

哈格指出,在海德格尔的存在概念中,主体和客体是如此不可分割,以至于它承担了体系原则的功能,当然,它不像伟大的哲学体系那样容易识破。将总体性与放弃理解连在一起。

但是通过它的隐藏,对体系的冲动发生了改变,不再是同一个冲动了。从这个角度来看,否定辩证法是对它的改变的意识。[插入结束] 56

那么,思想①不就是偶然的、任意的吗?回答:它从(错误的)肯定性的形态中推导出来;在哲学上,一如既往,从历史地给定的思想形态中推导出来。它仿佛是按照对抗来行事的。与其说是体系的强制,不如说是事物的强制。

只不过:体系的力量必须能够被转化成对个别事物的批判。双重意义上的批判:对概念的批判和对事物的批判!尚待讨论。思维,在自身之中渴望体系。当个别事物被炸开时释放出来的力量,曾经赋予体系以灵魂,因为正是通过这股力量,现象作为与其概念不同的东西,才比它自己要更为丰富。在体系中要去拯救的是:现象客观地,而不仅仅是在它们的分类中,建立了一种联系。但这不是去实体化或者去外在地了解它,而是在它们自身之中,找到它最内在的规定,而这个方法应该是一种否定的辩证法。

(1)②哲学似乎过时了。费尔巴哈提纲。今天,哲学的非同一性问题,它的漠不相干,海上孤舟③,哲学似乎属于一个无比受限的世界。小屋。④

因为没有实现而有待修正,不是其应该被判虚无性之罪的点。

1965 年 11 月 18 日

讲 座 记 录

各位应该还记得,在上一讲,我转向了对体系概念的处理。我希望各位作好如下准备,即在这个课程中,体系的概念会被一再提起。我被迫一再地回到对这个范畴的讨论,顺便说一句,我在《认识论元批判》中对它的讨论太过简短了。⑤我清楚地感觉到,正是在这一点上,我欠各位一个清楚的说明,但我不能持续不断地进行说明,相反,我必须在不同的地方开始和重新着手进行这个说明。首先我希望各位在精神上去做一件对今天任何一个人来说都不再那么容易的事情,即**真正**领会哲学成为体系的必要性。今天,说"以体系的方式做哲学已变得不可能了"已经是十足的陈词滥调了——因此人们必须放弃去确定,是什么赋予了体系概念如此非同寻常的重要性。我之所以这么重视它,是因为我相信,一方面,只有在与体系的关系中查看它,才能够正确地理解我的方法,而不是简单地将它看作对体系来说无关紧要的、偶然的思考;但是,从某种意义上说,也是因为曾经支撑着哲学体系的那些主题在我本人的尝试中将会得到保留——那至少是我的目的。根据传统的哲学概念,一种不是体系的哲学从一开始就被谴责:谴责它的偶然性,谴责如下事实——就像现代逻辑所说的那样——它的要素是没有联系的,因此它们缺少令人信服的联系和明确的形态(Gestalt)。这背后的事实是,从柏拉图到德国唯心主义的传统哲学概念,其目的都是解释世界整体——或者至少是解释能够从中创造整体的世界根据。就此而言,体系意味着可以给出这样一个整体的形式;一种在某种程度上没有什么外在于它的形式。在哲学的体系概念中,这个要求极其宏大,(以至于其)几乎与哲学自身的要求相吻合。

我相信,为了确保这里的意指,我们应该澄清在对这个词的着重理解中的体系和后来在很大程度上取而代之的东西,也就是思想系统之间的区别。对于系统,我的理解是——我相信它不是一个任意的口头定义(Verbaldefinition),而事实上跟今天系统化讲座的实情相符——,我对系统的理解是,它是陈述的一个自身统一的形式;也就是一个图型,在其中,所有属于相关专业领域或者最终也属于哲学领域(如果它是一个专业领域的话)的东西,都能找到它的位置和它所属的正确空间。因此,它是一个主体理性的活动。也许当今最有效和最著名的这类系统的理论是社会的功能—结构理论的构思,它由塔尔科特・帕森斯提出,并且对社会学产生了非凡的影响。[6] 但对我而言,它完全不关乎社会学,而是关乎这种思维的结构,它就像一个人们拟定的计划或者参考系,出现在这个体系中的东西都能被安置进去。在我看来非常独特的是,恰恰是在这种境况下,一种本质上可以被描述为哲学体系——也就是客观性的发展,一种从统一的观点出发的所谓自在存在之物的发展——的东西,却在很大程度上为被称为系统的东西所替代。我将它当作如下事实的索引,即体系建构背后的需要,实际上远大于最初设想的对体系思想的哲学毁誉;这就迫使我们详细地研究体系的概念。因此,体系在一种着重的、强调的,真正哲学的意义上——与作为一种主观理性的秩序图型的系统概念相对,这个秩序图型能够以分类的方式拟定——是事物自身从一个原则出发的动态发展,因此作为发展、作为一种运动,它将一切都纳入自身,把握住一切,同时其又是总体性的,它具有这样一种客观有效性的要求,用黑格尔的话说[7],就是天地间任何能够被思考的东西,都无法处在这样一种体系之外。在最为着重的意义上来说,或许这种体系最一贯地得到贯彻的样态是费希特的体系。费希特事实上想从理念中,也就是自我、绝对主体中推导出一切,包括有限的主体和那个与之相对的有限的非我。我相信,如果各位想要对着重的体系概念有所了解,那么各位最好阅读后来补写的费希特《知识学》的两篇"导论"[8],在其中各位能够回忆起费希特的逻辑所特有的整体的暴力和走向体系的必要性,而当今疲劳无力的意识已不再能感觉

59

到这种必要性。当然,我的意思是,只有一种强调意义上的非体系或反体系的思维能够与体系相比,倘若它自己感受到这种必要性并且——假如我可以预期这样一种纲领——最终能够将这种曾被储存在宏大的体系方法中的力量吸收到自身中来。对这种体系的需要是如此之大,以至于今天不再能够注意到系统——也就是秩序图型;在一定程度上,是实证主义时代的体系的苍白残影——被接受为体系的替代品。针对所有这些系统,应该说——我想说它是因为我知道,这种系统在今天具有什么样的魅力——最成问题的事情是,一个从事实及其顺序中被抽象出来,以便能够有逻辑地和明白地整理它们的秩序图型,随后被当作似乎是体系想要成为的东西,当作哲学无论如何都必须成为的东西:对被它所把握的东西的**说明**和解释。

60

这个需要决定了——我还想提请各位注意这一点,以便各位至少记得这个远离我们而去的主题的严肃性——这个需要决定了即使像尼采那样的如此反体系的思维产物,或者像当代现象学和存在论以非体系的方式提出的思维产物,它们仍然隐匿的是体系。毕竟,从对意识现象及其关联的单个分析开始的胡塞尔,最终也足够坦率地承认,总的来说,一旦人们采取了将一切存在的事物都还原为意识结构的方法,对体系的要求其实也就同时被设定了。由此,胡塞尔的现象学在它的后期又回归为一种体系,人们可以相当有把握地说:一种先验唯心论的体系。⑨但即使是在海德格尔那里,事情也仍然比看起来的更加复杂。海德格尔的哲学一度如此令人着迷,原因在于这种哲学用一种确定的方式将自己表达为必然的和连贯的,而不伴有体系的概念磨坊发出的可闻的咯吱声。但现在的情况是这样的——我要把这一点归功于在过去几天与哈格教授⑩的一次谈话——至少在海德格尔那里也是这样的:体系的隐蔽功能潜藏于如下事实之内,即在他的存在概念中包含着哲学体系向来要去证明的东西,也就是说存在之物与思想的同一性,如果这个存在概念的确如他所说的是诸多因素无差别的、直接的统一,或者说正因为它是无差别的统一,存在的不同存在方式,以及存在论之物与存在之物的差别才被派生出来。因此在他那里,存在概念具有一种十分类似的,至少是"生成的"功能,同时还具有像在德国唯心主义传统中被归于体系的那种类似总体的功能——虽然作了修正,即与这种原初原则的关系不再清晰;因此不再能够在一种逻辑演绎的意义上被贯彻;甚至所依赖的原则本身也不再应该是合乎理性的。在海德格尔那里,人们可以悖论性地谈到一种已经变得非理性的哲学体系。可以说,他把对总体性(Totalität)的要求或者,就像他本人在许多段落(至少是在《存在与时间》的许多段落中)所说的那样,把对整体性(Ganzheit)的要求与对理解的放弃联系在了一起。⑪顺便说一句,各位能够发现这个奇怪的耦合也已经出现在康德那里了,他非常坚定地捍卫一种先验唯心主义体系的理念,并且他计划用这样一个以肯定的方式制订的体系来补充三大"批判",但他同时又拒绝"从内部"理解对象的思想,认为它是莱布尼茨式的一智识主义的观点——尽管事实上,如果哲学成功地将所有存在着的东西毫无剩余地纳入自己的概念之中,那么在它之下的现象也必然会被理解把握。但是,在康德那里有许多悬而未决的问题——必须说这些问题都非同寻常地悬而未决——这也正属于其中之一。

但现在我想提请各位注意,在哲学体系的功能和形态的变化中,有些东西是值得注意的。打个比方,当人们想说:好吧,倘若海德格尔,不管他如何认为,是一个体系,那么他就是唯心主义,事情就到此为止了,这将是非常肤浅的(我绝不想这么做)。我丝毫不想否认,我认为海德格尔的哲学是伪装了的唯心主义。但是这里发生的是,体系概念不再以体系的形式出现,而是正如我在前面所说的,它变得是隐匿的;存在的一切事物都不再被详尽地推演出来或者被带入其构成性的、生成的概念之中——这也从质上改变了体系概念本身。因此这条道路——我丝毫不害羞地说,我在这一点上感到某种触动——这条道路将体系在

61

62

某种程度上世俗化为将个别洞见彼此绑定的(而不是其建筑术的安排)潜在的力量,在我看来这实际上是给哲学保留的唯一的道路;当然,它不同于超越存在概念并且在此过程中利用存在概念的漠不相干性的道路。在此观点之下,我想请各位这样理解否定辩证法的概念:将之理解为意识,理解为对哲学体系理念的改变进行批判和自我批判的意识,哲学体系消失了,但在这个消失的过程中,它释放了它的力量,就像人们可以声称神学的世俗化在当时已然是体系的观念,是作为自身封闭的和充满意义的世界之体系的观念。在我跟各位这么说之后,各位可能会有这样一个问题,即把哲学这种东西除了作为体系之外究竟是否可能的问题,看成一个不那么古旧和不那么学术的问题了。在这种语境下,值得回顾的是,本雅明早年就非常强调地说,除非作为一个体系,否则哲学就是不可能的[12];而引领他离开这个洞见的道路,是极其艰难和痛苦的,并且仍然足够支离破碎。当我说,没有体系的哲学是否可能这个问题,直到今天仍然没有得到严肃对待和应有的重视时,我想并没有

63　言过其实。因为,最初它看起来好像是完全摆脱了体系中的统一性的思想,仿佛是信马由缰地朝前思考的思想(如果想要不怀好意地表达它的话)——好像它由此就被托付给了偶然性和任意性。人们一直以来向我提出的,正是这种警言妙句般的(Aperçuhaften)反对意见——只是因为终究有如此多的事物,它们交错连接并且展示出了一种关联——直到这个异议逐渐让路给其他有利的意见;到今天我自己都还没有亮明自己的意图[13],也就是说没有真正指明,这个关联者、这个统一性是由什么构成的。在这个讲座中我至少要同各位分享的一些思考,是一种最终弥补这一点的尝试。

这个答案是对如下问题的十分暂时性的回答:不再能够确保所有存在着的和能够被思考的东西的总体性的思想,是否能够从一个统一的因素中发展出来——对这个问题给出的回答与我们上一讲中对肯定性概念和肯定性的批判的思考紧密相关。或许可以说,这个思想是从

与它相对的、总是存有疑问的肯定性形态中推导出来的。思想的结构不再由它的威望和主权强加给它(借助这个威望和主权,思想从自身中创造和产生其对象)而是由与它相对的事物的形态强加给它的;在哲学这个狭窄的意义上——这自然不是什么新鲜事物,相反在哲学的历史上一直都是如此——思想的结构是由它所涉及的,历史上现成的思维形态强加给它的。在这个意义上,可以说,思维的统一性实际上总是在于,它在其历史位置上,在其特殊的情况中否定的东西——在黑格尔命题的意义上就是,哲学是被把握在思想中的时代。⑭因此可以说,在没 64 有体系的情况下想要有约束力的思想,取决于与之对设起来的阻力;统一性的因素来源于事物对思想施加的强制力,而不是思想自身的"自由的事实行动",这个事实行动始终是隐藏着的,并且绝不像在费希特那里总是公开的那样,是体系的中心。我请求各位将我在完全不同的语境下向各位阐明的思想联系起来,也就是与体系世俗化的思想或者体系性动机的转变的思想,与哲学体系之不再可能联系起来。请允许我暂时用更纲领性的、命题式地方式向各位表述,而不是现在就向各位详细地解释它。假设的内容将会是,体系的力量:一度是整个思想产物的统一性的力量,必须被转换成对个体和个别现象的批判。就此而言,批判自然就意味着一种双重批判。批判由此意味着——我拒绝像科学训练重复叮嘱我们的那样将这两个因素分开——一方面是**精神学(noologisch)意义上的批判**;也就是单纯对命题和判断以及作为整体的构想之真与假的批判。但它也将这个批判性的因素与**对现象的批判**必然地联系在一起,在这里,这些现象是由其概念来衡量的,因为它们与自身的非同一性(它们总是声称拥有这种非同一性)同时也说出了关于这些现象自身的对与错。现在我不能再纠缠于批判这个概念的双重意义了。我只是想向各位指出,无论我在哪里说到批判,我指的都是这种同时是一种统一性的双重性。另外,我请求重视这一点的人,参阅我与 65 英国社会科学逻辑学家波普尔的讨论,这个讨论发表于包含所谓的"图宾根的社会学家小型会议"的报告的论文集中⑮——或许各位可以在那里查阅到这场讨论。这实际上就是我必须在这里给各位提供的纲要。从历史的角度看,这个纲要或许与尼采在这方面的想法最为接近。这将会是这样一种思考,它虽不是体系,但在自身中却渴慕体系以及体系化的冲动;思想在它对个别事物的分析中恰恰证明了这种力量,这种它曾经想要拥有的建设体系的力量。我的意思是说,这种力量在个别现象被炸开时,通过在它们面前坚持着的思维而成为自由的,这种力量正是曾经使体系具有生命的东西,因为通过它,个别现象作为与它的概念不同一的东西,才变得比它本身之所是更为丰富。因此,在哲学中可以从体系那里拯救出某些东西:现象客观上就——而不是在认知主体强加给它们的分类才——形成一种关联。但这种在事物自身中的关联不能被实体化,也就是不能被绝对化,同时,它也不是被从外部添加给事物的;相反这种联系是在事物自身之中,在它们的内在规定中被发现的。否定辩证法,就它是一种方法而言——它只就其一个方面而言是方法——应该有助于实现这一点。

女士们、先生们,在这一点上我期望——除此之外,所有这些都必然具有纲领性的特征;但我必须向各位阐释我的纲领,以便那些实现纲领的步骤变得可信——我期望各位在这一点上提出异议。各位会说:其实你在这里怀着某种天真,相信哲学能够做某些它再也无法做到的事情。在宏大的体系兴起的时代——在近代,我们说的是从笛卡尔到黑格尔的时代——世界具有某种明晰性(Übersichtlichkeit),必须补充一点,它与体系的明晰性——在这里我只想到了黑格尔无限复杂的体系——并不完全相符。但毕竟,情况一度是这样的,即体系是在一个人们熟悉的世界中产生的。天知道,我并不想说,当时世界就是诸如库利的社会学所描述的初级群体⑯——但它肯定不是那样的。但是直到工业革命初期,它还仍然具有一种明晰性的特征,与拥有一望无际的迷宫般的高架铁路、地铁、三角铁道和类似机构的大都市相比,其明晰性仍然大致相当于一个小镇。我认为这属于如下事实——如果人们已经用这样的要求来谈论哲学,就像我现在所做的那样——也就是人们首先要意识到,是的,我想说的是:意识到这种天真,它存在于这种情况中,即一般而言,今天的哲学以它带给现实的模式,表现得真的好像现实的关系的明晰性使它能够洞穿一切地上跑的、天上飞的东西,并将它们归结为一个统一的概念——它仍然以此为前提条件。可以说,哲学今天在自身中还存在着乡土的因素;顺便说一句,这也属于时代的标志,即凡是抵抗着的、未规定自身的和总是反对一般趋势的东西——即使它在质上本应该是更加进步的和更加先进的——这些事物在自身之中都具有某种天真性(Arglosigkeit)和落后性(Zurückgebliebenheit)的因素。就此而言,我在《本真性的行话》中所强调的乡土⑰因素完全不是偶然的,相反,它们在某种程度上属于事情本身,因为只有当思维如此行事,仿佛它仍然处在哲学曾使用过的那同一种传统关系中,传统的哲学概念才能被带回家。倘若人们认识到这种乡土主义对哲学的必要性(我 67 在《本真性的行话》中完全没有如此毫无保留地表达出这种必要性),那么就有义务做到如下两点。一方面就是完全摆脱这种乡土性;因此不再这么说,好像人首先能够从自身中发展出一个实质性的世界,它的实质性早就不需要哲学的意识了,不再像黑格尔能够引以为傲地说他做到了这一点。但另一方面,如果一个人真的想进行哲学思考而又不愿意表现得好像要将随便某个布置得舒适的小屋与五角大楼混为一谈,那么我们就必须承担起一项任务,一项绝对必要的任务,那就是描述让思想回归哲学的道路,即使不去描述这条道路(这也是一项超过任何合理要求的任务),至少也要在精神上简要地加以领会。我相信,只有意识到再度走向哲学的必要(Nötigung),哲学才能够摆脱这种乡土主义的因素,这种乡土主义早已存在于下述姿态当中,今天任何坐在在他书斋中的人,或者如果书斋已不复存在,就坐在他的研讨室中,或者如果研讨室也不复存在了,就坐在他的办公室中的人,都相信他能够从纸、铅笔和手头精选的书中把握整体。* 然而,我认为,一个拒绝面对这个要求的思维,从一开始就根本没有存在的资格。我还认为,实证主义潮流对拒绝接受这种要求的哲学潮流的抵抗也有其合理之处,可以说人们才嗅到一种弥漫在"哲学的小屋"中的浑浊空气。如果哲学要想有所作为,当然就必须尽快拆除这个小屋,并且最重要的是,绝不能将这个小屋与旧的甚至新的庇护相混淆。⑱

　　现在——这对各位来说或多或少是显而易见的。对各位来说没有那么显而易见的是哲学必要性的问题,或更确切地说,是返回哲学的思想的道路问题。我认为,最好是在这里,我首先简单地提请各位回忆一下,那个有理由能被视为哲学的终结的立场:也就是马克思的《关于费尔巴哈的提纲》,它最著名的论点是,"哲学家们只是用不同的方式解释世界,而问题在于改变世界"⑲。一方面,正是通过这个命题,哲学被戴上了紧箍咒,即它无非是一种意识形态。另一方面,隐含的要求被提了出来,也就是通过人类首先从异质的制度中解放出来,最终实现哲学的理想——通过它的实现,哲学本身作为一种抽象的、孤立的和单纯精神性的反思形式将变得多余。⑳ 我自己由所从出的传统——就它是批判哲学的传统而言——将这个动机当作自己的一个非常本质性的动机。我现在认为,从它出发认为哲学看起来已经过时的观点,它本身同时就是过时的;如果不首先承认这一点,就其本身而言,它将是意识形态的,也就是教条主义的。可以说,马克思认为在下一个街角即将发生的转变,也就是在 1848 年期间的转变并没有发生。世界将由此改变的质的飞越并没有发生。无产阶级并没有将自己构建为历史的主体—客体,而按照马克思的理论,它本应该是这么构建自身的。如果从这些观察出发,人们几乎不会做得过火,也几乎不会走得太远——我不想在这里

---

　　* 这里阿多诺使用三个词(Studierzimmer、Seminarzimmer 和 Büro)来讨论脱离现实的哲学家,也反映了不同时代学者的工作地点和工作方式的变迁,即从一种富有诗意和人文精神的书斋到科层制式的办公室。——中译者注

讨论这些观察对社会批判理论自身造成的后果；这些都是极其复杂的问题，无论如何人们可以这么说，因为哲学理论向实践的转化没有发生，所以哲学理论也不再能够被认为是陈旧的、过时的和多余的，正如按照马克思主义的观念它应当是这样的。对于这些想法：哲学的现实性㉑似乎是从哲学之废除的失败中推导出来的——对于这些想法我希望在下次课继续讨论。

注释

① 指第三次讲课的提纲以之结束的问题："是不是有……没有体系的辩证法。"s. oben, S. 41. 见本书第 37 页。

② 从这里开始，阿多诺将他的《否定的辩证法》的"导论"当作讲座的基础，这个导论可能是他在 1965 年 10 月口述的第一个版本；他至少在 1965 年的 10 月 26 日到 11 月 13 日之间手写更正了听写稿的机打版本。阿多诺的秘书从 11 月 22 日开始再次将第二版转为机打稿。第一版(Theodor W. Adorno Archiv, Vo 13394—13436)以手写的方式彻底更正了的打字稿一共有 40 页，第二版，也就是所谓的"临时抄本"(Vo 13352—13393)多一页。直到 1966 年 2 月 10 日，阿多诺的提纲都是指第一版的打字稿，也就是它的第 1 页到第 28 页；从第 29 页开始，他是以"临时抄本"为基础的。尽管两版打字稿的差异无足轻重——它们都包含第二版的相同的文本，但第一版仅仅来自手写更正打字稿从 Vo 13394 开始的机打清单。据推断，在附录中刊登的第二版的文本标了两份材料的页码，圆括号中的是第一版的页码，方括号的则是后一版本的页码。

③《海上孤舟》，拉威尔的钢琴曲，1905 年的《镜子》组曲中的第三首；以管弦乐的版本流传下来。阿多诺具有超强的感受能力，他在拉威尔传统的钢琴曲的标题中看到了本来意义上的恐惧……：《海上孤舟》(GS 12，S. 102.)

④ "小屋"似乎是后来的插入；下面的这个句子"有待修改……"紧接着"费尔巴哈提纲"或"哲学似乎过时了"；关于"小屋"的含义，请参见本书边码第 67 页(S. oben, S. 67.)。

⑤ 体系的概念在《认识论元批判》的"导论"中并不是次要的。(vgl. etwa GS 5, S. 12 f., 18, 33, 35 f. passim. 中译参阅阿多诺：《认识论元批判》，侯振武、黄亚明译，谢永康校，上海人民出版社 2020 年版，第 19—20 页。)——除了与当前的讲座平行的《否定的辩证法》的"导论"(vgl. GS 6, S. 33 ff. 中译参阅阿多诺：《否定的辩证法》，张峰译，上海人民出版社 2020 年版，第 19—20 页)中相关段落之外，关于体系的概念还可参考比如：Adorno, *Philosophische Terminologie*. Zur Einleitung, hrsg. von Rudolf zur Lippe, Bd. 2, Frankfurt

a. M. 1974，S. 263 ff.

⑥ 阿多诺在约阿希姆·E.伯格曼（Joachim E. Bergmann）的博士论文的前言中，对塔尔科特·帕森斯（Talcott Parson）的系统理论进行了最详细的表达（GS 20·2，S. 668 ff.）；也参阅《社会学导论》的讲座（NaS IV·15）第18页的相关段落和该书第265页，以及阿多诺著作中其他地方的引用和参考。

⑦ 阿多诺想到的也许是《哲学百科全书》中的一个段落："我们近代的人，通过我们整个文化教养，已经被许多具有丰富深邃内容的观念所熏陶，要想超出其笼罩，是极其困难的。而古希腊的哲学家，大都自觉他们是人，完全生活于活泼具体的感官的直观世界中，除了上天入地之外，别无其他前提，因为神话中的一些观念早已被他们抛在一边了。在这种有真实内容的环境中，思想是自由的，并且能返回自身，纯粹自在，摆脱一切材料的限制。这种纯粹自在的思想就是翱翔于海阔天空的自由思想，在我们上面，或在我们下面，都没有东西束缚我们，我们孤寂地独立在那里沉思默想。"（Hegel, Werke, a. a. O.［Anm. 10］，Bd. 8，S. 98. 中译参见黑格尔：《小逻辑》，贺麟译，商务印书馆2011年版，第31节附释，第100—101页。）但也更有可能是哈姆雷特的话："霍拉旭，天地之间有许多事情，是你们的哲学里所没有梦想到的呢。"（I，5；v. 166 f. 中译参阅威廉·莎士比亚：《莎士比亚十大经典戏剧》卜，朱生豪译，苏福忠校，中国友谊出版社2016年版，第571页。）

⑧ Vgl. Johann Gottlieb Fichte, *Ausgewählte Werke in sechs Bänden*, hrsg. von Fritz Medicus, Darmstadt 1962，Bd. 3，S. 1 ff.，insbes. S. 18 und S. 61 ff.——1956年夏季学期，阿多诺和霍克海默共同举办了关于费希特的《知识学导论》的高级研讨班，"这对我们非常有益，也希望对学生有一定的帮助"（1956年9月17日给迪特·亨利希的信）。

⑨ 阿多诺首先在《认识论元批判》最后一章的开头部分，分析了现象学对先验主体或先验自我的基础位置的"自我取消"。vgl. GS 5，S. 194 ff. 中译参阅阿多诺：《认识论元批判》，侯振武、黄亚明译，谢永康校，上海人民出版社2020年版，第168—170页。

⑩ 卡尔·海因茨·哈格（1924年出生），原为圣乔治耶稣会大学（Jesuitenhochschule Sankt Georgen）的学生，1951年以一篇关于黑格尔的论文被霍克海默和阿多诺授予博士学位，于1956年在法兰克福大学获得哲学专业的授课资格；他以哲学教授的身份在那里任教，1972年厌恶地退出了大学活动；从那时起，他就致力于自由的哲学研究。哈格最重要的著作有：*Kritik der neueren Ontologie*, Stuttgart 1960；*Philosophischer Idealismus. Untersuchungen zur Hegelschen Dialektik mit Beispielen aus der Wissenschaft der Logik*, Frankfurt a. M. 1967；*Zur Dialektik von Glauben und Wissen*, aus：*Philosophie als Beziehungswissenschaft. Festschrift für Julius Schaaf*, Bd. 1, Frankfurt a. M. 1971, S. VI/ 3 ff.；*Der Fortschritt in der Philosophie*, Frankfurt a. M. 1983。

⑪ 在《否定的辩证法》中类似的表达是：海德格尔思想运动的动机和结果是可

以重构的,即使它们没有被表达出来;他的所有命题都几乎没有放弃在整体的功能关系中的价值。就此而言,他是演绎体系的后裔。(GS 6, S. 104. 中译参阅阿多诺:《否定的辩证法》,张峰译,上海人民出版社 2020 年版,第 85 页。)

⑫ S. oben, S. 54 und Anm. 58. 见本书第 47 页及第三讲注释⑳。

⑬ 在《否定的辩证法》的"序言"中,阿多诺使用将卡片放置在桌子上的比喻,来描述它们在他的整个著作中的功能。vgl. GS 6, S. 9. 中译参阅阿多尔诺:《否定的辩证法》,张峰译,上海人民出版社 2020 年版,序言。

⑭ "哲学的任务就是要把握这个现在所是的东西,因为这个所是,就是理性。就个体而言,每个人本来都是他时代的产儿;那么,哲学也就是被把握在思想中的他的时代。妄想一种哲学超出它的现在世界,就像一个人妄想跳出他的时代之外……是愚蠢的。"(Hegel, *Werke*, a. a. O. [Anm. 10], Bd. 7, S. 26. 中译参阅黑格尔:《黑格尔著作集》第 7 卷,张世英主编,人民出版社 2016 年版,第 13 页。)

⑮ Vgl. Theodor W. Adorno, Zur Logik der Sozialwissenschaften, in: *Kölner Zeitschrift für Soziologie und Sozialpsychologie* 14 (1962), S. 249 ff. (Heft 2); jetzt: GS 8, 547 ff. 中译参阅阿多诺:《整合与分裂——社会学文集》,侯振武译,上海人民出版社即出。

⑯ 例如,参阅查尔斯·霍顿·库利的《社会组织:更广泛的心灵的研究》(*Social Organization: A Study of the Larger Mind*, New York 1909)第 23 页起:"我用初级群体,是指以面对面的亲密交往和合作为特征的群体。它们在某些意义上是初级的,但主要是在这个意义上,即它们是形成个人社会本性和理想的基础。从心理上讲,亲密交往的结果是在一个共同的整体中个性的某种融合,因此一个人的自我,至少在许多方面,是群体的共同生活和目标。也许描述这种整体性的最简单方法是说它是'我们';它涉及的那种同情和相互认同,用'我们'是最自然的表达。一个人生活在整体的感觉中,并在那感觉中找到他意志的主要目标。……这种密切联系与合作的最重要领域——尽管绝不是唯一的领域——是家庭、儿童游戏群体以及邻里或社区的长者群体。这些实际上是普遍的,属于所有时代和所有发展阶段;因此,它们是人性和人类理想中普遍存在之物的主要基础。"

⑰ Vgl. GS 6, S. 446, 448. 中译参阅阿多诺:《本真性的行话》,谢永康译,上海人民出版社 2021 年版,第 40、42 页。

⑱ 暗指奥托·弗里德里希·博尔诺夫:《新的庇护》(*Neue Geborgenheit*, Stuttgart 1956); vgl. auch GS 6, S. 419 f. passim.

⑲ "以往的哲学家们只是用不同的方式解释世界,而问题在于改变世界。"(Karl Marx, Friedrich Engels, *Werke* [=MEW], Bd. 3, Berlin 1958, S. 7. 中译参阅:《马克思恩格斯选集》第 1 卷,人民出版社 1995 年版,第 61 页。)

⑳ 在他的博士论文中,马克思已经阐述了这个核心思想,在论文中关于哲学体系是这么说的:"哲学体系为实现自己的愿望所鼓舞,同其余方面就进入了

紧张的关系。它的内在的自我满足及关门主义被打破了。那本来是内在的光的东西,就变成为转向外部的吞噬性的火焰。于是就得出这样的结果:世界的哲学化同时也就是哲学的世界化,哲学的实现同时也就是它的丧失,哲学在其外部所反对的东西就是它自己内在的缺陷。"(Marx/Engels, MEW, Ergänzungsbd. 1. Teil, Berlin 1968, S. 328. 中译参阅:《马克思恩格斯全集》第 40 卷,人民出版社 1982 年版,第 258 页。)在 1844 年的《黑格尔法哲学批判》中,马克思将这一思想与历史时刻具体地联系起来:"在德国,不摧毁一切奴役制,任何一种奴役制都不可能被摧毁。彻底的德国不从根本上进行革命,就不可能完成革命。德国人的解放就是人的解放。这个解放的头脑是哲学,它的心脏是无产阶级。哲学不消灭无产阶级,就不能成为现实;无产阶级不把哲学变成现实,就不可能消灭自身。"(Ebd., Bd. 1, S. 391. 中译参阅《马克思恩格斯文集》第 1 卷,人民出版社 2009 年版,第 18 页。)

㉑ "哲学的现实性"是阿多诺 1931 年在法兰克福大学就职演讲的标题。vgl. GS 1, S. 325 ff.

第 五 讲

(1965 年 11 月 23 日)

提　纲

1965 年 11 月 23 日①

理论和实践之间**不是**二分法；关于费尔巴哈的提纲**不能**如此解读。不是说，哲学又回到它的实现这种视角的身后。一方面，也就是说，按照生产力的水平，它实际上比任何其他时候都要可能；被生产关系所阻碍。但是

（1）不能这么认为，即它按照这个**趋势**会发生，而在马克思那里可能性是与这个趋势相对立的。任何认识不到这一点的人都会犯错。

（2）不能从实践中推导出思维的限制。布莱希特和唯心主义。但哲学唯心主义被列宁批判为仅仅是教条主义的，这一点是错误的，也就是他律的实践的一个因素。

（3）阐释是说明，不必然是承认。我的论点是：阐释是批判。没有在这个意义上的阐释根本就不会有真正的实践。马克思**实际上**所指的或许是，哲学家应该为了政治而放弃他们的活动（Tätigkeit）。

（4）在马克思那里，矛盾是：一方面要求完整的科学客观性，另一

方面谴责哲学。这里存在**问题**；但这是要去考虑的。

（5）不要陷入单纯的沉思中。但人们如果不**意愿**正确的事情，他就不能思考正确的思想。思维自身是实践的因素。意图**仍然**是改变。——但是反对伪—行动性（Pseudo-Aktivität）。反对针对束缚生产力的实践的太过仓促的追问。或许**只有**不受限制的思想才有可能成为实践的。

1965 年 11 月 23 日

讲 课 记 录

71　　女士们、先生们，我收到了各位圈子发来的一封异常感人的信，信中所说的问题，是关于我在上一讲中，就费尔巴哈提纲所说的东西，以及与出自《干预》（*Eingriffen*）的《哲学复何为》（*Wozu noch Philosophie*）这篇文章中的某些表述相关的东西。② 在我对这封信作出回应之前（我想作出回应），请允许我首先继续我在上一讲中实际上只能如此简略地谈及的那些思考，相较于真正所指，它们之间的差异自然要小得多（在这样的时刻总是如此）。首先，我想简单地说一下，如果对思想而言，"时间内核"③ 和向实践的过渡如此具有决定性，就像它在马克思主义的构想中的情况那样——那么似乎人们就不能够在理论中漠视这个事实，即正如所预测的那样，向实践的过渡并没有发生。过渡的时刻——我近乎用克尔凯郭尔或蒂利希的术语说过④——这个时刻不能被静置、不能被保存。如今人们绝对不能再像马克思曾思考的那样来思考了；也就是认为革命即将到来——单纯因为，一方面无产阶级当时既没有融入资产阶级社会，另一方面，资产阶级社会也没有形成庞大的统治手段，既包括现实的物质手段，也包括广义的心理手段；这两方面的融合日益紧密，使革命的概念在今天变得极其成问题。一方面，革命变成了一种以行政的方式引入的独裁统治，但另一方面，原子弹单纯在技术上

66

的可能性与之形成鲜明的对比——于尔根·冯·肯普斯基(Jürgen von 72
Kempski)曾就此写过一篇非常有趣的文章,刊登在《墨丘利》(*Merkur*)
上,我希望各位去读一读⑤——实践观念本身不可能对此无动于衷。
整个改良主义的问题⑥仅仅来自这样一个事实,即无产阶级暴力夺取
政权的可能性已经将一些——是的,我几乎想说,令人感动地将无害的
东西接受为自己的理念——,众所周知,甚至在传统马克思主义中著名
的、遭受最猛烈攻击的改良主义的理念都由此(为了指明最极端的情
况)获得了一种完全不同于它当时曾具有的价值。目前,我只想提请各
位注意这整个问题。一种被无限期推迟,并且必须被进一步推迟至绝不
可能(ad calendas graecas),或者必须采取完全不同的形式的实践,不再
能成为哲学被贬低为某种过时的东西的上诉机关(Einspruchsinstanz)。
我想说,考虑它为什么**没有**发生以及为什么它不**能够**发生——这个理
论问题丝毫不属于当今流行的哲学的内容;让我这么说罢,丝毫不属于
辩证的人类学,而辩证的人类学的确构成了当今哲学问题的一个并非
微不足道的部分。⑦在另一方面,哲学需要它自己的同一性要求,就像
在黑格尔那里被提出的那样,接着在决定性的问题上,也就是向实践的
过渡上失败了的要求;按照马克思主义的学说,在实践中,自由王国与
必然王国实际上应该是一致的⑧;哲学也需要一种极其彻底的自我批
判,并且必须反思**为什么**这一切都没有成功。当我在上次讲座中向各
位提出了一种哲学去乡土化的理念,那不是我最后一次思考这个问题;
这正意味着,哲学恰恰在它被解释为一种历史哲学的地方(如德国唯心
主义),其实根本没有从这些确实是决定性的世界历史观上获得任何知
识。我想在这里跟各位说点私事:当我在《本真性的行话》——我还会 73
再谈到这部著作——中通过引用他们而攻击个别哲学代表人物,如我
在图宾根的同行博尔诺夫(Bollnow)时,我并不是想要借此针对相关的
先生们表达某种情绪。我完全不认识博尔诺夫先生本人;我从来没有
见过博尔诺夫先生。相反,我只是想——各位最好从哲学的角度阅读

这些著作,我真的只是想借助几个非常激进的模式向各位指出,这种哲学的乡土主义实际上是由什么组成的,哲学必须从中摆脱出来。我想呼唤跟"未受损的世界"相反的东西,这样哲学才真正超出使人喜悦的周日闲谈的范围。无疑,在非常令人不悦的意义上,哲学是神学的世俗化,它自己在很大的程度上陷入一种说教式的腔调(Predigerton)中——不幸的是,在黑格尔那里已经偶尔可以看到,如果神学是进步的,它如今就根本不会再信任这种腔调了。

现在我想回应同学的那封信。我认为,他以一种非常优美的并且应当说十分简洁的方式,表达了我上一讲结束时和本讲开始时谈到的那些事物,它们必定引起了各位中很多人的思考。正因为我知道,这里有许多人都会受到非常强烈的,是的,我想说的是,受到精神情感上的触动,也就是他们对哲学的真正的兴趣受到了触动,我相信,我应该再更为细致地探讨一下这点。首先我想说,在理论和实践之间肯定不存在简单的二分法⑨——那封信指出了这一点,但我相信,只要稍加思考,各位就不会对我的这一观点持怀疑态度;大概连马克思本人也没怀有这样一种简单二分法的意图。如果从纯粹的实践主义的意义来解释关于费尔巴哈的提纲,那肯定是一种误读。跟这种观点相悖的首先是马克思对独立于理论的绝对行动理论所进行的批判,是马克思对当时各种无政府主义潮流所进行的批判,马克思将这些无政府主义潮流的纯粹行动主义等同于理论的匮乏。当马克思谈到科学时,不同的事物可能是交织在一起的;其中一部分无疑就是自然科学的模式,自然科学在他的时代也作为社会科学的蓝本更多地引起他的关心,而且相比于我们今天可能的状态——或者至少是今天社会学非传统的趋势——这个模式更为直接地出现在马克思的眼前。但是,在另一方面,这个科学的概念在他那里大概总是意味着,人必须从理论上理解社会,并且从社会本身的概念——交换的概念——出发,从理论上阐发社会,才能正确地行动。这就是马克思的观点。当他说"迄今为止,哲学家们只是用不同的方式解释世界"*时,这个"迄今为止"当然不是简单地放弃理论,也不是这样的观点,可以这么说,即人们只要挥舞拳头即可摆脱思考。实际上这个想法正是法西斯主义的,如果人们想把这种想法强加给马克思,那将是对马克思最严重的不公。我并不是认为,哲学应该退回到它的"实现"的方面,并且可以说,根据亚里士多德的智性的美德⑩(在这种美德中,哲学在自身中满足自己)模式,再次以舒适的方式建立自己。因为哲学——我相信,坚持简单的东西的确也很重要——与艺术的不同之处在于,它不是一个自主的、自身静止的构造物,相反,它总是与某种事态相关,与它自身之外、与它的思想之外的某种现实的东西相关;也许可以说,正是这种思想与自身不是思想的东西之间的关系,构成了哲学的核心主题。但是,如果哲学总的来说与现实有某种关系,那么很明显,一种对现实的单纯的沉思关系、一种自给自足的,也就是不以实践为目的关系由此就是没有意义的,因为对现实的思考行为其实本身已经是一种**实践的**行为——即使它自身还没有意识到这点。

但是,如果说哲学不应该退回到其实现的方面之后,那么从对象方面而言,必须指出一些影响大得多的事情;更确切地说,是要指出那些恰恰是由于被囚禁的感觉,由于我们所有人共有的被监禁的存在的感觉而太过轻易遗忘的东西。因此,我非常感谢各位当中写那封信的人,因为他使我注意到,我必须说出些东西,它对我来说或许不言而喻,因此我没有说出来;这导致从我所意指的东西中产生出了一个错误的观点。这也是非常明显的事情,一方面,根据生产力的状况,建立一个不再有匮乏,因此也不再有拒绝和压迫的世界,这在今天是直接可能的。就此而言,弗朗兹·普费姆费特(Franz Pfemfert)在他的时代所说的"现在或者百年之后"⑪的想法,在今天跟在当时一样非常具有现实意义。如果人们不说事情的另一面,即生产力很容易满足人类的需求,并

---

* 参见《马克思恩格斯选集》第 1 卷,人民出版社 2012 年版,第 136 页。中译本没有译出这里强调的"迄今为止"(bisher)。——中译者注

使其达到人道的状态——如果人们**不**同时说出这一点,那么自然就有助长意识形态的危险。事实上,只能够通过生产的**关系**和通过在物质力量和精神力量的机构中生产关系的延长来阻碍它。因此,我认为,首先必须说的是,正确的实践的可能起点在于,重新思考一个社会如何才能够步入正确的社会,一方面,尽管根据在它之中凝结的关系和那些根据这些关系被模式化的意识,社会有变得固定不变的危险,但在另一方面,它又不断地产生力量,这些力量尽管目前在本质上服务于毁灭,但是通过这些力量——倘若我直言不讳地说,大地上的天堂实际上很快将是可能的。但是,人们现在不能将这些事情想象成,好像——并且我相信,这是一种差异化;写这封信的那位先生坚持要求差异化;我很乐意之后处理这个要求——鉴于生产关系集聚成一种无法想象的过剩,就像它呈现在这种状况面前的那样——决不能认为,单纯按照历史的趋势,向自由王国的过渡指日可待。相反,这个社会已经找到了手段和路径,来引导生产力的不断进步,来维持它的吸引力,以致——这对马克思来说是不言而喻的——生产力进步和人类解放之间的等同至少以这种方式已不再适用了;人们不再能够指望,人类的历史会自行走向正确的状态,可以说,只需要晃动一下背景,一切就秩序井然了。尽管人们——在这里我想要谨慎一点,不能忽视如下这一点(马克思在这点上肯定有其道理),即一种固有的趋势包含在生产力,也就是人的力量及其在技术上的延伸之中,尽管必须克服所有以社会的方式为它们设置的障碍。只有这种克服被预设和想象为一种自然法则,即它**必须**这样发生,甚至必须**直接地**这么发生——那才会使整个局势以某种方式变得无害,它无疑会将任何一个依赖于它的实践都判定为软弱无力的。最后,正是在非常重视理论与实践的关联的地方,一个最为重要的任务就是如此去思考,即面对一个可能的实践时,思想不是从一开始就软弱无力的。这正是马克思批判抽象乌托邦的意义。

谁对这一点认识不清,谁误认了这一点,即今天应该坚持的可能性,不是简单的顺应趋势,顺应历史潮流,而是**逆潮流而上**,那么我会说,他最有可能献身于坏的趋势,献身于否定的、被叫作破坏性的那个趋势。更进一步说——我相信这对各位而言是最重要的一点之一;如果我现在的讨论带有个人偏好(ad hominem),还请各位原谅——对实践的思想反过来成为对理论思想的束缚,是极其危险的;所有可能的思想都被如下提示中断了:在实践中我应该怎么做,我究竟能用它来干什么? 或者甚至是这样:如果你进行这样的考量,那么你就阻碍了可能的实践。人们将一再地体验到,当人们说出任何干预性的政治实践的巨大限制(这些限制存在于生产关系和通常与之相适应的社会形式中)时——当人们说出这些时,就会立刻得到"是的,但是"这种姿态的回答,我认为这是精神事物中的最大危险之一:是的,但是我们应该去向哪里,如果人这样思考,那么他就根本不可能做任何事情,那么他就必定会无所事事! 我想说的是:在我看来处于应用之中的因素,处于今天对费尔巴哈提纲的不懈应用中的那个因素,实际上就是理论自身终究(terminus ad quem)会被钳制的那种因素。我或许可以告诉各位一件多年前的事情,也就是二十四年前,布莱希特和我在洛杉矶发生的一件事。⑫那时,我刚刚完成了我自以为很重要的关于一本著作的构想——在很久之后,这本著作以《认识论元批判》为题出版——并且为自己设定了任务:不是独断地设定与唯心主义相对立的一种唯物主义哲学,而是按照唯心主义本身的尺度,内在地打破哲学的唯心主义。我曾向布莱希特阐明过这一点。布莱希特对这个构想完全不感兴趣,而只是说:是的,但是已经有一本著作,可以说(就像他在这种情况下所说的那样)是一部经典的著作——他指的是列宁的关于经验批判主义的著作,在其中这个任务已经被完成了,这本著作现在已经有了权威,通过这部著作它已经发生了;如果人们按照哲学的尺度继续为之努力,那么可以说是浪费精力……我不禁产生了如下印象,即他有点这样的想法,那就是如果列宁曾经在这样一部著作中做到了这一点,那么任何并没有取得

78

71

列宁曾拥有的政治上的成功的人,妄称要做到这部著作所断言和诵念的东西(不得不说,只不过是不断的、没有希望的单调重复),就有些厚颜无耻了。我现在要说的是,布莱希特代表的立场(毕竟应该严肃地对待这些问题),在我看来不仅仅在理论上是不充分的;在我看来,不仅仅是教条取代了概念的劳作与辛苦⑬,而且,我想说,我特别想对各位中那些倾向于赋予实践主义以无条件的优先性的人说,而且这种观点还会导致一种**坏的**实践。因为,对列宁那本书的教条化,或者对他的所有著作的教条化,或一般来说对马克思主义产生的所有著作的教条化完全等同于,以马克思主义之名建立起来的行政部门,它放弃任何进一步的思考,并且其所做所为无非是引证这些不能够批判性地深思熟虑和进一步思考的理论来为它自己的暴力措施辩护。我相信这是一个特别有力的例子。各位之中那些从东德逃亡过来的人——各位当中可能有不少人是这种情况——会记得,那里的人们如何教条主义地将唯物主义设定为一种世界观并使人们受其约束,但恰恰由此他们落后于理论本身的要求,落后于科学的要求,即意识在这方面是最先进的意识这个要求;人们确信这些就是洞见。但这个要求简直是被践踏了。这就是我要说的关键的动机,它真正说来是对某种实践主义的釜底抽薪——完全撇开了它当前情况下的天真和无助。

在那封信中还提到了"解释"这个词的含义问题,并且引用了马克思的一句话,说"解释"跟"承认"意思相同。⑭马克思大概把承认的概念包括在解释的概念之中了。如果这位记者(倘若我可以这么称呼他)问我,他非常友善并且以信任的态度问这个问题,在解释的概念中是否必然包含承认那种姿态,那么我会说:不,它不必须是这样;毋宁说,我在这个讲座中打算向各位阐释的东西,其实是本质性的东西——这是一个决定性的因素——也就是,解释本身跟**批判**一样;除了作为批判性的解释,根本不可能有任何其他解释——比如肯定性的解释。可以说,这就是我想在这里提出的一般性论题。但是如果没有一种**这样的**解释,也就是说,如果没有对完成了的和它自己强有力的思想的表达,我相信就不会有真实的实践。此外,我认为马克思确实设想过——我们必须首先考虑这里所讨论的手稿是在哪个时代写成的,也就是 1848 年左右——哲学家们除了收拾行囊成为革命者,也就是爬上街垒之外,别无其他更好的做法。众所周知,在今天已经不再能够见到街垒了,并且如果它们今天在一个先进的国家以任何一种方式被树立起来的话,也许只要叫来警察或者保安就能把它们拆除。但马克思也有可能确实有类似的意识。这个想法已经是这样了——我认为人们不应该使它再次太过软弱,即德国古典哲学(当时的说法)的终结留下的遗产是社会主义,在社会主义中,这种哲学通过实现自身——在这点上马克思和恩格斯都是十分黑格尔主义的——而被否定和扬弃,因此,这根本就没有为哲学留下任何剩余空间。我相信,如果有人在这里曾问过马克思,那么他自己对这个问题的态度会是非常矛盾的。这种矛盾态度其本身又意味着一个应该以非常原则性的方式重新彻底思考的问题。因为如果在马克思、黑格尔或康德这样有力量的思想家那里,一件事物是自相矛盾的,而有人自以为是地要解决这些矛盾,这通常不是一件好事;相反,如果有人尝试着让自己确信这种对立的必然性,结果通常要好得多。一方面,可以说马克思作为古典国民经济学的学生(他的确是),他要求完全的科学的客观性。如果各位读到霍克海默和我给施密特先生关于马克思的著作所写的"前言"中引用的那段话[15],那么各位将看到,在马克思那里,这样一种表述对一门具有实验性主题(thema probandum)的科学来说是多么具有决定性。在另一方面,他最为严厉地谴责了那种自给自足的哲学。如果硬要一个答案的话,那么可能的答案自然是,他在这个意义上要求具有自律性的领域是科学,他相对天真地将科学与哲学相对立,他将哲学当作过时的东西,与此同时他认为,主要遵循达尔文的自然科学模式的科学是符合时代精神的。但同样地,他和恩格斯在另一方面非常清楚地意识到的东西也显露出来:科学本身不仅

81

仅是生产力,同时科学被编织进了社会权力和支配关系的等级之中——结果是,不能将从哲学中窃取的权威,或者批判性地剥夺掉的哲学权威,简单地转移到科学之上。与此同时,无概念的科学——它也已经存在于历史辩证法中;它也已经不再像马克思和恩格斯一度看到的那样——同时,无概念的科学以一种它无疑不再满足批判的功能的方式发展,这个功能是所谓的科学社会主义的创始人赋予它的;更确切地说,它呈现出相反的趋势。这不可避免地将所谓的科学问题,转变为对科学的自身反思、对科学的批判和对科学的自身理解的问题。换言之:这些问题让科学又回到了哲学,而它们以前是从哲学那里被偷走的。正是这种科学凭借它自身的反思反向链接回哲学的过程,在我看来,与我在这里提出的对哲学现实性(Aktualität)的要求密切相关。

最后我想补充一点,回退到沉思中,就像在伟大的唯心主义哲学那里一样,并且最终像在黑格尔那里一样,尽管在黑格尔体系中实践的地位很高——这样一种回退不可能是有意的。已故的卡尔·科尔施,各位可能知道,他是布莱希特的哲学老师,他在美国时就对霍克海默和我提出过反对意见,之后在《启蒙辩证法》出版之后,他对我们提出了更加尖锐的反对意见,说我们在某种程度上会返回到黑格尔左派的立场上[16],而恰恰这个立场在我看来是不正确的,因为单纯沉思的立场已经不再能够维持了。此外,在这个问题上还必须说,被马克思建立起来的对立,一方是纯粹沉思,另一方是他的政治哲学,无论如何只部分地符合黑格尔左派的意图。这是一个棘手的问题,另外它只有通过现在才慢慢开始的、对黑格尔左派思想家的详细分析才变得完全明确[17]——尽管在这里也不能否定马克思伟大的政治本能,它教会了马克思,在像布鲁诺·鲍威尔、施蒂纳和卢格这样的思想家那里,隐藏着退行性的,尤其是国家主义的潜能。那么我相信,正是借助于同时在理论上和现实中发生的事情,没有必要担心一种恰恰并非天真的辩证理论如此这般的倒退。至少我是这么希望的。我认为,如果人们不**想要**正确的东

西,就根本没有办法思考一种正确的思想;就是说,如果不是在这个思
想背后,作为真正赋予它生命的力量的东西,有着这样的信念:它应该
是正确的,它应该使人进入一种状态,在这种状态中无意义的痛苦停止
了,而且,我通常只能用消极的方式来表达,在这种状态中人们身上的
禁令被解除。思维自身始终也是一种行为方式[18],无论它是否愿意,在
最纯粹的逻辑运算程序上,它本身也是实践的一个因素。它通过每一
个它实行的综合发生改变。每一个联结两个之前并没有联结的因素的
判断,作为这样的一种劳动,我甚至想说,都是世界改变的一部分。几
乎可以说,如果思想一旦从最小的地方开始,按照它的纯粹形式去改变
存在的东西,那么世界上——世界将是它总是想是的样子——就没有
任何机关能够将思想与实践绝对地分开。理论与实践的分离本身恰恰
是一种物化意识的形态。取消这种分离的僵化性,取消这种分离的教
条主义的和不可和解的特征,并废除这种分离,恰恰要靠哲学。但是,
如果我不像许多人那样运用实践的概念,它无疑也对各位中的许多人
有一种吸引力,那么我在这里的意思是,我不想将实践与伪行动混为一
谈[19];因此,我想阻止各位——不是通过硬充权威,而是单纯通过我今
天提出的这些考虑稍微渗透到你们中间,并由此各位也稍微主动地将
它付诸实施;各位不相信,通过人们以某种方式做"某事"——比如作为
组织者,像他们在美国针对此类型所说的那样;即通过将随便哪些人召
集、组织、鼓动起来并且做这样的事情——,就已经依此(eo ipso)做了
某些本质性的事情。在每一个行动中,它都必须与重要性、与在它身上
包含的可能潜能相联系。尤其在今天,这是很容易的,因为决定性的行
动被阻断了,在另一方面,出于我已经向各位足够清晰地阐明的原因,
思想自身也陷入瘫痪,无能的和偶然的实践成了没有发生的事物的某
种替代品。人们越是深刻地认识到这其实不是真正的实践,对这样一
种实践的意识就越执着和越充满激情。这就是为什么我要对急于提出
实践问题,对"护照检查员"问题表示顾虑的原因,"护照检查员"不再要

求对每一个实践作出理论上的辩护——这当然是错误的,但反过来要求每一个思想立即给出签证:是的,对此你能够做什么呢? 我认为,这种行为方式不仅不会促进实践,反而会妨碍实践。我想说,一个正确实践的可能性,首先以对实践的充分和完整的调节性意识为前提。如果立即用其可能的实现来衡量思想,那么思维的生产力就会受到束缚。或许只有那种事先不受其直接适用的实践限制的思想,才能成为实践。所以我认为,理论和实践之间的关系是辩证的。我希望,在今天身体状况不佳的情况下,我至少尽可能地回应了对上一讲中的某种区分作出说明的要求。

注释

① 第五讲的提纲开始的日期为写作日期,结束的日期为阿多诺中断的日期;在当前的情况下,两个日期是一样的,因此提纲是在上午记下来的,讲课则是在当天下午进行。

② Vgl. Theodor W. Adorno, *Eingriffe. Neun kritische Modelle*, Frankfurt a. M. 1963, S. 11 ff.; jetzt GS 10 • 2, S. 459 ff. 中译参阅阿多诺:《批判模式》,林南译,上海人民出版社 2022 年版,第 5—18 页。

③ 阿多诺从本雅明那里接受来的概念;这个表述取自拱廊街著作(Passagenwerk)的笔记:"果断放弃'永恒真理'的概念是合适的。但真理并不——就像马克思主义断言的那样——只是认识的时间性的功能,而是与同时隐藏在被认识对象和认知者之中的时代内核相结合。"(Walter Benjamin, *Gesammelte Schriften*, a. a. O. [Anm. 58], Bd. V/I, 4. Aufl., Frankfurt a. M. 1996, S. 578.)

④ 这是说:在根本上强调理解的时刻就是时间或者历史的禁停。——对克尔凯郭尔而言,这个时刻是"过渡之范畴($\mu\varepsilon\tau\alpha\beta o\lambda\acute{\eta}$:变化)"(Sören Kierkegaard, *Die Krankheit zum Tode u. a.*, hrsg. von Hermann Diem und Walter Rest, München 1976, S. 540. 中译参阅克尔凯郭尔:《克尔凯郭尔文集》第 6 卷,京不特译,中国社会科学出版社 2013 年版,第 277 页),最终是时间和永恒、有限与无限之间的过渡的范畴;在《恐惧的概念》中,他这样写道:"'时刻'就是那种模棱两可的东西,在之中'时间'和'永恒'相互触摸;并且现世性这个概念也以此而得以设定,在这里'时间'不断地切割开'永恒'而'永恒'不断地渗透进'时间'。"(Ebd., S. 547. 中译参阅克尔凯郭尔:《克尔凯郭尔文集》第 6 卷,京不特译,中国社会科学出版社 2013 年版,第 282 页,译文有改动)——保罗·蒂利希谈到过时期($\kappa\alpha\iota\rho\acute{o}s$),一个"新的时间饱足"的正确的

和有益的时刻,在这个时刻"神圣与恶魔之间的斗争可能被判定为暂时有利于神圣,尽管没有任何保证必定会是如此"(Paul Tillich, *Gesammelte Werke*, hrsg. von Renate Albrecht, Ergänzungs- und Nachlaßbände, Bd. 4: *Die Antworten der Religion auf Fragen der Zeit*, Stuttgart 1975, S. 131)。

⑤ 在与 1969 年的学生抗议运动的争辩中也是如此:虚假的革命姿态与自主革命在军事技术上的不可能性互为补充,这种不可能性于尔根·冯·肯普斯基在多年前指出过。在掌握炸弹的人面前,路障显得很可笑;因此人们假装做出路障的样子,而主宰者暂时也让假装的人做个路障。(GS 10·2, S. 771 f. 中译参阅阿多诺:《批判模式》,林南译,上海人民出版社 2023 年版,第 289 页。)肯普斯基的文章无法肯定地确定;可能是对于尔根·冯·肯普斯基的一个模糊记忆。Das kommunistische Palimpsest, in: *Merkur 7*, Jg. 2, 1948, 1. Heft, S. 53 ff.

⑥ 在工人运动中,在 1891 年的《埃尔福特纲领》发表的同时和之后,这个观点赢得了一定程度的重视:实现社会主义革命不需要革命,相反可以通过改革走议会的路线来实现;爱德华·伯恩施坦(1850—1932)是改良主义—修正主义理论和政治的主要倡导者,他于 1910 年前后在德国社会民主党中占据了上风。关于改良主义和修正主义,另见:Predrag Vranicki, *Geschichte des Marxismus*, übers. von Stanislava Rummel und Vjeskoslava Wiedmann, Frankfurt a. M. 1972, Bd. 1, S. 277 ff.——阿多诺对改良主义的态度,没有受到它历史地变化着的功能的影响,保持不变。1942 年,在《对阶级理论的反思》中,这个态度与正统学说相敌对:只有改良主义者才开始讨论阶级问题,以通过对斗争的否认、对中产阶级统计学的赏识和对全面进步的赞扬来掩盖初期的背叛。(GS 8, S. 381. 中译参阅阿多诺:《整合与分裂——社会学文集》,侯振武译,上海人民出版社即出。)在 1969 年的《关于理论与实践的旁注》中,它仍然是激进的,尽管一样地对学生叛乱中的伪行动主义分子持批判的态度:任何不参与到向非理性和野蛮的暴力过渡的人,都会眼看着自己被挤向改良主义,从它那方面来说,它是坏的整体的继续存在的同谋。但是没有有用的捷径,有用的都被严密地遮盖住了。一旦辩证法实用主义将自己固定在下一步,它就会堕落为诡辩,而关于总体的知识早就超出了这一步。(Ebd., S. 770)

⑦ 在《启蒙辩证法》中,特别是在"笔记与札记"中,涉及了一种辩证的人类学(vgl. GS 3, S. 17. 中译参阅霍克海默、阿多诺:《启蒙辩证法》,渠敬东、曹卫东译,上海人民出版社 2020 年版,第 6 页);同样参阅《法兰克福阿多诺研究通讯》第 8 卷即最后一卷中阿多诺的文章《新人类学笔记》。(*Frankfurter Adorno Blätter*, München 2003.)

⑧ 马克思的著名段落出现在《资本论》的第三卷:"事实上,自由王国只是在必要性和外在目的规定要做的劳动终止的地方才开始;因而按照事物的本性来说,它存在于真正物质生产领域的彼岸。像野蛮人为了满足自己的需要,为了维持和再生产自己的生命,必须与自然搏斗一样,文明人也必须这样

做;而且在一切社会形式中,在一切可能的生产方式中,他都必须这样做。这个自然必然性的王国会随着人的发展而扩大,因为需要会扩大;但是,满足这种需要的生产力同时也会扩大。这个领域内的自由只能是:社会化的人,联合起来的生产者,将合理地调节他们和自然之间的物质变换,把它置于他们的共同控制之下,而不让它作为一种盲目的力量来统治自己;靠消耗最小的力量,在最无愧于和最适合于他们的人类本性的条件下来进行这种物质变换。但是,这个领域始终是一个必然王国。在这个必然王国的彼岸,作为目的本身的人类能力的发挥,真正的自由王国就开始了。但是,这个自由王国只有建立在必然王国的基础上,才能繁荣起来。工作日的缩短是根本条件。"(Marx/Engels, *MEW*, Bd. 25, Berlin 1968,S. 828. 中译参阅马克思:《资本论》第 3 卷,人民出版社 2004 年版,第 928—929 页。)

⑨ 阿多诺在 1965—1966 年的讲课中对理论和实践的解释,预见到了在 1968 年学生运动的背景下导致师生之间严重冲突的问题;另请参阅文献资料:"Kritik der Pseudo-Aktivität. Adornos Verhältnis zur Studentenbewegung im Spiegel seiner Korrespondenz", in: *Frankfurter Adorno Blätter VI*, München 2000, S. 42 ff.——阿多诺关于理论与实践关系的理论最终表述在他写于 1969 年初的作品《关于理论与实践的旁注》中。(vgl. GS 10·2, S. 759 ff. 阿多诺:《批判模式》,林南译,上海人民出版社 2023 年版,第 278—299 页。)

⑩ 在 1965 年的形而上学课程中,阿多诺对亚里士多德的伦理学规定如下:"在所谓的智性(dianoetisch)美德中,也就是不考虑行动的纯粹沉思和自我反思的美德,优先于所有其他美德。思考本身就足以对抗实践。"(*NaS* IV/14, S. 145.)

⑪ 抄录人员将这个名字理解为弗朗茨·特姆佩特(Franz Tempert),这可能是对弗朗茨·普费姆费特(Franz Pfemfert)的误听。但遗憾的是,这个表述在表现主义刊物《行动》(*Aktion*)的编辑和托洛茨基的朋友普费姆费特(1879—1954)那里,并不能找到。

⑫ S. auch oben, S. 37 f. 也参阅本书第 30 页。

⑬ 阿多诺经常暗示《精神现象学》中的表述:"所以,科学研究的关键在于承担起概念的劳作。"(Hegel, Werke, a. a. O. [Anm. 10] Bd. 3, S. 56;中译参阅《黑格尔著作集》第 3 卷,人民出版社 2015 年版,第 37 页)和"人们只有通过概念的劳作才能赢得真实的思想,赢得科学的洞见"(Ebd., S. 65. 中译参阅《黑格尔著作集》第 3 卷,第 45 页)。

⑭ 参阅《德意志意识形态》的开头:"既然根据青年黑格尔派的设想,人们之间的关系、他们的一切举止行为,他们受到的束缚和限制,都是他们意识的产物,那么青年黑格尔派完全合乎逻辑地向人们提出一种道德要求,要用人的、批判的或利己的意识来代替他们现在的意识,从而消除束缚他们的限制。这种改变意识的要求,就是要求用另一种方式来解释存在的东西,也就是说,借助于另外的解释来承认它。青年黑格尔派的意识形态家们尽管满

口讲的都是所谓'震撼世界的'词句,却是最大的保守派。"(Marx/Engels,MEW,Bd. 3,S. 20. 中译参阅《马克思恩格斯文集》第 1 卷,人民出版社 2009 年版,第 5115—516 页。)

⑮ Vgl. Max Horkheimer und Theodor W. Adorno, *Vorbemerkung zu Alfred Schmidt*, *Der Begriff der Natur in der Lehre von Marx*, Frankfurt a. M. 1962,S. 8. [jetzt GS 20/2,S. 655]:"马克思轻蔑地谈到那些为了实践上的实验性主题,为了某种效果而去压价出售其知识的学者:他称他们为骗子。"——马克思的这段话既没有引用也没有指明,也没有被查明。

⑯ 卡尔・科尔施(1889—1961),政治家、法学家、哲学家;霍克海默社会研究杂志的合作编者。霍克海默似乎偶尔设想过与科尔施就辩证法展开合作(vgl. die Briefe von Korsch in Horkheimer, *Gesammelte Schriften*, a. a. O. [Anm. 9],Bd. 18)。他对《启蒙辩证法》的批判未被确定,可能涉及的是科尔施的口头陈述。

⑰ 阿多诺即使不是首先想到,之后也是在诸多研究中间想到赫尔姆斯对施蒂纳的研究,参见:Hans G Helms, *Die Ideologie der anonymen Gesellschaft. Max Stirners › Einziger ‹ und der Fortschritt des demokratischen Selbstbewußtseins vom Vormärz bis zur Bundesrepublik*, Köln 1966;对于黑格尔左派,参考洛维特总是有用的:Karl Löwith, *Von Hegel zu Nietzsche. Der revolutionäre Bruch im Denken des 19. Jahrhunderts*, in: *Sämtliche Schriften*, Bd. 4, Stuttgart 1988,S. 87 ff.。——顺便说一句,向黑格尔左派的倒退,是对阿多诺和整个批判理论提出的最常见的指责;最主要地来自新马克思主义方面,但绝不是只有新马克思主义提出了这种指责。阿多诺自己从来没有完全接受马克思对历史上的黑格尔左派的毫不留情的打发,就像他们在《德意志意识形态》中被对待的那样;他本可以像克尔凯郭尔那样,说他"根本没有考虑黑格尔左派的观点"(GS 6,S. 134. 中译参阅阿多诺:《否定的辩证法》,张峰译,上海人民出版社 2020 年版,第 110 页)。马克思"保留了德国古典哲学的遗产,反对费尔巴哈和黑格尔精神中的黑格尔左派"(GS 8,S. 231. 中译参阅阿多诺:《整合与分裂——社会学文集》,侯振武译,上海人民出版社即出),而阿多诺则是发现了在黑格尔论证的深处的黑格尔左派的动机,由此使黑格尔左派合法化:"最终如果在总体中,正如黑格尔所认为的,所有一切都坠入了作为抽象的主体之中,那么唯心主义就因此而扬弃自身了,因为再也没有什么差异规定留存下来了,而这种规定本是作为差异者的主体让自身得到规定的东西。在绝对者之中,如果客体曾经是主体,那么客体面对主体就不再处于劣势了。同一性在其巅峰之处成为了非同一物。这种不可跨越的界限被引入黑格尔哲学,它禁止人们公开地跨出这一步,所以对于其自身的内涵来说它也是不可反驳的。黑格尔左派思想并不是超越黑格尔的精神史发展(那或许是借助于误解而扭曲了黑格尔),黑格尔左派忠于辩证法,即黑格尔哲学的自我意识的一部分,这种自我意识为了继续保持哲学,就必须抛弃黑格尔哲学。"(GS 5,S. 308. 中译参阅阿多诺:《黑格尔三

论》，谢永康译，上海人民出版社 2020 年版，第 52—53 页。）黑格尔左派内在
地在哲学上挽回名誉，同时也符合为历史的发展所强制的一种救赎；长期以
来，这个历史发展使得有关"哲学的实现"的每一个想法都显得徒劳无功，由
此在一种思想中吊销了诸如革命的实践之类的希望。在这个意义上，1961
年在图宾根举行的德国社会学协会（DGS）内部工作会议的讨论中（这个讨
论是卡尔·波普尔和阿多诺自己对社会科学的逻辑的专题报告的附设）阿
多诺详细解释道："社会现实已经以这种方式发生了变化，即人们几乎不可
避免地被推回到被马克思和恩格斯如此轻蔑地批判的黑格尔左派的立足
点；仅仅因为，第一，马克思和恩格斯发展出来的理论自身是在完全教条主
义的形态下被接受的；第二，因为在理论的这种教条主义的和静置的形式
中，改变世界的思想本身已经变成一种可怕的意识形态，它能够为压迫人类
的最卑鄙的行为进行辩护；第三——这是最糟糕的事情——因为人们能够
通过理论和对理论的表达直接把握住人类并推动一个行动的想法，由于人
类的状态，已经加倍地不再可能了；众所周知，人们借由理论让自己不再以
任何一种方式去推动行动，并且借由现实性的形态，将那种马克思认为看起
来第二天就将发生的行动的可能性排除掉了。所以，如果有人想要在今天
如此行动，就好像他明天能改变世界那样，那么他就是个骗子。"（Zit. Ralf
Dahrendorf, *Anmerkungen zur Diskussion der Referate von Karl R. Popper
und Theodor W. Adorno*, in: *Kölner Zeitschrift für Soziologie und Sozi-
alpsychologie 14*［1962］, S. 268 f.［Heft 2］)

⑱ 阿多诺的核心思想在后来的几年中，尤其是在与学生的抗议运动的争辩中
不断被反复强调。比如参见"对哲学思考的评论"：思维并未耗竭于心理过
程中，一如其并未耗竭于无时间的纯形式的逻辑中。它是一种行为方式，而
且对于这种行为方式而言，与它所对待的事物产生关联是绝对必要的。
（GS 10/2, S. 602. 中译参阅阿多诺：《批判模式》，林南译，上海人民出版社
2023 年版，第 134 页。）或者在《关于理论与实践的旁注》中：思维是一种行
动，理论是实践的某种形态；只不过宣扬思维纯粹性的那种意识形态将这一
形态蒙蔽了。思维具有双重特征：它是在内心被规定的和严格的，也是现实
中某种必不可少因而实实在在的举止方式。（Ebd., S. 761. 中译参阅阿多
诺：《批判模式》，林南译，上海人民出版社 2023 年版，第 280 页。）

⑲ 阿多诺后来用伪行动的概念来批判学生的抗议运动。vgl. etwa GS 10/2,
S. 771 f., s. a. a. O., Anm. 88. 中译参阅阿多诺：《批判模式》，林南译，上海
人民出版社 2023 年版，第 288—290 页及本讲注释⑨。

第 六 讲

（1965 年 11 月 25 日）

提　　纲

过渡时刻无法保留。人们不能再认为，好像革命即将发生，因为革 85 命一方面变成暴政，另一方面几乎不再可能（行政行为，红军*）。

无限期延迟的实践不再是哲学的上诉法院。——对它为什么没有发生的思索就是哲学。由此，最先进的社会洞见是：不是（概念）外壳（Gehäuse）。

相反，哲学对关键性之物，即对向实践的过渡的同一性诉求失败了，它需要彻底的自我批判。去乡土化。因此攻击博尔诺夫①。

哲学是否仍然可能＝辩证法是否可能。就此来看，[这个辩证法是]一个非学究式的概念。

这种辩证法是哲学最高的形态，因为它努力把非概念物、与哲学相异之物纳入哲学之中，就是说，将哲学扩展到本质性的东西之上，这些东西是在哲学的传统的、肯定的形态中被忽略掉的。

---

* 阿多诺在这里指的是苏联红军。——中译者注

81

情况是：对哲学的思考被拒绝了。此外：今天的喘息提供了这样做的可能性。

世界之所以没有被改变，也是因为对世界的解释太少。例如，马克思对自然统治不折不扣的接受。——这有它实践上的后果。

另一方面，哲学不应该在它目前为止最高的形态中被拯救。应该对存在与思维的同一性诉求进行抗议。如果世界＝精神，那么世界就会是有意义的。

从宏观上说：因为无法再断言世界是合理的、有意义的；思想为现实的历史所触动，直到其最内在的部分。

从哲学上来说：因为作为理论思想的同一性是错误的。黑格尔的
86 逻辑学的第一步就指明了这一点。《逻辑学》I，100②。

(2)③ 为了能够表明存在＋虚无的同一性，存在作为无规定的东西，逐渐发展为无规定性、概念，由此便恶作剧般地预期了绝对精神的后果。

因此疑难是：返回到哲学，并且：这已经不再足够了。有或者没有哲学都行不通。但问题在于，哲学究竟是否依然能合理地谈论包含事物的、有内容的，从而是本质性的东西。

否则，它要么倒退入形式主义中，要么倒退入脱节的和没有约束力的命题的偶然性中。

在现象学的历史上，向形式主义和无约束性的倒退是非常严重的，这在今天表现在海德格尔不断增加的抽象性中。

偶然性作为在内容上继续进行哲学探讨的危险，顺便说一句，本真性的行话遍及新存在论（Neuontologie）谈论内容的所有地方：对暂时性条件的假定就跟对农业条件的假定一样。

1965 年 11 月 25 日

讲 课 记 录

在第四讲的最后,以及几乎整个上一讲,我们处理了理论和实践之间关系的相当微妙繁琐的问题。现在我想回到那些略有延伸的考虑之上——也就是说,回到那些具体的哲学提问之上,如果我可以如此简略地称呼它们的话,那就是与一种否定辩证法相关的纲要。对于它为什么**没有**发生的思考:也就是说,为什么实践发现自己处于那种困难或者那种停滞不前的状态之中——这种反思本身就是人们今天能够称之为哲学的东西的重要组成部分。在某种意义上,理论和实践的过程又退回到了理论之中,因为预测的从理论到实践的过渡没有发生。但是,这本身需要对社会进程有最先进的洞见;如果我试着为各位阐述一种与作为基础或者穹顶科学的哲学完全相反的哲学概念,简而言之就是与作为一种"果壳"的哲学相反的哲学概念——那么,这正是原因之所在。各位也能够在这里(这一次,在这一讲中,我不想再长篇大论)看出,为什么我不承认流行的哲学与社会学的分工式的分离。但另一方面必须说,自黑格尔以来,哲学本身所隐含的向实践的过渡没有成功这个事实,同样也表明,哲学自身有义务进行最严格的自我批判;当然,对一种自我批判来说不言而喻的是,它必须与它所发现的最近可见的形态建立联系。④(我并没有由此想到对无数在哲学标题之下连续不断的、完全不相关的作品的批判,它们作为学术工厂的产品每年都有下线,并不断找到它们的出版商和印刷商。)

因此,人们必须问的是,哲学是否仍然可能。当我将这个问题等同于对辩证法的可能性的追问,那么我必须同样从积极的方面为它向各位辩护。消极的方面在于,反辩证法的哲学经不起批判性自我反省,而我认为这种反省是必要的。如果各位想要理解,我所说的对辩证法之可能性的追问意味着什么,那么我再请各位尽可能地了解一种非学究式的辩证法概念,即不是与那种图型化—辩证的哲学活动结合在一起的,而是首先与事物结合在一起的辩证法概念。它代表着一种尝试,即将对哲学而言是异质的东西,即哲学的他者,人们可以预先说:将非概念物带入到哲学之中——在黑格尔对非同一物进行同一化的意义上⑤;**我**向各位阐述的提问的意义,更确切地说,不是纳入非概念物,相反是在它的非概念性的意义上去**把握**它。哲学要想谈论反复从它那里溜走的本质性的东西,就必须研究它在直到黑格尔的哲学传统形态中向我们隐瞒的东西——我今天会再次回到这个问题;它在它的传统的——像人们补充的那样,在它的肯定的形态中谨慎地让其从它的网眼中溜掉的东西。因此,情况是这样的,思想被抛回哲学,与此同时,哲学本身也成了有问题的;不仅在一个不相关的、无关紧要的继续运行的特殊学科的意义上是成问题的,而且在更为严重的意义上,也就是哲学以其当前的形态显然没有达到它给自己设定的目标这个意义上也是成问题的。这种被抛回到哲学的东西,在现在的局势中有它现实的等价物。我们正处于一种历史的间歇期(Atempause)。至少就它关系到联邦共和国而言,我们处于这样一种状况,在其中严肃地考虑物质前提和形势的某种和平再一次成为可能。在这方面误导我们并不断高喊着"狼来了!狼来了!"的尝试,在眼下可能正是一种意识形态,因为根据长期的社会分析,人们无法指望这种能够思考的状态会持续下去——因此不应该错过这个形势。我要说的是,在这种可能性中,对我们所有人而言,特别是对各位而言,有义务真正地去思考并且不让自己为这样一个事实所动摇,即各位也使得普遍的忙碌从属于精神的活动;存在某种由实在性的形态赋予我和各位的诸如道德义务的东西(如果可以这么说的话)。世界当然不仅仅出于精神的原因而没有被改变,还可能是因为它被解释得太少而没有被改变。

我只想提请大家注意一个问题,它在马克思那里只短暂地出现过,并且在这个问题上,我和几个有类似想法的人看到了一些非常本质性的东西。在马克思那里,**自然统治**的原则其实被天真地接受了。按照马克思的构想,人与人之间的统治关系有所改变——它应该发生变化,这是说:它们应该消失——但人类对自然的绝对统治在他那里并没有由此被提到,因此可以说,马克思的无阶级的社会的图景,就像霍克海默曾一度阐述的那样,具有一种剥削自然的巨大的股份公司的味道。按照马克思的观点,从动物所承担的劳动中——尽管对它们来说,繁殖的成本通常要少于花费的时间或精力——,按照《资本论》中一个被强调的段落⑥,尽管如此,从动物所承担的劳动中不应该产生剩余价值,这或许只是这方面最明显的象征。我不想卷入对自然的浪漫化思考,但是我相信,当我说对此的解释太少了,那么人们在这里就会发现一个非常核心的因素;如果只有**一个**真理,那么不能一方面激进地批判统治的原则,而另一方面在一个不受限制的范围内,只是非辩证地、未经反思地和肯定性地接受它。如果这是对的——就像马克思和恩格斯教导的那样,我却对此绝不相信——对外在自然的统治,经过数千年的发展,同样需要社会的统治关系,因为如果没有这种关系,它就不会起作用,如果这种关系现在应该突然得到彻底转变,那么就需要一个非常牢固的信仰(为了能够精细地表达它):自然统治的形式应该纯粹在唯心主义的意义上,在费希特的绝对主体的意义上继续存在,即使在此统治形式中并不再生产出自身。如果说在东方国家,官僚机构已经根深蒂固,并且变成了一个阶级,那么毫无疑问,它首先与工业化和自然统治的要求相关,这个要求完全被肆无忌惮和非辩证地接受了,然而,对于一个关于总是在自身之中也包括人和自然关系的严肃的解放了的社会观念而言,如果要避免自然统治在社会内部再次以统治的形式出现,那么与自然统治的关系也必须改变。我只是给出一个模式,以便向各位指明,能够用解释,也就是真正用哲学,用自由的反思(Nachdenken)来描述的东西,具有哪些非凡的实践意义。

另一方面,哲学处在迄今为止它所具有的最高的形态中是无法被拯救的,这就是黑格尔哲学,它曾试图把握非同一物,虽然是以**同一化**的方式来把握的。存在于整个哲学传统背后的思维与存在同一的要求,已经无可挽回地走向了对它的抗议。如果世界真的是与精神合而为一的,如果世界是精神的产物,被精神彻底地支配,从精神中产生出来的,那么这不可避免地意味着,世界本身在它存在着的形态中就会是有意义的。就是说:鉴于我们在我们的历史时期中所经历的事情,一个像人们所说的具有意义的世界已经绝对不能再被断言了。如果一种哲91 学对这些经验视而不见,而是在认识论和与它相等的形而上学领域,坚持世界的富有意义性命题,而且并不为如下这一事实所动摇:这个世界现在真的不再是一个有意义的世界——这样一种哲学确实并且必然会堕落为空洞的废话和一种专业性(branchenschaft)的保证,理应受到某些哲学运动(诸如实证主义,当然也包括日常意识)对哲学的讥讽。如果人们用思维与存在的同一性命题来衡量,那么这思想恰恰会被思维与存在的分离的历史经验所影响,直击其最内在的部分。但它也仍然具有一种哲学的形式,而不仅仅是一种产生于前哲学的意识的形式。而哲学的形式在此其实是有约束力的。如果只是说:思想不能对经验视而不见,那么,如果它本身在此是保持一致的,它就会具有一种教条式断言的特点,正如反过来说,就像并不关心世界的思想同时想要跟世界保持一致一样——**这个**保证有多空洞和狭隘,在另一方面,这样一种批判就有多缺乏根据。因此,可以表明,同一性作为一种理论的思想本身就是错误的,它是欺骗性的。我首先将这种揭示,这种令人信服的否定的揭示,认作当今哲学批判的核心问题。

我想至少通过一个模式来向各位作出说明,这个模式来自哲学同一性学说最为重要的文本,也就是黑格尔的《逻辑学》,更确切地说是它开始的一段,在那里黑格尔说明了从作为最无规定的(allerunbestimmtesten)范畴的存在向无的过渡。我认为,在《逻辑学》的第一部分中,更确切地说,是在以"质"为标题的章节中有一些表述,它们在那里总还

是可以理解的；它大约是在格洛克纳版的《逻辑学》第一卷的第 110
页。⑦ 各位可能知道，黑格尔的《逻辑学》始于对亚里士多德的借鉴，但 92
用的是一种含蓄的主观的措辞；对被设定的存在概念，对这个存在，人
们几乎可以说：它是自成一体的，或者通过他的现象学已指明的那样，
它与无是同一的。这里涉及的是对概念的分析还是一种自身已经是事
实性的分析，这是一个我们必须不予考虑的问题，因为黑格尔会说，对
于像存在这一绝对普遍者（Allgemeinen）而言，概念和事实之间那样的
差异已经是一种规定，这个规定将对在这里被思考的基底（Substrat）
"存在"的无规定性特征施加暴力。但是现在必须仔细看看，这个命题，
即"'存在'的概念对'存在'的概念和'存在'的事物之间的区分是漠不
相关的"，究竟是怎么一回事——情况究竟是怎样的。在我提到的段落
中，他首先处理的是诸如空的空间等概念在经验上的虚无性，认为它们
是抽象的结果——另外，他也会承认存在是在"逻辑"进程中自身中介
的概念。如果各位愿意这样说的话，那么"逻辑"进程本身就是对抽象
化阶段的规定和指示，这种抽象化必须被执行，以便由此得到类似存在
概念这样的东西。就此而言，黑格尔《逻辑学》中向前的运动，在它迈出
第一步的同时就已经是**倒退的**运动。因此：存在是无规定者——而且，
他是根据雅可比的某些考虑才这样称呼存在的，尽管他并不喜欢雅可
比——，无规定者就是存在。但在下一句："那些思想（原文：'对纯粹空
间、纯粹时间、纯粹意识、纯粹存在的思想'）是抽象的结果，并且被明确
地规定为**无规定的东西**，这种东西如果追溯到其最单纯的形式，就是存
在。"⑧ 请密切注意他是如何继续进行的！一般而言，在像《逻辑学》这
样的著作中，决定性的东西隐藏在非常微妙的语言的过渡中。非常可 93
能的是，在一个最微小的口语转换中就已经隐藏了一个具有无法估量
的哲学分量的预先决定，它同样也是一个非常可疑的预先决定。黑格
尔是这样继续的："然而这个无规定性恰恰构成了存在的规定性"——
也就是存在的规定性；"因为无规定性与规定性相对立；就此而言，无规

定作为对立中的一方,本身就是一个已规定的东西或否定者,而且是一个纯粹的、完全抽象的否定者"。"当外在反思和内在反思把存在等同于无,宣称存在是一个空洞的思想物,是无,它们所陈述出来的,就是存在本身具有的这种无规定性或抽象否定。"⑨对于"本身"我们今天会说,在它自己本身就具有。现在,女士们、先生们,请各位注意这里,当他说到存在的时候,他谈论的首先是**无规定者**,但他随后不经意地将无规定者替换成了"无规定性"这个表达。我相信,大多数带着某种轻信(Arglosigkeit)来阅读黑格尔的人,都会忽略这种语言上的细微之处,并且倾向于将它归咎于一种在黑格尔那里普遍存在的不严谨表达,而其原因我已经在《晦涩》(Skoteinos)一文中尝试着进行说明了。⑩但是,我相信,在这个段落,在这个决定性的段落上,不应该如此简单地处理,相反必须真正相信黑格尔的话。请各位再思考一下"无规定者"和"无规定性"之间的区别;语言在这里有区别是有原因的。"无规定者":有基底的特征。虽然在无规定者这个概念中,事物和概念之间当然没有区分,但恰恰因为一种规定没有实现,所以在"无规定者"这个表达中,诸规定者(即范畴)与事物本身之间的区别就没有出现。但无论如何,在属于它的这种未分离性(Ungeschiedenheit)中,无规定者总是拥有这两者:概念和未被规定的事物。当黑格尔用"无规定性"代替它——康德会说:用一种歪曲事实的方式——的时候,这个概念,也就是**自在的**无规定的存在,就已经取代了在此未被规定的东西。从"无规定者"这一个基底表达到"无规定性"的这个单纯语言上的转向,就已经是向概念的转向。只有这个概念性本质,由如下这点才等同于存在,也就是说在这里它根本上已经是一种同一化的源行动(Urakt),通过这个行动,存在中的那些存在者,因此那些不是无规定性,而是**无规定者**的东西就被排除在外了——我要说,只有这个同一化的行动,允许黑格尔立即将这个作为纯粹概念性之物(Begriffliches)的存在,与他的纯粹概念性(Begrifflichkeit),即正是这个**无规定性**等同起来。因此,各位可以看

88

到,存在与无的等同性取决于这样的事实,即这个存在被理解为无规定性;换言之:它从一开始就显现在概念性的领域中了。如果它仍然是无规定者——就像黑格尔最初所说的那样,就像他有点鄙视地从雅可比那里挪用来的那样——,那么将它与无的等同就会是不可能的,因为某物(Etwas)可以是彻底无规定的,但是不能说它"不过是无"。但是无规定性作为一种普遍的思维形式,其基底的每一个记忆都被驱赶出来,现在再也不能以同样的方式把它当作跟概念相对立的东西来加以处理了;它事实上只是一个概念,一个纯粹的概念,并**由此**变为无。黑格尔《逻辑学》以最壮丽的方式加以展开的整个辩证法最初正是以这种方式进行的。

我相信,在这个微观逻辑的语言细节上已经向各位指明了的东西,现在刻画出一个普遍得多的特征:整个黑格尔的哲学实际上只有通过从一开始变戏法般地让非概念物消失才能获得同一性。对哲学来说这是最大的诱惑。屈服于这种诱惑,并将这种诱惑本身解释为哲学的运动,要比意识到它之中的不真实容易得多。因为当我们说话的时候,当我们进行哲学思考的时候,我们事实上**总是**在与概念打交道。甚至当我们谈论存在者的时候,我们也不能像布拉克(Braque)和毕加索(Picasso)在立体主义时期的某些画作中所做的那样,也不能像早期达达主义绘画所尝试的那样:也就是说,我们不能将一块存在者粘贴到我们的哲学文本中。[11] 即使我们想这么做,在哲学上可能也帮不了我们什么。顺便说明一下:正是艺术一再带着一种绝望努力谋取它,这里应指明,艺术家的内在感触恰恰在这一点上感觉到了某些东西,而这些东西真正说来是哲学的主题,但哲学由于它的舒适的落后性,从来没有真正地对之确信。因此在哲学中,我们不得不用概念谈论并且**谈论概念**;由此从一开始哲学关注的东西——概念所指向的非概念物——就被排除在它之外了。它已经通过它本身的媒介,用它本身的方法,扼杀了它自己本该所是之物:扼杀了对它自身所不是的东西、不是概念的东西作判

95

断的可能性。首先我想非常简单地以纲要的方式阐述一下——我相信,这对各位来说都是显而易见的——哲学由于将这个过程本身提升为概念,修正它并恰好借助概念的手段重新取消它,因而哲学处理概念,在概念上反思自身。当弗洛伊德在《精神分析导论讲座》(*Vorlesungen zur Einführung in die Psychoanalyse*)中的一个精彩段落中说到,精神分析与现象世界的残余相关时[12],那么可以说,严格说来,真正说来哲学的对象正是它一般而言按照自己的方法扼杀掉的东西:概念的残余,也就是那些自身不是概念的东西。[13]关于否定辩证法的可能性的问题也就是,这个拆解的过程是否能够成功;它作为概念的自我反思是否可能打破这道围墙,这道概念通过它自己的概念性本质,环绕着自己和它所产生的东西建立起来的围墙。从对哲学提出的要求以及其几乎令人望而却步的困难中,各位将看到,今天要从事哲学,像施瓦本的那个人 * 所说的那样:绝非易事。一方面,没有哲学真的是行不通的。摒弃了哲学思索的实践的天真,不仅是目光短浅的,而且——出于我今天向各位阐明的理由——本身也是成问题的;也就是说:它会变成**错误的**实践。但是另一方面,哲学自身的状态直到它的最内在之处都是成问题的和可疑的,以至于人们必须提出一种治疗的方法,而关于这种方法人们不仅不能确切地知道它是**如何**起作用的,而且也极其不确定它是否会起作用。我认为,只有当人们非常认真地对待这种窘况(就像有教养的人所说的那样),也就是认真地对待这种棘手的、最初毫无希望的、根本无法确定能否摆脱的困境时,认真对待哲学才是有意义的;更确切地说,是在这个意义上,即哲学究竟是否能够有根据地思考事实性的东西、内容性的东西,以及它是否能够由此合法地就本质性的东西说些什么。倘若哲学不主动承担这项任务;倘若对哲学而言这个运动失败了,那么还有两种可能性对哲学而言是开放的,但这两者都同样差劲。一方面,

96

---

* 指黑格尔。——中译者注

它面临着向形式主义的倒退的危险。上一代人的思想运动——我只需要回忆起舍勒关于"伦理学中的形式主义"的著作的那个著名标题⑭，[97] 和柏格森旨在批判抽象的普遍概念的所有作品⑮——正是一种摆脱这种形式主义的独特尝试,认识论哲学就是在这种形式主义中发展起来的。我向各位所说的这个逐渐尖锐的窘况极具特色,现象学的哲学在舍勒,甚至在早期海德格尔那里已经朝质料的方向发展了,它以一种显而易见的、自身又极具强迫性的方式再次退回到了形式主义之中。因为,用这种单纯的保证,即"存在"不是抽象的,根本不是概念,而是最为具体的东西,用这种保证根本没有做到任何事情。首先,正如黑格尔针对雅可比反复着重强调的那样,存在是最为抽象的概念。海德格尔之所以想到这个概念,原因当然是——我现在想向各位补充一点,如果哲学不退回到最极端的抽象性,那么它就有可能迷失在没有约束力的、偶然的和任意的设定的危险中。也就是说,向来取自历史并且只在历史中才有价值的规定,被实体化了——以至于,就好像它们是此在的"心理状况"(Befindlichkeiten),甚至是存在的属性。我相信,如果我说海德格尔从《存在与时间》到所谓的转向的发展与此相关,我并没有犯不公正的错误;这就是说,他之所以对他的哲学进行了那种去-内容化(Ent-Inhaltlichung),并最终导致了对存在这个词的崇拜,是因为他觉察到了,《存在与时间》的质料性规定——此外,这些规定也是这部著作获得其影响的原因——绝非如此简单地是此在或者存在的规定,而是 [98] 包含着比他当时承认的多得多的特殊的东西,而按照纯粹起源哲学的尺度,这些特殊的东西因而是偶然的和任意的东西。实际上还有关于这个心理状况的其他的"构思",它们随着经济的日益的繁荣而愈加乐观——由此人们用真挚(Lauterkeit)等概念而不是畏、烦与死亡来行事。去追踪这个从消极的心理状况向积极的心理状况的过渡本身就极具启发性;我热切地希望各位对它产生兴趣。我几乎可以说,哲学在它当前的学术状态之下,不仅一方面按照任意的—偶然的东西,另一方面根据形式使自己两极分化,而且在两个极点之间,还存在某些功能性的联系;这是说,倘若它不能承担我今天作为纲要向各位提出的东西,内容性的哲学越是不得不处在它当今的形式之中,它就越会再一次恢复为它曾经一度想要摆脱的形式主义。而哲学面临的问题或者难题(Problem)完全简单地说就是,它如何能够同时是有内容的**和**严格的。只有当人们摒弃了将普遍概念性之物等同于唯一的实体性之物(就这种等同,哲学家们迄今为止还是一致的),这才是有可能的。

注释

① 见第四讲注释⑱及本书第 67—68 页。

② 位置信息参考格洛克纳纪念版第 4 卷(斯图加特 1928 年);也参见第六讲注释⑦。

③ 从这里开始,括号中的数字是指印在本卷附录中的讲义文本,跟下一讲的提纲一样,参见第四讲注释②。

④ 至少到这里为止,前面印刷出来第五讲的提纲也应该拿来对照。

⑤ 在某种意义上,非同一物是阿多诺哲学的关键或核心概念;他如此称呼它,就是为了使它成为核心概念。通过非同一物与同一物的对立,应当进一步达成一致的是,按照传统术语,质料在于与理念之间的差异中、多在于与一的差异中,这些意味着:不是普遍之物,而是特殊之物,是个体性不可言喻。就此而言,阿多诺的思想也沿用了胡塞尔提出的那个口号"面向事物本身",它应当取代新康德主义中占据支配地位的对抽象概念性的满足。如果《否定的辩证法》是为作者的材料性工作提供事后的方法论(GS 6,S. 9. 中译参阅阿多诺:《否定的辩证法》,张峰译,上海人民出版社 2020 年版,序言),那么,阿多诺希望借助"导论"(和与它相应的讲课)的帮助,必须揭示对他的质料适当处理的操作过程。在这点上,黑格尔和康德都有用,而且前者比后者更有用。正如黑格尔的唯心主义所倡导的那样,"绝对同一性"的原则,"使非同一性以被压抑和被破坏的形式永存下去。黑格尔带有这方面的痕迹,他极力用同一性哲学来同化非同一性,用非同一性来规定同一性。然而,黑格尔歪曲了事实真相,因为他要证实同一性,承认非同一性是否定的——尽管是必然的——他因此而误解了普遍性的否定性。他不同情那种被埋在普遍性之下的特殊性的乌托邦,不同情那种只有到了实现了的理性把普遍性的特殊性甩在背后时才开始存在的非同一性"(GS 6,S. 312. 中译参阅阿多诺:《否定的辩证法》,张峰译,上海人民出版社 2020 年版,第 277 页)。相反,康德通过将它保持在体系之外而相对公正地对待了非同一物;在阿多诺最后时期的一部作品中,在《论主体与客体》的八

个论题中,他尝试着解释和批判康德的物自体与非同一物之间的关系(vgl. GS 10 · 2, S. 752 ff. 中译参阅阿多诺:《批判模式》,林南译,上海人民出版社 2023 年版,第 272—273 页),"在康德那里,在所谓的他为自在之物辩解的错误中,幸存有不愿服从这种逻辑因素的痕迹:非同一性"。这早先已经被保留在了《否定的辩证法》(中译参阅阿多诺:《否定的辩证法》,张峰译,上海人民出版社 2020 年版,第 260 页注释⑦。)之中,在其中,阿多诺在"客体的优先性"的标题之下,展开了他自己的理论思想。在某种意义上,《否定的辩证法》也是阿多诺将逻辑最终带向言说(Sprechen),而不是总是更进一步地将语言翻译为逻辑的尝试,他在《认识论元批判》中已经着手这种尝试。(GS 5, S. 47. 中译参阅阿多诺:《认识论元批判》,侯振武、黄亚明译,谢永康校,上海人民出版社 2020 年版,第 33 页。)"概念的概念"将被"实现",为了做到这一点,必要时要通过名称,如果它应该有一个的话;在名称中,哲学在理智直观的名义下徒劳地寻找的东西将会被带回家:非同一性的被规定者,具体之物不可磨灭的颜色。在《德国悲剧的起源》中,本雅明毫不犹疑地表达了对哲学的亚当行为式(adamitisch)命名的不满:"这个词,要求它的重新命名的权利";在这一点上,阿多诺并不认同他。阿多诺是假定非同一性物,即并不与思辨的概念相同一的东西,"不是康德以理念概念勾勒的那样"的东西。(GS 10/2, S. 752. 中译参阅阿多诺:《批判模式》,林南译,上海人民出版社 2023 年版,第 272 页。)正如里特赛特(Ritsert)在一篇文章中所说的:"非同一物并不是某种神秘莫测的实体,相反,它是阿多诺的批判理论深入分析和部分地提出的许多问题的简短的表达。"(Jürgen Ritsert, "Das Nichtidentische bei Adorno-Substanz-oder Problembegriff?", in: *Zeitschrift für kritische Theorie*, 3. Jg., Heft 4, 1997, S. 48.)

⑥ 未指明。——因为阿多诺在其他地方谈到过马克思的"按照他的观念,从中只产生了剩余价值的活的劳动的学说"(GS 8, S. 359. 中译参阅阿多诺:《整合与分裂——社会学文集》,侯振武译,上海人民出版社即出),在《最低限度的道德》中说的是,马克思"从来都不允许动物作为劳动者生产剩余价值"(GS 4, S. 261 中译参阅阿多诺:《最低限度的道德》,丛子钰译,上海人民出版社 2020 年版,第 279 页。),所以,他想到的应该是在《资本论》第一卷第五章中关于劳动过程的一段话,从这段话中得出的是,剩余价值不是由动物产生的:"我们要考察的是专属于人的那种形式的劳动。蜘蛛的活动与织工的活动相似,蜜蜂建筑蜂房的本领使人间的许多建筑师感到惭愧。但是,最蹩脚的建筑师从一开始就比最灵巧的蜜蜂高明的地方,是他在用蜂蜡建筑蜂房以前,已经在自己的头脑中把它建成了。劳动过程结束时得到的结果,在这个过程开始时就已经在劳动者的表象中存在着,即已经观念地存在着。"(Marx: *Das Kapital* I, MEW, Bd. 23, Berlin 1969, S. 193. 中译参阅《资本论》第 1 卷,人民出版社 2004 年版,第 208 页。)

⑦ 格洛克纳纪念版(斯图加特 1928 年)第 4 卷的第 110 页,对应于当前使用的莫登豪尔和米歇尔版的《黑格尔著作集》第 5 卷的第 103—104 页。见第一

讲注释⑧。

⑧ Hegel, *Werke*, a. a. O. ［Anm. 10］, S. 103. 中译参阅《黑格尔著作集》第 5 卷，人民出版社 2019 年版，第 78 页。——在阿多诺的《逻辑学》摘录本的一个手写旁注中，他将从黑格尔那里引用的命题总结为如下论证："存在无规定。作为无规定被规定为已被规定之物的否定。因此＝无。"

⑨ Ebd., S. 103 f. 中译参阅《黑格尔著作集》第 5 卷，人民出版社 2019 年版，第 78 页。

⑩ Vgl. Skoteinos oder Wie zu lesen sei, GS 5，S. 326 ff. 中译参阅阿多诺:《黑格尔三论》，谢永康译，上海人民出版社 2020 年版，第 69—113 页。

⑪ 与此相关的，还参阅: GS 6，S. 531，和 GS 7，S. 382 f.。（中译参阅阿多诺:《美学理论（修订译本）》，王珂平译，上海人民出版社 2020 年版，第 377—378 页。）

⑫ 参阅弗洛伊德《精神分析导论》的第二讲"失误":"心理分析的确不能吹嘘它从未处理过琐事。相反，它们的观察材料通常是那种不太起眼的事件，这些事件已经被其他科学作为太过微不足道的东西抛弃了，因此可以说是现象世界的残余。"Sigmund Freud, *Gesammelte Werke. Chronologisch geordnet*, Bd. 11: *Vorlesungen zur Einführung in die Psychoanalyse*, 7. Aufl., Frankfurt a. M. 1978, S.19f. 另外阿多诺还不无频繁地引用过这一表述，例如见 GS I, S. 232 und S. 336；GS 4, S. 273；GS 6, S. 172；GS 8, S. 188 und S. 552；GS 10 · 1, S. 73 und S. 262；GS 13, S. 187 und S. 417。

⑬ 早在 1931 年，在他的学术就职讲座中，阿多诺就类似地表述过他的哲学纲要: 微小而无意识的要素的建构算作……哲学解释的基本前提；弗洛伊德宣称的向"现象世界的残余"的转向，具有超越精神分析领域的效果，正如先进的社会哲学转向经济学不仅是出于经济学的经验优势，也是出于哲学解释的内在要求。（GS 1, S. 336.）

⑭ Vgl. Max Scheler, *Gesammelte Werke, Bd. 2: Der Formalismus in der Ethik und die materiale Wertethik. Neuer Versuch der Grundlegung eines ethischen Personalismus*, 6. Aufl., Bern, München 1980. 中译参阅马克斯·舍勒:《伦理学中的形式主义与质料的价值伦理学》，倪梁康译，商务印书馆 2011 年版。

⑮ S. oben, S.106f. 见本书第 101 页。——在《否定的辩证法》（vgl. GS 6, S. 20f. und 327f. 中译参阅阿多诺:《否定的辩证法》，张峰译，上海人民出版社 2020 年版，第 5—7 页，第 289 页）之前，阿多诺在他的《认识论元批判》中，对柏格森进行了更为详细的论述（vgl. GS 5, S. 52 ff. passim. 中译参阅阿多诺:《认识论元批判》，侯振武、黄亚明译，谢永康校，上海人民出版社 2020 年版，第 39 页及相关段落）；除了霍克海默的两篇重要文章之外，阿多诺指导的彼得·格尔森（Peter Gorsen）的博士论文《意识流的现象学: 柏格森、狄尔泰、胡塞尔、齐美尔和生命哲学的二律背反》（波恩，1966 年），也为批判理论与柏格森的关系提供了丰富的信息。

第 七 讲

（1965 年 11 月 30 日）

提　　纲

在黑格尔那里，特定的个别物应该被精神所规定，因为它的规定无 99
非就是精神：因此是"概念"。

（3）否则哲学就必须屈服于科学的方法论以及类似的东西。

与黑格尔的 原始差别：哲学的兴趣存在于他和整个哲学都不感兴
趣的地方，在 无概念之物（Begriffslosen）那里。克鲁格的鹅毛笔。正义
与不正义。无概念之物——但正是概念的产生之所。

仿佛在哲学思想的残余那里的，本身并非思想的东西。——援引
弗洛伊德：现象世界的残余。——无概念之物被中介为被忽略的、被排
除的东西，这是概念的先入之见（parti pris）。

柏格森和胡塞尔已经激发了对非概念物的兴趣：

柏格森在概念物的下一个层面上，在无定形的图像上。

胡塞尔从本质上说应该是从个别之物中看出的非概念物的，因此
不是分类性的。

但是对他们而言，它仍然是一个精神性的东西，甚至是主观的东

95

西,实际上在它之中始终已经隐藏着概念。

在柏格森那里,对一种特别的认识方式的任意的、二元论的采纳,这种认识方式仍然是指向概念的。直接屈服于文学,请注意:普鲁斯特并非无概念的。在胡塞尔那里本质性乃是概念,像通常概念一样的概念。

(4)两者的突破性尝试都是唯心主义的,因此都失败了。在他们那里,客观性就是单纯主观的东西。突破不是作为行动,而是通过自身反思才可能。

哲学仍然面临着突破的任务,而如果没有对它最起码的信任也是不行的。

哲学必须言说其不可言说的东西。针对维特根斯坦。哲学必须解决这个矛盾。

就哲学自己的概念是充满矛盾的而言,它本身是辩证的。

认识的乌托邦:用概念来揭示无概念之物,而不必使它与概念相等同。

对无限者理念的功能转换。①

哲学不应该"枉费心力",不应该将诸对象化约为最简单的命题。

(5)哲学对它的异质物有效,而不需要将后者带入预制的范畴。

1965 年 11 月 30 日

讲 课 记 录

在上一讲的末尾,我跟各位谈到了哲学中新本体论流派的发展趋势,它或者会倒退为一种纯粹的形式主义:恰恰倒退到那种本体论流派曾经在内容上与之抗争的形式主义——或者退回到一些相对偶然的、内容性的命题中。就这种偶然性而言,各位可以说,一方面,它通常是任何没有固定指向的哲学的危险;另一方面,我在这里试着向各位阐明

的那个理念在某种程度上也包含着某些类似的东西。我想暂时让后者
保持开放；但当然之后我们会非常严肃地谈到它。至于前者，要是各位
能够记得，像黑格尔这样的体系哲学，具有一个极大的优势——就像人
们应该说的那样：应该在一种哲学资产负债表的意义上表达——，相较
于本体论具有一个极大的优势，因为它是从下述事实出发的，即精神就 101
是唯一现实的东西，并且所有现实的东西都可以被还原为精神。通过
这个普遍性论题，黑格尔的哲学绝不会担忧像本体论那样必然陷入单
纯的存在者之中，而本体论无论如何都没有明确地提出过这样的主张。
在这里，在这种哲学中，当它从它最极端的抽象性中退回时，经验事物
的偶然性是不可避免的——顺便提一下，它否认经验事物是抽象的东
西。在这样的背景下我们或许能够理解，例如海德格尔的质料方面具
有的那种独特的古风，我想说：一种小城镇的或者取向于农业关系的特
征，而这个特征正是我在《本真性的行话》中试着批判性地加以阐明
的。② 但是在这种情况下，人们批判性地确信这种现象是远远不够的，
相反哲学的任务——由此哲学真正地区别于单纯的有文化的空谈，是
人们能够推导出被批判的东西本身；人们在被批判的东西的必然性中
去理解它们，从而将被批判的东西设定到运动之中。这种哲学，它声称
不是形式性的哲学，尽管如此，它还是不得不将自己收缩到最高的、最
抽象的范畴中，倘若这种哲学走向质料，那么它自然将所有兴趣都放在
不让这个走向物质的过渡本身显得是偶然的，而正是鉴于存在概念的
非约束性，它事实上必须是这样偶然的。因此，在其质料性的命题中，
它几乎不可避免地提到过去的事情，提到已经成为了历史的情况，提到
因其历史性而具有某种灵晕（Aura）的情况：它是这样的而不会成为那
样的；此外，如果可以这么说的话，它们是以某种方式被预先确定的。
这就导致了这样一个事实，即哲学也因此是过时的，因为浮现在它面前 102
的具体事物的理念③，本身就是在毫无顾忌地被抽象的、功能性的当下
社会中无法见到的；因此，如果具体事物可以不加批判地被呈现为存在

者,那么它只能在那种或多或少有些朴实的关系中被找到,这些关系实际上被历史的进程所谴责,并且已经消逝了,所以就有了某种类似和解的假象。可以说,这就是那些古代主义和具有社会复辟含义的哲学的历史,只要本体论的潮流还处在质料的领域,它们就会接受这种历史。于是,人们可以说,它们作为从属于存在本身的东西,是倏忽易逝之物的本质(Hypostase),通过使得倏忽易逝之物归属于作为质的存在,来一方面摆脱它的倏忽性和偶然性,另一方面则从历史之物和过去之物那里借来那种具体的色彩,这种色彩曾赋予哲学吸引力。

是的,我曾跟各位说过,相比之下,在黑格尔那里,确定的个别物应当允许自己被精神所规定,因为它的规定本身从根本上来说无非就是精神。之所以会出现这种情况——在上一次讲座中,我已经向各位阐释了《逻辑学》开端的一个言简意赅的模型——,正是因为在黑格尔那里,存在者也是以概念的形态预先呈现出来的,仿佛被化约为概念;这就极大地简化了同一化的行动。因此,这就是为什么以绝对概念为最终目的(terminus ad quem)的黑格尔哲学,从一开始就只处理概念问题的最深层次的原因,这在哲学上是可以理解的。如果它不这样,那么根据黑格尔的说法,它就必须屈服于一种单纯的科学方法论之类的东西。我相信,由此人们能够很准确地确定,我以纲领的方式向各位阐释的东西与它非常接近的黑格尔之间的差异。与此相对,我想说,哲学的兴趣恰恰是在黑格尔连同它也包括在内的整个哲学传统其实都不感兴趣的地方,也就是在**无概念之物**上。黑格尔的一个反对者——他叫克鲁格④——很早就对黑格尔的哲学提出了反对意见;他指出,如果黑格尔能够敢于恰当地处理他的哲学的要求,那么他其实也就必须能够推断出他用来写下他的著作的那支鹅毛笔——这就是著名的"克鲁格的鹅毛笔"。黑格尔以一种有绅士风度的方式,因此也是非常居高临下的方式反驳了这个论点,他说——顺便提一下,这是黑格尔司空见惯(τόπος)

的辩护,它在黑格尔那里以不同的结构反复出现——哲学的任务不是忙于像鹅毛笔这样无关紧要的东西,相反,它必须处理本质性的东西。⑤我相信,这个争议像大多数此类争议一样,是极难解决的。尽管克鲁格的例子看起来是如此愚蠢——因为谁会想要推断出某人手里的鹅毛笔呢——但人们在这里表现出一种兴趣;并且恰恰是黑格尔的哲学无法满足的那种兴趣。每当黑格尔——如果我可以给各位一些关于如何阅读黑格尔的小小提示的话——以特有的傲慢无视某些东西时,人们就有理由怀疑这里正是某种症结之所在。尽管这个例子很差劲,但克鲁格还是给出了这么个例子——柏拉图的观点是,所有例子都应该是糟糕的⑥;在这一点上,就像在其他观点上一样,我并不赞同柏拉图——但无论如何,克鲁格已经看到了,哲学,着重意义上的(emphatisch)哲学,正是在这一点上,在它的一个最根本的动机面前失败了:在把握非概念之物的努力面前失败了。这是克鲁格的反对意见所表达的东西。在另一方面,人们必须说,就反对克鲁格而言黑格尔又是有道理的,与一种如此无关紧要的存在物为伍,这当然不能是哲学的任务。我相信,就是在这一点上,先天建构无法真正获得成功。因为在被规定者和,如果各位愿意也可以说,无概念之物中产生的东西,概念从它之中提取出来的东西,从一开始就无法从这种无概念的、不透明的某物中看到。如果人们已经意识到了它,如果它已经得到保证了,那么就无需想要弄清它的哲学的努力和劳作了。但在另一方面,自然也必须有某些引人注目的东西,有也许在某种程度上只能为预先作出的理论思索所预期的东西——我想说,这又是唯心主义哲学的一个真理要素。举一个近代最为著名的例子:弗洛伊德的心理学转向残料(Abfall),转向"现象世界的残余",转向通常完全被忽视的现象,如承诺、随机行为、失误或者诸如此类的东西——它们具体来说**意味着**什么,自然无法预期;这样的努力也可能同样先验地完全失败。另一方面,如果有人拥有一个像弗洛伊德那样的理论概念,并且已经拥有一种成熟的压抑理论,那么他将能

104

够预料,恰恰是在这种不处于理性的光照之下的、无概念的对象之中,某些对本质性之物的兴趣也变形了。事实上,弗洛伊德的心理学的三大主题,即错误的—偶然的行为、梦境和神经官能症,全都具有如下的特征,即在它们中都有一个因素,是的,我们说的无概念性,或者像人们今天会说的,荒谬性、非理性,与它的重要性,与它**对于概念而言**的本质性结合在一起。

105　　因此我认为,哲学——顺便说一句,也包括几乎所有与质料相关的学科——事实上都应该遵循真正天才的弗洛伊德的方法,专注于那些在此之前没有通过社会的分类机制、通过社会广泛流传的思想和科学的分类机制事先准备好的东西。当然,下述事实也说明了这点,在普遍统治和服从的意识还没有染指的对象身上可以看到的东西要比在那些被染指的对象身上看到的东西要多得多。法国的超现实主义运动,恰恰由此在一种历史哲学和元心理学的意义上显示出了极其敏锐的直觉。可以说,无概念之物本身,当人们着手处理它的时候,当人们第一次致力于它的时候,就此而言,它已经在一种否定的意义上被概念所中介了,即作为被忽略的东西、作为被排除的东西;而恰恰在概念没有将其纳入自身的事实中,我们可以认识到某种概念的偏见、偏颇和障碍。正如弗洛伊德转而关注的几组现象,事实上是这样被赋予其特征的,即它在某种完全特别的尺度上为压抑的机制所决定——出于他本人之后在理论上非常准确地阐述的原因。也有诸如社会压抑之类的东西,它当然属于哲学思考者的器官——如果人们对这个器官有另外的说法的话,那么人们感觉到诸对象中的这种压抑,感觉到在诸对象中为一般意识所压抑的东西,恰恰为被认可的意识所忽略的东西,或者是那些它根本不想使之成为考虑对象的东西所吸引。如果方法——对此我想给予各位关于它的一个表象,总是有一种朝向微观逻辑的倾向,也就是有这106　　个倾向:沉入到最微小的细节之中,但不是出于语文学的学究气,而恰恰是为了在那里撞出火花,然后将之与这些因素联系起来。因为概念通常是对其对象的放大，所以它只能够在其中感知到那些足够大的东西，以便能够与其他的对象进行比较。而透过网格掉落下来的东西，恰恰是那些最微小的东西，而在它们之中通常包含着真正有待哲学解释的东西。哲学对非概念物的兴趣，我一直在说的这种兴趣，绝不是新鲜事物，相反可以说，在上一代哲学家中——或者对各位来说已经是上上代的哲学家了，也就是我可以视作我的精神父母的那一代人——这个需要在著作中已经非常强烈了。在那一代人的作品中，凡是能称得上是**现代**的，都为这个需要所塑造。

我只向各位提出两个名字，作为这方面最重要的代表，因为在他们身上，这个我正向各位说明的需要，不仅仅表现为世界观上的需要，像在克拉格斯（Klages）那里那样[⑦]，而且还因为它通过与科学的一种特有的共生关系，至少同样在自身中察觉到了这种使自己具有约束力的冲动。我指的是柏格森和胡塞尔，他们都以自己的方式，并且是完全不同的方式，表达了对哲学中某些本身不是分类概念的东西的兴趣——此外，他们都处于相同境况的强迫之下，也就是说，他们都出于对因果机械思维万能性的反对，和因果机械思维必然导致的对于理解的意图的不充分性。柏格森认为，与那些分类的概念相比，非概念之物是更高的真理，它已经在或多或少无定形的影像层面搜寻真理，这些影像据说应该被定位在意识和概念物之下——因此，一个无意识的影像世界，与弗洛伊德的精神分析一再导向的影像相比，或许根本没有那么大的差别，并且与构造出来的、通过抽象完成的意识相比，它应该是某种类似于对事物本身的直接知识。这至少是在他最富成效和最使人惊叹的著作《物质与记忆》（*Matiére et mémoire*）[⑧]中提出的理论。与此相反，胡塞尔——他与柏格森有某种共同的动机，但是另一方面，相比柏格森，在他那里传统意义上的合理性远未被削弱——胡塞尔教导说，"本质"，即哲学上至关重要的东西（当然必须说：概念）应该从每一单个事物中被看出来；因此，本质应该是对经验、具体之物和单个事物的特定种类

107

101

的"态度"的成果,而不是通常假设的那样,是通过比较性的抽象产生出来的。在胡塞尔那里,这与概念实在论方法相关联:类、种的逻辑同一性具有一种客观性,这种客观性不是首先由主体的抽象行为产生出来的。而认知者在对待任何个体存在物的时候,都应该能以相对简单的方式感知到这种客观性,那就是撇开其中单纯个体化的东西,即受到时空束缚的东西。顺便说一句,胡塞尔反对时空确定性的说法,以一种奇怪的方式跟柏格森的影像学说是共通的。因此,概念据说为了其客观性的缘故,已经被嵌入每一单个的事物中,不是通过主体的中介活动才被揭示出来:胡塞尔尝试着在一整个分析序列中展示它,并将它精致化,从出自《逻辑研究》的关于"种类的观念统一"的工作和关于"现代抽象理论"的争论开始⑨;之后在关于范畴直观的"第六次逻辑研究"中,它在一个极大的尺度上说明了概念物的直观性⑩;最后在关于本质和此在的导论性章节中将概念物的直观性发挥到了极致,这一章节开启了《纯粹现象学和现象学哲学的观念》。⑪ 在他们两者那里,他们的哲学努力都集中在非概念物身上,而非概念物在他们那里保持为一种精神的东西,一种本身主观的东西。也就是说,概念实际上总是已经包含在无概念之物之中。

　　柏格森带有某种任意性,教条式地接受了知识的二元性:一方面是这种深刻的、由影像提供的本质的知识,另一方面是当前流行的分类科学的那种知识,它们简单地保持为二元并列的两种可能性,总的来说,柏格森的整个思想,甚至直到他关于《道德和宗教的两个来源》⑫这部晚期著作中,还保留着严格的二元论特征,对于像他这样的生命形而上学家来说,这是很奇怪的。这样,他就忽略了这一点,即那种所谓直觉性的知识或那种影像(它们据说作为前概念的东西在主体中拥有客观性)除非通过概念,否则根本无法被表达出来;这两种知识的可能性或者知识的两种类型之间的关系,几乎很少得到阐释,同样没有阐释的还有,按照他的意图更高的、被他在"被体验到的绵延"(erlebten Dauer)

108

中具体化为知识的那种知识。可以说,在他那里存在着一种好像听命于文学作品的东西;然后文学就被指派去完成哲学本来已经给自己设定的任务。现在,我们这里有一位诗人、我们时代最伟大的小说家的了不起的实验,它尝试检验柏格森的这个论点。我指的是普鲁斯特,但 109 是——这是非常有趣的,也可能是从来没有被盛行的普鲁斯特—废话所充分重视的——他必须使用知识的理性形式,其程度要比柏格森的计划大得多,顺便说一下,他从来没有完全将柏格森的这个计划据为己有。几乎可以说,正是普鲁斯特小说对柏格森哲学进行检验的尝试,在某种程度上驳斥了柏格森的突破性尝试(Ausbruchsversuch),这恰恰是因为普鲁斯特使用了那些理性认识的工具——还可以说,在很大程度上是自我—心理学的工具——以便达到具体之物,达到他所设想的不可溶解之物,而在柏格森认识论的意义上这些工具恰恰会被排除在外。⑬就胡塞尔而言,在《认识论元批判》中,我已经试着指出,为什么胡塞尔的突破性尝试也失败了。现在我只想补充一点,因为我不是很喜欢在讲座中重复那些各位能够在我出版了的著作中读到的东西。胡塞尔的奇特之处在于——在我看来,这在文献上似乎也出人意料地很少受到重视,即我从个体化或从个体现象中看出的本质性(而不是以比较的方式才确保获得它们),由此看出的东西,根本上只是分类逻辑中十足的旧概念。真正说来,这里实际上涉及的只是对概念进行本体论的辩护的尝试,那些概念据说并不是由认知意识建立起来的,而是应该已经自在地被包含在事物本身之中的。但是如果仔细查看,胡塞尔赋予了个体经验的是什么,向个体经验敞开的是什么,那么就会发现,它们 110 只是抽象的范畴,跟通常的科学主义思维的范畴完全一样,因此在他的后期,当他致力于通过一种先验逻辑来为他的整个理论奠基的时候⑭,他能够与这种科学主义思维毫不费力地达成一致。

因此,大约五十到六十年前,人们以非凡的精力从哲学中、从已经"制成"概念的领域突围,但这两次伟大的尝试应该被视为失败的,之所以如此,恰恰因为它们都是唯心主义的,因为它们都认为自己已经突破了概念领域,同时将意识内在性的概念和"意识流"的概念——与整个占统治地位的唯心主义的认识理论相一致——看作知识真正的基础,并且也相信,只有借助他们在意识流本身中发现的这种主观之物的一种意志行为,才能被赋予一种更高的客观性的尊严和谓词。我现在就想从中得出一个结论,我认为这个结果对我想进一步向各位阐述的方法而言是很有用的。也就是:这种突破不可能是一种行为,它似乎一头扎进了本不应该是由主体筹备的知识中;因此它不会投身所谓本质的客观性或一个影像世界——据称是超主观的,但以某种方式定位于主体中。好像任何出于主观任意,也可以说出于主观自由,仅仅由主体进行的突破,都带有徒劳的标志,正是因为在主观任意中的起源,它总是必然被打回到它希望从中突破而出的领域;由此,它沉浸其中的客观性实际上具有一种镜像效应的特征。如果像这样的突破是可能的,那么111它就不能通过这种对非主体固有物的设定而实现,不能通过对非我的设定而实现——我们从哲学的历史中知道,对非我的主观设定恰恰是唯心主义的高峰。[15]相反,如果存在这种突破的可能性,那么朝向它的唯一道路就只能是主观领域的批判性的自我反思,在这种自我反思的过程中,主观领域——确切说以无法反驳的和令人信服的方式——认识到对自身的洞见**不仅仅**是主观性的东西,而且必然预设了与它唯心主义地误认为首先要建立的东西之间的关系;因此,只能这样才能向主体表明,它自身是某种被设定者,或者至少**也是**某种被设定者,并且不是通过证明非我是一种设定。但是那些哲学家仍然肩负着突破的任务。柏格森给他所处时代的文化施加的巨大暴力,以及胡塞尔至少在哲学分支上施加的不可低估的暴力——尽管我不想将这个分支与文化等同视之——确实证明了,在他们想要的事物中,他们察觉到了一种共同的、非常深刻的强迫;只是在他们那里没有成功而已。但如果人们不相信,从已制成的概念的领域向本质上属于这一概念的非概念物的突

破的确是可能的,那么人们就真的根本无法进行哲学思考。各位可能
会说:为什么必须进行哲学思考呢——对此我没有办法给出一个答案。
但毕竟:如果人们感觉到了这种强迫,那如果没有对这种突破的可能性
的信任因素,这种强迫就无法实现。而且这种信任本身不能同**乌托邦
式**的信任分离开来,即它——尚未准备好的、尚未组织的和尚未具体化
的东西——终究不应该是可能的。因此我想说,维特根斯坦的命题,即
对于一个人不能谈的事情就应当沉默⑯,简直就是反哲学的命题。相 112
反,哲学恰恰在于努力说出不可说的东西:不能直接表达的,不能在一
个个别命题或诸个别命题中,而只能在相互关联中言说的东西。就此
而言还必须说,哲学概念自身就是一种充满矛盾的努力,通过它的相互
关联和它的中介去言说那些不可直接说、不可此时此地(hic et nunc)言
说的东西;就这方面来说,按照它自己的概念,哲学也是充满矛盾的,即
本身就是辩证的。或许这就是对辩证方法最深层次的辩护,即哲学本
身——在任何特别的内容和特别的论题面前,作为对不可言说之物进
行言说的尝试——就是辩证地被规定的。这将是**认识的乌托邦**——如
果有人想从我今天试图向各位阐述的东西中得出一个结论的话,它将
是认识的乌托邦,非概念之物现在不是通过任何非概念的、所谓更高级
的方法来把握的,相反,非概念之物是借助于概念、借助于概念的自我
批判来开启的——而不是:非概念之物,被概念物从外部强行等同于
概念。⑰

　　我现在打算更详细地向各位阐述这点,向各位展示哲学对一个概
念的态度转变,这个概念和近代的哲学家,特别是自微积分的哲学发明
者莱布尼茨以来的哲学家都有着深刻的关联——**无限**(Unendlichen)
的概念。⑱一般而言人们或许会说,哲学,至少是近代哲学在某个方面
无非是思考无限的努力——就像近代哲学史在很长一段时间里与微积
分在实证科学中的扩展是并行的。首先,可以很容易地反驳这一点, 113
即哲学的任务不可能是,像教书先生的口头禅所说的:"去详尽阐明

(zu erschöpfen)。"甚至在学校时我就不明白这一点,当时一位老师在一篇作文的边沿处写到,这个主题没有被"详尽阐明",因为从一开始我就记得,精神的可能性是它的强度的可能性,是它高度专心致志的可能性,而不是一种量的完备性上的可能性——顺便提一下,它有其令人尊重的历史,例如在笛卡尔的《谈谈方法》中[19],在那里,认识的完备性在正确的认识标准之下发挥着重要作用。[20]哲学不应该去详尽阐明——可以这么说,这将是针对笛卡尔的一个反公理,不应该将其对象化约为最小的概念或命题;因为正是在将最多的对象简化为最少的范畴这一事实中,概念对非概念之物的优先地位才得以确立,就此我认为,哲学必须以最敏锐的洞察力和最大的决心摆脱这种优先地位。因此——我想借此纲领性地结束今天的讲座——哲学关注的是与它异质的东西,关注的是那些它自身所不是的东西,而不是努力将存在的一切带到它自身和它的概念之中;因此不是将世界化约为一个预制的范畴的体系,而是恰恰相反,在特定的意义上使自己向**经验**呈现给精神的东西敞开。关于这种经验概念和对无限性的立场的转变,我想周四再继续探讨。

注释

① 对于"无限者理念的功能转换",阿多诺将在之后进行阐述,也参阅尽管意图完全不同,但同时进行的伊曼纽尔·列维纳斯的努力,他对之持"否认"态度,即"知识的综合并不是**先验自我**所理解的存在者的总体的""最终有效的机关","这个机关保证世界的一致,并且直到理性的终点都这样展现它。直到理性的终点或人与人之间的和平";相反,列维纳斯转向了先知的末世论思想:"它是与一种**总是外在于总体的盈余**之间的关系,似乎客观的总体并不能满足存在的真实尺度,似乎一个别样的概念——无限这个概念——必须来表达出这种相对于总体的超越这种无法被包含在总体中并与总体同样超越。"(Emmanuel Lévinas, *Totalität und Unendlichkeit. Versuch über die Exteriorität*, übers. von Wolfgang Nikolaus Krewani, 3. Aufl., München 2002, S. 8f., 22. 中译参阅列维纳斯:《总体与无限:论外在性》,朱刚译,北京大学出版社 2016 年版,前言,第 3 页等。)如果这意味着,哲学又被转写回了阿多诺所禁止的神学,阿多诺像禁止海德格尔式的语言一样禁止的神

学,那么犹太教的宗教哲学家和否定辩证法家,就必须在承认一种道德上的"新的绝对命令"的优先权这一点上达成共识。(关于列维纳斯的无限者概念,参阅他的:*Jenseits des Seins oder anders als Sein geschieht*,übers. von Thomas Wiemer,2. Aufl.,München 1998,S. 43 ff.,209 ff.,316 ff.。此外,还有他的:*Ethik und Unendliches. Gespräche mit Philippe Nemo*,übers. von Dorothea Schmidt,Wien 1996。)

② Vgl. etwa GS 6,S. 450 und 452 f. 中译参阅阿多诺:《本真性的行话》,谢永康译,上海人民出版社 2021 年版,第 44 页和 46 页及相关论述。

③ 关于现代哲学中具体之物的观念,参阅:NaS IV/13,S. 352 f. und Anm. 354;以及阿多诺给本雅明的《德国人》写的后记,见:GS 11,S. 688 f.。

④ 威廉·特劳戈特·克鲁格(1770—1842),康德主义者,在柯尼斯堡和莱比锡任教。

⑤ 参阅黑格尔在《哲学批评杂志》上的报告,在其中据说克鲁格引起了——顺便说一句,是引起了谢林的——注意,"许诺演绎我们诸想象的整个体系;而即使他自己在[谢林]先验唯心主义中发现一处,其中阐明了此诺言的意义,他还是不禁又完全忘却此处在谈哲学。克鲁格先生不禁像群氓一样理解事情并要求,应该演绎每条狗、每只猫,甚至克鲁格先生的笔尖,而因为此事未发生,他就以为,其友人必定想起阵痛的山和小小的小鼠;人们本不该装样,似乎要演绎诸想象的整个体系。"(Hegel,Werke,a. a. O.[Anm. 10],Bd. 2,S. 194. 中译参阅黑格尔:《黑格尔著作集》第 2 卷,人民出版社 2017 年版,第 132 页。)在《哲学百科全书》的一个补充中,黑格尔又提到了克鲁格的鹅毛笔:"同时从这方面和其他方面看来,克鲁格先生真有些极其天真的想法,他曾要求自然哲学要把戏,完全把他手里的笔推演出来。假使科学有朝一日大大进步,彻悟了天上地下、古往今来的一切更为重要的东西,以致不再有任何更重要的东西需要加以理解,那时人们大概就能使他指望做出这种成就并使他的笔荣膺盛誉了。"(Ebd.,Bd. 9,S. 35. 中译参阅黑格尔:《自然哲学》,梁志学等译,商务印书馆 2009 年版,第 33 页。)Vgl. auch GS 6,S. 49. 中译参阅阿多诺:《否定的辩证法》,张峰译,上海人民出版社 2020 年版,第 32 页(译文未一一对应)。

⑥ 比如,在《智者篇》中,泰阿泰德对面的客人举了智者的概念规定的例子——用了一个与其说是细小和不起眼的关于"大"的实例,不如说是没那么"糟糕"的实例:"然而在任何情况下我们都应该通过界定来对这个事物本身达成共识,而不是仅就缺乏论证的名称达成共识。我们现在打算去考察的这个族群,亦即智者,他究竟是什么,这可不是一件世上最容易的事。要是说,重大的事情要努力去做,那么如大家早就这么认为的,你需要先练习做一些不太要紧的、比较容易的事情。所以,泰阿泰德,我给我们的建议是:鉴于智者这个族群很难对付,不容易猎取,我们应当练习一下我们狩猎的方法,先捕捉一些比较容易捕捉的猎物,除非你能告诉我们还有别的更有前景的方法。**泰**:我不能。**客**:那么你想要我们关注某些小事,然后试着以此为榜

样,处理比较重要的事情吗？**泰**:是的。"(Nach Schleiermachers Übersetzung in: Platon, *Sämtliche Werke*, hrsg. von Erich Loewenthal, 8. Aufl., Heidelberg 1982, Bd. II, S. 667 f. 中译参阅:柏拉图:《柏拉图全集》增订版 7, 王晓朝译,人民出版社 2017 年版,第 178—179 页。)

⑦ 关于阿多诺对路德维希·克拉格斯的立场,另见 NaS IV 7,注释 316。

⑧ Vgl. Henri Bergson, *Matière et mémoire. Essai sur la relation du corps à l'esprit*, Paris 1896; dt.: *Materie und Gedächtnis. Eine Abhandlung über die Beziehung zwischen Körper und Geist*, 2. Aufl., neu übers. von Julius Frankenberger, Jena 1919. 中译参阅亨利·柏格森:《物质与记忆》,姚晶晶译,安徽人民出版社 2013 年版。

⑨ Vgl. Edmund Husserl, *Logische Untersuchungen*, Bd. 2., Teil I.: *Untersuchungen zur Phänomenologie und Theorie der Erkenntnis*; jetzt in: Husserl, *Gesammelte Schriften*, hrsg. von Elisabeth Ströker, Hamburg 1992, Bd. 3, S. 113 ff. 中译参阅埃德蒙德·胡塞尔:《逻辑研究》第 2 卷,第一部分:现象学与认识论研究,倪梁康译,商务印书馆 2018 年版。

⑩ Vgl. ebd., Bd. 4: *Elemente einer phänomenologischen Aufklärung der Erkenntnis* (*Logische Untersuchungen*, 2. Bd., II. Teil). 中译参阅胡塞尔:《逻辑研究》第 2 卷,第二部分:《现象学的认识启蒙之要素》,倪梁康译,商务印书馆 2017 年版。

⑪ Vgl. ebd., Bd. 5: *Ideen zu einer reinen Phänomenologie und phänomenologischen Philosophie*. 中译参阅胡塞尔:《纯粹现象学和现象学哲学的观念》,李幼蒸译,商务印书馆 2011 年版。

⑫ Vgl. Bergson, *Les deux sources de la morale et de la religion*, Paris 1932; dt.: *Die beiden Quellen der Moral und der Religion*, übers. von Eugen Lerch, Jena 1933. 中译参阅亨利·柏格森:《道德和宗教的两个来源》,王作虹、成穷译,译林出版社 2011 年版。

⑬ 阿多诺在他的《小普鲁斯特评论》中写到过诗人与哲学家的关系:"亨利·柏格森,这个普鲁斯特并非只在精神上的亲人,在《形而上学导论》中比较了因果—机械科学的分类概念与成衣,这些成衣穿在对象的身上直晃荡,而他称赞的直觉,则如此贴合于事物,就像高级时装(haute couture)穿在模特身上一样。如果在普鲁斯特那里,一种科学的或形而上学的关系能够用来自世俗(mondanité)领域的比喻来表达,那么,他反过来依循了柏格森的公式的,无论他是否知道这个公式。当然不是通过单纯的直觉。在他的著作中,他的力量与那种法国的合理性相平衡,与老于世故的人类理智的一个彻底的部分相平衡。正是这两个要素之间的张力和复合构成了普鲁斯特的氛围。但是对他来说,正是柏格森对思想的成衣、预设的和既定的陈腔滥调的过敏才是独特的:他难以忍受所有人都在说的他的技巧;这种敏感正是他感受虚假,也因此是感受真理的器官。"(GS 11, S. 204 f.)

⑭ Vgl. Edmund Husserl, *Formale und transzendentale Logik. Versuch einer*

Kritik der logischen Vernunft，Halle 1929. 中译参阅胡塞尔：《形式逻辑和先验逻辑：逻辑理性批评研究》，李幼蒸译，中国人民大学出版社 2012 年版。

⑮ 说的是费希特的非我的设定。

⑯ 参阅《逻辑哲学论》的最后一句："对于一个人不能谈的事情就应当沉默。" Ludwig Wittgenstein，*Werkausgabe*，Bd. 1：*Tractatus logico-philosophicus*，*Tagebücher 1914—1916*，*Philosophische Untersuchungen*，Frankfurt a. M. 1989，S. 85. 中译参阅维特根斯坦：《逻辑哲学论》，贺绍甲译，商务印书馆 1996 年版，第 97 页。"这两个人〔原文：柏格森和胡塞尔〕都停留在内在主观性的范围之内。与这两个人相反，应该继续坚持的是他们徒劳地追求的目标：与维特根斯坦相反，表达不可表达的东西。这种要求的明显矛盾是哲学本身的矛盾：早在哲学陷入它的个别矛盾之前，矛盾就被定性为辩证法。"（Vgl. auch GS 8，S. 336 f. 中译参阅阿多诺：《整合与分裂——社会学文集》，侯振武译，上海人民出版社即出；sowie GS 6，S. 21. 中译参阅阿多诺：《否定的辩证法》，张峰译，上海人民出版社 2020 年版，第 6—7 页。）

⑰ 参阅《否定的辩证法》中关于思想的最终表述：认识的乌托邦是把非概念与概念拆散，不使非概念成为概念的对等物。（GS 6，S. 21. 中译参阅阿多尔诺：《否定的辩证法》，张峰译，上海人民出版社 2020 年版，第 7 页。）

⑱ 由莱布尼茨——同时，牛顿也独立地发明了它——发明的微积分，包括微分和积分，计算无穷小量和得到它们的整体作为它们的无穷和。（关于积分和切线问题，微积分给出的解答，参阅：Reinhard Finster/Gerd van den Heuvel，*Gottfried Wilhelm Leibniz in Selbstzeugnissen und Bilddokumenten*，Aufl. 4.，Reinbek bei Hamburg 2000，S. 108 ff. 关于微积分对哲学的意义，参阅如：Kurt Huber，*Leibniz*，München 1951，S. 79 ff.）正如莱布尼茨喜欢用他的数学问题来解释他的形而上学一样，阿多诺也在类比的意义上处理单子论和微积分。在《否定的辩证法》中，他是这么写的："使一切思想趋同于某种与无法形容的现存世界不同的东西的概念，与莱布尼茨和康德的无穷小原则不是一回事。他们打算用无穷小原则使超验的概念通约于一种科学，这种科学的谬误——把控制自然和自在之物相混淆——可以推动不断改进的趋同的经验。"（GS 6，S. 395. 中译参阅阿多诺：《否定的辩证法》，张峰译，上海人民出版社 2020 年版，第 350 页。）莱布尼茨的微积分对阿多诺的重要性，许最能从本雅明的《德国悲剧的起源》中得知，在该书的"认识论批判序言"中，哲学的理念是借助莱布尼茨的单子论概念得到规定的，而对于他本人的"方法"，即被阿多诺在某种程度上将之据为己有的"方法"，他是这么说的："所以，真实世界就完全可能构成一项任务，因为它涉及如此深邃地渗透到一切真实事物之中，以至于可以据此揭示对世界的一种客观阐释的问题。根据这样一种渗透的任务，写出《单子论》的哲学家也就毫不奇怪地成了微积分的创始人。"（Benjamin，*Gesammelte Schriften*，a. a. O.〔Anm. 58〕，Bd. I·1，S. 228. 中译参阅本雅明：《德国悲剧的起源》，陈永国译，文化艺术出版社 2001 年版，第 19 页。）

⑲ Vgl. René Descartes，*Discours de la méthode pour bien conduire sa raison*，*et chercher la verité dans les sciences*，Leyden 1637. 中译参阅笛卡尔:《谈谈方法》,王太庆译,商务印书馆 2000 年版。

⑳ 在《作为形式的论说文》中,阿多诺还讨论了笛卡尔的第四条规则,其中要求"在一切领域的如此足数的列举和如此普遍的概要",以至于"确定不会忽略任何东西"(vgl. GS 11，S. 23 f.;引文根据莱比锡 1922 年的布赫瑙版)。

第 八 讲

（1965 年 12 月 2 日）

提　　纲

黑格尔那里的无限犹如歌德的问题：你是否想步入无限者。　114

对无限者概念的改变了的态度，这个概念在唯心主义中沦为空话。

空洞的原因：通过广告打消深深的怀疑。

在唯心主义中，无限的对象被范畴的贫乏的有限性占有。为此，哲学变成有限的、封闭的。因而是狭隘的，是小城镇的模式。甚至于这种乡土性都有其体系性的根据。

取消这个要求。

哲学不再支配无限之物。

厄庇卡尔摩斯的命题。[①]补充：除了在有死者的形象中，它在任何地方都不拥有不死之物。——如果它真的拥有什么东西，那么也是有限的东西。

与此相反，它自身在某种意义上就变成无限的：在可数的定理的集成（Corpus）中它不再是固定的，原则上是开放的。但不是软体动物般，而是在它的开放性中被决定：这其实才是问题之所在。它的规定性，而

111

不是柔软性,与自我超越一起增长,这种规定性来自对象。

它必须在对象完整的多样性中寻找它的内容。它严肃地将自己交付给对象,不是将对象当作镜子,不将它自己的影像与具体之物混为一谈。

这样的哲学在概念反思的媒介中将是完整的、未被化约的经验:"精神经验"。同时黑格尔和反对康德的德国唯心主义,也为经验概念的这种应用作了准备。经验的内容不是范畴的实例(参阅亨克尔·克鲁格和早期经验)。②

驱动力是未得证实的期待,得其所偿的每个单个之物和各别之物都必须在自身中呈现那个整体,那个一再从它身边溜走的整体,当然更可能滑向前定的不和谐。

(6) 针对第一哲学的元批判转向,它反对一种就无限性夸夸其谈并丝毫不重视无限性的哲学的有限性。

它的内部不存在任何对象。不应该产生关于整体的幻想,但是应当在其中使真理结晶出来。

模式:艺术作品在其哲学解释中得以展开。

可被视为抽象之有规则的进程的东西或者归入概念之下的东西,是最宽泛意义上的技术(柏格森意识到了这一点),但是对拒绝归类的哲学而言,它是无关紧要的。

哲学并未保证任何对象,原则上来说它会经常出错。

就此而言,怀疑主义和实用主义有其正确性;但问题不在于就此放弃着重意义上的哲学,而是将这点归之于它。

只不过,这与归纳法,与单纯的事实并不一致。

1965 年 12 月 2 日

讲 座 记 录

在上一讲中,我开始通过对无限概念的反思来向各位说明,我想给各位阐明的筹划——我自己现在也需要这个词③;借此各位可以看到我现在处于何种状态——与传统哲学之间的差别。哲学中的无限概念最初与莱布尼茨和牛顿分别发现的微积分④ 具有本质性的联系。此后,康德——他来自沃尔夫学派,因此间接来自莱布尼茨学派——着手研究这个主题;或许可以说,二律背反一章本质上是基于微分学意义上的无限性这一数学概念,以及这一概念涉及的那些悖论。⑤ 这可能跟自费希特以来哲学疏远数学和自然科学(最明显的恰恰是自然哲学家谢林)有关,随后无限概念很快就失去了这种简明性。我相信,如果把从康德到黑格尔的无限性概念的历史写成一部专著,那将是一项非常有趣的任务——它看起来是思想史,但可能会引出非常深刻的事实关联。这将揭示出这个概念的功能转化,这与发生在这个时代的整个的,我想说,隐蔽的思想气候变化有着莫大的干系。当黑格尔谈论无限之物和无限性时,其实就已经是在歌德那句格言的意义上了,即,谁若想踏入无限,只会在四面八方陷入有限⑥;因此,通过每一个有限运动都必定否认自己是有限之物,有限运动的总概念就已经是迈向肯定的无限性的步骤。现在,对有限之物的否定在自身中包含了对无限性的设定,在某种程度上,可以说完全就是黑格尔哲学的普遍论题,只要这种哲学能够被归结为一个普遍论题。但是在另一方面,相对于它在数学上的定义形态,无限性概念似乎已经发生改变,几乎可以说,这个概念的内核根本上已经被腐蚀掉了。不管怎样,至少可以说:如果读过德国唯心主义的伟大作者,尤其是费希特、谢林和黑格尔,那么就无法避免形成这种印象,即所有的哲学家对待"无限的"这个表达都非常大而化之、不假思索,而实际上完全不再察觉到这个概念中的责任。然后,再一次严肃地对待它的,首先是马堡的新康德主义者,他们尝试着真正再一次使它成为感觉世界(mundus sensibilis)和理智世界(mundus intelligibilis)之间的中介范畴,像在莱布尼茨那里一样——而这一切在德国古典唯心主义(如果我可以这么说的话)中是不能被觉察到的。这意味着,在唯

116

117

心主义中,这个无限性的概念,如果直言不讳地说的话,已经退化成了一种惯用语,一种司空见惯的废话——当某些概念在没有经过任何特别思考的情况下,也就是在没有跟它所描述的事实内容相对照的情况下就被列入保留剧目时,这种情况往往就发生了。

由此,一个特有的空洞性的特征就进入了随后盛行在哲学中的对无限之物的言说中——一种空洞性或许比任何其他东西都更加有助于使官方的学院哲学更接近周日的闲谈及其无约束性。有时候,人们会有这种感觉,好像对无限之物的谈论想要掩盖一种强烈的怀疑,即哲学作为自身有限之物本身,是否能够掌控那种它对之喋喋不休的无限之物。因为,同一性诉求,哲学的绝对同一性诉求,也就是所有东西绝对无条件地消融于哲学的规定中的诉求,自然而然必定是对肯定的无限性的诉求。在我看来,正是因为人们并不太相信自己的这一诉求,所以他们一再地将之作为一种无限性的陈词滥调(Schibboleth)来操作。因此,在唯心主义之中,人们可以这样来规定它,通过范畴的贫乏的有限性——甚至在黑格尔那里,范畴也已经在陈述有限之物,几乎可以说:可数之物,一种范畴网络或者范畴列表;尽管谈论的都是动力——应当通过这种范畴的贫乏的有限性来捕获无限之物,占据一个无限的对象。除此之外——它与哲学提出的无限性诉求截然对立——哲学本身变成了一种有限之物和封闭性的东西,它现在相信,在它自己的局限性中,一切存在的东西都被它弄明白了。在早先的讲课中,我向各位讲到了狭隘的、几乎是小城镇的风格⑦,今天甚至最伟大的哲学观念都不能摆脱这一点,就像如果人们想要将一个无限的宇宙安置在一个狭小且一目了然的小房子中,那么,这种乡土主义自身就与实事—哲学的(Sachlich-Philosophisch)风格相关联,因此就与用一个有限的范畴之网来捕捉无限之物的诉求相关联。从这里,各位可以认识到,至少可以窥见到,对哲学的规定实际上是如何与事物本身、与哲学的难题紧密相关的⑧,这些规定即使听起来不是社会学的,但当各位第一次听到它们的时候,许多人还是会将它当作社会学的。顺便说一句,如果各位从这个角度阅读《纯粹理性批判》,那么就会发现,这种狭隘的特征——本雅明在《德国人》一书中则直接将这个特征当作人性的条件来对待——在康德的隐喻中得到体现⑨;因此,康德以这些比较——当然,我自己也是这么说的——来谈论纯粹理性的领地,这些领地据说是借助于批判来加以征服或者排除的⑩;康德补充说,在那里人们听闻真理之乡——这是一个诱人的称号;或者人们听到在海洋中的、在无限的海洋中的那座被测量过的、安全的岛屿⑪;此外,正如在康德的作品中那样,无限的概念看起来以一种可能已经指代狂飙突进的方式,与对海洋的观念、与所谓的海洋的感觉联系起来了。恰恰是由于理性现在相信,它已经在它的狭隘性中被牢固地建立起来了,而同时它必须提供关于它真正应该拥有的东西的琐碎信息——由此,那种令人感动和纯洁的泛音就进入了康德那批判的和确凿无疑的哲学中,这种泛音可能比任何其他东西都更加使得以这种方式或任何一种相关的方式来进行思考在今天成为不可能。简言之,这个诉求,即用一个有限的范畴体系——请各位首先想一下康德的范畴表,黑格尔的《逻辑学》最终也没有通过一个与黑格尔相称的鸿沟而与之相区分——,用这样的范畴表将知识的牢靠的东西掌握在手中,并且在另一方面由此排除了所有超出其范围的问题;请各位回忆一下,并且我相信,当我说这个诉求必须被取消的时候,这并不是很过分的苛求。在这个意义上,毫无疑问,哲学不再支配无限之物。

因此,我将厄庇卡尔摩斯的那个残篇作为座右铭放在《认识论元批判》的前面,它说的是,凡人宜乎思索凡间之物而非不朽之物⑫——顺便说一句,如果我们进一步追究这个句子,就会发现它包含了某种对传统同一性诉求的批判。此外,无独有偶,也就是几年后,已故的天主教诗人和哲学家莱因霍尔德·施耐德(Reinhold Schneider)在他的最后一本著作中,也将这一个格言放在了前面⑬——确定无疑是在不知道我的引用的情况下——因此,这个格言明显地具有它的分量,人们很难能够从中摆脱出来。总的来说,如果哲学占有某些东西的话,那么它占有120 的只是有限之物而非无限之物。我相信,人们只能从这个限制开始;也就是只有当人们反思自身的乡土性——我将之称作乡土性——并将之提升为意识,哲学才有可能摆脱这种狭隘。也许还可以补充说,只有在有限之物的范畴中,或者根据那个命题,只有在凡人的思维的范畴中,不朽之物才能够被理解,而除了在有限性的范畴中,任何试图把握超验性的尝试都会预先受到谴责——顺便说一句,这正是在黑格尔的那种行为方式中可能被同时想到的洞见,关于这种行为方式我在开头已经向各位描述过了。我说过,与传统的思想相反,放弃占有无限之物的企图,哲学自身的希望才是不仅仅作为它自身有限性的天真本质。或许可以以如下方式来积极地转变,即通过重新阐述哲学的任务,使哲学自身在某种意义上变成无限的,即它不再被固定在一个可数定理的集合体(Corpus)之中,就像它在康德的"原理体系"中呈现的那样,而是原则上开放的。这让我想到了与体系性哲学活动相对立的开放哲学活动的要求。在此立即就产生了难题,首先对之屈服的是生命哲学,因为生动与僵死之间的矛盾,它也是反体系的,并且它也构想了某种类似开放的理念的东西:一种开放的哲学能够非常轻易地退化为一种软体动物式的哲学,或像特奥多·海克尔非常恶意却聪明地称呼的那样⑭,退化为"任意的哲学"(Philosophie des Irgendwie)。哲学的全部技巧——我始终围绕着反复探讨的同一个技巧,但按照我与各位探讨的范畴,它总是以不同的形态呈现出来——,哲学的全部技巧就是开放地进行哲学思考,但不是像软体动物那样,随便地依附在任何想得到的对象上;相反,121 它服从它内在的强迫并由此遵循着一种客观的强制。在这里我冒险提出这样一个论点,或许按照通常的哲学习惯它听起来是悖论性的,但在另一方面,它又是非常的简单和明了,也就是说,哲学越是真正地沉湎于它的对象,它就越少地把它探讨的对象,滥用为它通常拥有的那种有限坐标体系的演示对象——哲学就越能摆脱软体动物般的特征。因为软体动物般的、任意的和那些总是被复辟哲学痛责为没有基础的那些东西,一般而言,无非是对思想和被思之物关系中的某种任意性的表达;它通常在于如下这点,即一般而言被预制为这样一种坐标体系的思想,将自己附加到所有可能的和相对偶然的客体之上,随后忙着张罗这些客体,直到从中看出那些人们自己设想的东西。而相反,如果我认为哲学真正需要的东西得到满足,即相对于客体毫无保留性的需要,对黑格尔用他"通往客体的自由"⑮的概念所指的东西的需要,那么客体就不是被思考为一个绝对无规定之物,毋宁说,思想由于自发地思考客体而总是同时在测量它——这样思想就更多地而不是更少地拥有结构性、确定性和约束力。我想说,这是对像软体动物那样的异议的唯一的真正回应。与此相反,当人们简单地将稳固性转移到范畴体系之中,也就是人们用来处理事物的总概念(Inbegriff)中,并且当人们说:我作为本体论者,我作为新教徒,我作为马克思主义者这样想或者那样想——那么特征就相对它的对象获得了那种偶然性,即从它的出发点就被决定的东西,它根本不允许再产生一种真正具有约束力的知识。　　　122

　　据此,哲学将必须在其对象完整的多样性中寻找它的内涵。它必须严肃地将自己交付给它们,而不总是通过坐标体系或者它所谓的立场来获得双重保障。它不能将自己的对象当作一面从中反复看出自己的镜子来使用,也不能将自己的影像与真正从中产生知识的东西相混淆。我想说,这种混淆是整个当代哲学的首要错误(πρῶτον ψεῦδος)。它可以在以下形式中简单地得到表达,也就是——倘若人们以康德哲学为这种思维方式的原型,这种哲学认为,自然是理性的某种产物⑯——从这个被生的自然(natura naturata)中产生的知识根本就不是知识;相反,知识在它的对象中认知的无非主体自身;因此,知识以这种方式英勇而绝望地建立起了自己,而同时忽略了那构成知识的概念的东西:知识因此也就没有认识到其并不与知识一致的东西。女士们、先生们:这样一种哲学,它一方面不妄称掌控无限的对象,另一方面也不使得自己成为有限的——这样一种哲学将会是在概念反思的媒介中完整的、未被化约的经验,或者像人们也会说的那样,它将形同精神的经验。当我在这里使用经验概念的时候,我觉察到,我正在做的,或者说我试图对之作出一点贡献并且向各位解释清楚的转变,也以某种棘手的、辩证的方式包含了对经验主义的拯救;这意味着,它在原则上始终是一种自下而上的认识,而不是自上而下的认识,它是自身沉湎而非演绎——相较于经验主义流派的情况,它自然带有一种完全不同的特征,一个完全不同的认识目标。⑰这种经验概念向一种精神经验概念的转向在黑格尔和(反对康德的)德国唯心主义中已经有所酝酿。我想说的是,人们只需把这个精神经验的概念——它无疑已经浮现在费希特和黑格尔之间的哲学家脑海中;通过这个概念,他们的哲学、他们的实体性获得了那种区别于单纯的形式主义的东西——从唯心主义的预设中解放出来;人们只需要探究这个精神经验的概念,我几乎要说,人们只需切实而严肃地做唯心主义者实际上只是"指示"过的事情(这就是菜单和送上来的食物之间的显著区别!),才能以此方式从唯心主义的领域中走出来。这种经验的内容——听起来也相当唯名论——就像它针对演绎所指出的那样,与经验概念是同一的。这种经验的内容不是范畴的示例,但它们之所以变得相关,恰恰是因为从它们中每次都产生出新的东西——虽然在我看来,整个流行的经验主义的错误,整个流行的经验概念的错误在于,这种经验主义哲学作为认识论,通过其游戏规则恰恰切除了一个他者的、原则上是新的经验的可能性,它曾经是经验主义的英雄时代,例如培根盛极一时的经验主义哲学的目标。如果各位想就这个精神经验的概念——我们说,它与生命哲学没有约束力的关于一切和虚无的哲学(Über-alles-und-nichts-Philosophieren)相对立——更进一步地确认我的立场;假如各位中有人对此感兴趣,那么请允许我向各位推荐关于《亨克尔、克鲁格和早期经验》的一篇短文来阐明我的精神经验的概念,它发表在恩斯特·布洛赫的纪念文集的开头[18],在这篇文章中 124 我体验到了我年轻时在他的哲学中体验到的东西——与跟它主题相近的齐美尔的哲学完全不同。在提请各位注意这篇作品之后,我也许就不必再继续探讨这个问题了。这种经验的动力,那种驱使人们去形成这种精神经验的东西——这或许是哲学中唯一重要的东西,自然是那不可靠的、模糊的和昏暗的期待,即每个分配给它的个体和个别事物最终的表象,如果用莱布尼茨的方式说的话:那个总是从它们之中溜走的整体自身;诚然,更多的是在一种预定的不和谐的意义上[19],这种不和谐在这种经验中是显而易见的,而不是在和谐主义论题的意义上,这些论题在伟大的理性主义体系中推导出了经验,这些体系在它们后来的形态中(类似德国唯心主义)已经成为一种尝试,将理性的真理(vérités de raison)和事实的真理(die vérités de fait),也就是理性认识和经验认识统一起来。我试图让各位从不同的角度来理解,反对第一哲学的元批判转向,是针对一种哲学的有限性的,这种哲学对无限之物夸夸其谈,与此同时,并不真的把从它之中逃出来的无限之物当作无限之物来尊重。因此,哲学并没有完全占有它的对象——而这也属于辩证法的规定,在其中,如果人们足够果断地对待它,在我看来一种否定的辩证法已经呼之欲出了。它不应该产生一种整体的幻象,而是真理应该在它身上结晶出来。

我向各位说的最后一件事,听起来可能是如此无可置疑,并且我也无意夸下海口,即尽管我对举例保持怀疑,但还是感到有责任至少向各 125 位解释我在此表达的意思。当我重新提到美学的时候——也就是艺术作品和艺术哲学之间的关系的时候——各位或许就能够放任我去这么做了(尽管针对这种操作肯定会有非常有说服力的反对意见),单单是因为,我相信,我在这里试图向各位所讲述的:哲学不是无限的东西;它没有完全占有其对象,但真理却在它身上结晶出来——它们能够在艺术现象中得到最好的示范。或许可以说,艺术作品在确定的意义上,展现了某种类似于肯定的无限性的东西——我默认这里指的只有那些真正的艺术作品,因为它一方面在空间或时间中是有限的、边界清晰的和被给定的,但另一方面在蕴含上具有一种无限的尺度,这根本不容易展示,才需要加以分析。"艺术作品的复杂性"这个有点致命并容易被滥用的开放性表达,使人想起——不好意思,我必须承认这一点——这个一度属于艺术作品的事态,此外,它不应该与一种廉价的艺术非理性主义相混淆。如果各位分析艺术作品:明确所有隐藏在其中的结构关系,这种结构关系包含的所有意义蕴涵,明确在那里的所有东西,并以这种方式,通过对艺术作品的内在分析(但是,这种分析当然不是没有前提条件的,毋宁说人们总是必须已经知道它的某些东西,才能将其从艺术作品中提取出来,如果人们不想说谎,那么必须提前说出这些东西)——但这样一种分析的确在很大程度上有助于清晰表达被锁定在艺术作品中的无限性。在某种意义上可以说,艺术作品是在这样一种展开过程中获得它们的生命的,即通过一种艺术哲学——它自然包括对它的分析,更确切地说是微观逻辑的分析——它才是可能的和被实现的。在某种意义上说,艺术作品的生命力在于发展着的分析总是越来越确信能得到艺术作品中客观地包含着的精神性的东西;也就是通过一种分析,它以发展着的尺度确信能得到艺术作品的真理性内涵。各位会说:借助艺术作品来举例这就太容易了,因为艺术作品就**是**意义关联(Sinnzusammenhänge)——我们说过,世界不可能也绝不会以类似于作为人工制品的艺术作品那样来被说成是有意义的,艺术作品之所以是精神,正是因为它们是人类精神的产物。但是我认为,艺术作品的思考向我们描述的这个程序,在某种意义上必然是知识的原型,是对现实性的哲学认识的原型(prototypisch);只有当人们掌握这种我试图通过艺术作品向各位指明的经验的可能性,只有这样,我努力以精神经验的概念(与经验科学那种干脆是非精神的经验相对立)所意指的东西,才能够构建起来。

126

120

一切可以被看作这种精神经验对立物的东西,一切可以被看作所谓抽象的合规则进程或者仅仅归属于概念之下的东西,在最宽泛的意义上说,都是单纯的技术。我想说的是,如果在启蒙中也有某种对启蒙了的意识的批判那样的东西,那么这恰恰是启蒙辩证法的一部分:启蒙作为进步的意识的立场,只要批判止步于精神经验的概念,或者力求将它作为不确定的和不清晰的东西排除掉,它就仍然停留在单纯的统治领域,停留在对非概念之物的单纯控制领域。这就是柏格森在我们的时代,面对实证科学和物化世界的无限压力,用一种对这种压力而言同样抽象和单调方式表达出来的洞见;然而,在柏格森认识到这个洞见之后,在舍勒重复了他的这个洞见之后,这个洞见不应当再度失去。所有认识都是在抽象和单纯概念归属的合规则进程中呈现出来的,它们原则上对哲学是漠不关心的,这是我在这里想到的哲学的一个着重的概念,在这个意义上,在斯多亚派描述的"无关紧要之物"(Gleichgültige)概念的意义上[20],它们是某种哲学其实不感兴趣的东西,并且哲学不能止步于此,如果哲学不愿意坚持在客观上浮现在它自己面前的东西,它可能承认它也可能不承认它。但这说明,与这种防范严密(umhegt)和定义明确的程序相反,哲学真正说来与在前哲学教育中通常向各位呈现的东西截然相反。也就是说,哲学没有任何绝对保证的对象;真正说来,只有在思想可能出错,思想是可错的地方,才真正能够进行哲学思考。在哲学思想不能发生的时候,也就是说,当哲学已经处于重复、单纯再生产的领域的时候,在这个时刻,哲学已经错失了它的目标。并且,如果允许我不揣冒昧,那么我想说,今天的哲学——带着附加在它的概念上的所有可疑性和易错性——指明其中真正的现实性的要点的是(倘若它还有其他的现实性的话),它抵抗住了对占主导地位的安全性的需要,按照这种需要,所有认识的模式都或多或少被马虎地拼凑在一起;并且它发现——用尼采的话说[21]——一种不危险的知识不值得被思考。因此,这种危险与其说是指向虚无主义的炸弹袭击或随便哪

127

些旧的价值表的毁灭，不如说是单纯地指向这个事实，即一种知识，如
果不超越已知的知识就会处于危险之中，它自身就会成为虚假的、不真
的和过时的——这样的一种知识也不可能是真的。这只是我一直提到
的东西的另一种表达形式：即真理的内涵在自身之中具有时间因素，而
不是仅仅作为一种冷漠和永恒的东西出现在时间中。在这个范围内怀
疑主义和实用主义是真实的，就像在约翰·杜威㉒那里一样，实用主义
以极大的开放性和非凡的严肃性展示了一种将自己丢弃在错误之中的
哲学的可能性。这里的问题仅仅是，人们不会放弃哲学作为**本质之物**
的知识这一着重的诉求，相反人们会将精神性的经验本身献给这种
诉求。

注释

① 指的是阿多诺作为《认识论元批判》"导论"的座右铭放在前面的命题，《残篇》20，参阅迪尔斯/克兰茨（Diels/Kranz）的翻译："凡人只能有凡思，而无永恒之思。"（Diels/Kranz, *Die Fragmente der Vorsokratiker*, Aufl. 6., Berlin 1951, Bd. 1, S. 201. 中译参阅阿多诺：《认识论元批判》，侯振武、黄亚明译，谢永康校，上海人民出版社 2020 年版，第 1 页。）S. auch oben, S. 119. 亦可见本书第 115 页。

② S. oben, S. 123 f. und Anm. 151. 见本书第 118 页及本讲注释⑱。

③ 有关阿多诺对概念的批判，首要的见：GS 6, S. 94f. und S. 497（中译参阅阿多诺：《否定的辩证法》，张峰译，上海人民出版社 2020 年版，第 73 页；阿多诺：《本真性的行话》，谢永康译，上海人民出版社 2021 年版，第 94—95 页），sowie NaS IV·7, S. 243 ff.。对"筹划"的谈论，通过海德格尔的存在主义哲学成为一种时尚；在阿多诺那里首要的是这个时尚，几乎没有看到萨特对"计划"和"选择"的使用。

④ 见第七讲注释⑱。

⑤ 有关《纯粹理性批判》中的无限性概念，另见：NaS IV/4, S. 348 sowie ebd., Anm. 289 und 290。

⑥ 在文集《神、心与世界》中有这么一句格言："若想踏入无限，只会在四面八方陷入有限。"（Goethe, *Sämtliche Werke. Briefe, Tagebücher und Gespräche*. Hrsg. von Friedmar Apel〔u. a.〕, Abt. I., Bd. 2: *Gedichte 1800—1832*, hrsg. von Karl Eibl, Frankfurt a. M. 1988, S. 380.）

⑦ S. oben, S. 101. 见本书第 117 页。

⑧ 关于唯心主义的无限性概念的"社会学"推论,参阅阿多诺《黑格尔三论》中《经验内涵》的文章:"后康德的德国唯心主义的经验,是对小市民的狭隘性作出反应,是对内在于现在被突出的生活和组织化的知识领域中的劳动分工的满足作出反应。在这个范围内,那些看起来外围的、实践的作品,如费希特的《演绎规划》和谢林的《学术研究导论》才具有哲学的分量。例如无限性这个关键词,在他们所有人的笔下都是被轻易写出来的(与康德不同),这只有着眼于他们那里有限物的困窘是什么,着眼于顽固的自身兴趣以及将其反映出来的知识的僵化的单一性,它才具有特殊色彩。在这种条件下,谈论整体性表达出其论战性意义还仅仅是反智主义的意识形态。在唯心主义的早期,因为在欠发达的德国市民社会作为一个整体仍然尚未形成,对个别物的批判具有另一种尊严。"(GS 5, S. 302. 中译参阅阿多诺:《黑格尔三论》,谢永康译,上海人民出版社 2020 年版,第 47—48 页。)

⑨ 参阅对康德的兄弟写给康德这个哲学家的信的评论,就此,本雅明写道:"毫无疑问,它散发着真正的人性。然而,就像所有完美的事物一样,它同时也说出了那些它给予如此完整表达的东西的某些条件和界限。人性的条件与界限?当然,并且看起来好像我们同样如此清晰地看到了它们,就像它们从中世纪生活状态的另一边中脱颖而出一样。……如果这种贫瘠、受限的实际生活和真正人性的生活的相互依赖在任何地方都没有比在康德身上表现得更鲜明,那么康德的这位兄弟的信表明,在这位哲学家的著作中意识到的生活态度在人们那里是多么的根深蒂固。简言之,在谈到人性的地方,我们不应该忘记被启蒙运动之光芒照亮的资产阶级小房间的狭隘。"(Benjamin, *Gesammelte Schriften*, a. a. O. [Anm. 58], Bd. IV/1, S. 156 f.)

⑩ 未指明。

⑪ "现在,我们不仅踏遍了纯粹知性的土地并仔细勘察过它的每一部分,而且还测量过它,给那上面的每一个事物规定了它的位置。但是这片土地是一个岛屿,它本身被大自然包围在不可改变的疆界中。这就是真理之乡(一个诱人的称号),周围是一片广阔而汹涌的海洋、亦即幻相的大本营,其中好些海市蜃楼、好些即将融化的冰山都谎称是新大陆,在不停地以空幻的希望诱骗着东奔西闯的航海家去作出种种发现,将他卷入那永远无法放弃,但也永远不能抵达目的之冒险。"(*Kritik der reinen Vernunft*, A 236, B 294 f. 中译参阅康德:《纯粹理性批判》,邓晓芒译,杨祖陶校,人民出版社 2004 年版,第 216 页。)

⑫ 见本讲注释①。

⑬ Vgl. Reinhold Schneider, *Winter in Wien. Aus meinen Notizbüchern 1957/ 1958. Mit der Grabrede von Werner Bergengruen*, Freiburg i. Br. 1958; jetzt: ders., *Gesammelte Werke*, hrsg. von Edwin Maria Landau, Bd. 10: *Die Zeit in uns. Zwei autobiographische Werke*, Frankfurt a. M. 1978, S. 175 ff.

⑭ 未指明。

⑮ 此外，阿多诺还喜欢将一个表述归于黑格尔（Vgl. etwa oben，S. 207 und 252 auch GS 6，S. 38 und 58；GS 7，S. 33 und 409。见本书第 216 页、第 258 页；阿多诺：《否定的辩证法》，张峰译，上海人民出版社 2020 年版，第 22、39—40 页；阿多诺：《美学理论（修订译本）》，王珂平译，上海人民出版社 2020 年版，第 26、402 页），但这个表述也许是阿多诺自己的。

⑯ 这里提到了所谓的哥白尼式转向的内容，参见：NaS IV/4，S. 358，Anm. 1。

⑰ 阿多诺将本雅明的哲学理解为他本人"转向"对经验主义的拯救的准备，就此，他写道："他的思辨的方法与经验的方法相矛盾。在悲苦剧一书的'前言'中，他对唯名论进行了形而上学式的拯救：从头到尾他都没有自上而下的推论，而是以一种古怪的方式直接'归纳'。对他来说，哲学的幻象是'内推到最小之物'的能力，在他那里，观看到的现实性的细胞抵消了余下的整个世界——这也是他自己的公式。体系的傲慢，如同有限之物的听天由命一样，离本雅明是如此之远……"（GS 11，S. 570.）

⑱ Vgl. Theodor W. Adorno, "Henkel, Krug und frühe Erfahrung", in: *Ernst Bloch zu ehren. Beiträge zu seinem Werk*, hrsg. von Siegfried Unseld, Frankfurt a. M. 1965, S. 9 ff.; jetzt GS 11, S. 556 ff.

⑲ 阿多诺创造了这个与莱布尼茨的"预定和谐"相矛盾的概念。

⑳ 斯多亚派的"无关紧要之物"的概念是 αδιάφορος, -ον；对斯多亚主义者而言，德性就足以获得幸福，获得个人的幸福；因此，所有不是德性的东西，都是无关紧要的（αδιάφορον），既不好也不坏，是一个道德的中间事物（用康德的话说），因此是无关紧要的、不重要的和无价值的。关于在"在亚里士多德死后到斯多亚主义兴起之间的短暂而神秘的时期"从城邦（πόλις）向个人主义的转折点，参阅以赛亚·伯林："那时在不足二十年的时间里，雅典占统治地位的哲学学派不再认为个人只有在社会生活的环境里才是聪慧的，停止讨论那些曾支配着柏拉图学派和吕克昂学园的、与公共及政治生活相关的问题，就好像这些问题不再处于核心，甚至不再有意义，并且突然从内在经验和个人救赎的角度纯粹地把人作为孤立的实体讨论起来，而蕴含在人类天性里的道德甚至进一步把他们孤立起来。"（Isaiah Berlin, *Wirklichkeitssinn. Ideengeschichtliche Untersuchungen*, hrsg. von Henry Hardy, mit einem Vorwort von Henning Ritter, übers. von Fritz Schneider, Berlin 1998, S. 292. 中译参阅以赛亚·伯林：《现实感：观念及其历史研究》，潘荣荣、林茂译，译林出版社 2011 年版，第 190 页。）——可能对于阿多诺那没有幻象的目光、他的"面对绝望"的哲学而言，斯多亚派的立场已经足够有诱惑力了，对于这个立场，他并不像他在牛津和纽约那段日子里的一个熟人伯林那样屈从；他带着毫无希望的勇气，反对斯多亚派的个人主义，主张对普遍之物的责任："从希腊意识将个人的概念当作中心、将个体的幸福确定为至高的善的那个历史时刻开始，个体逐渐丧失了与那种公共事务的联系，后者必然以为个体的幸福而操劳为要旨。而在这个过程中，恰恰是古

代的个人准备追随独裁和暴政，只要让他们在角落里有一点难得的幸福。这个发展绝不仅仅适用于斯多亚和伊壁鸠鲁的时期，而是已经呈现在了亚里士多德的哲学中。他以一种健康的常识，这种常识有时会让人想起 19 世纪的思维习惯，用个人的现实需要来反对他的老师柏拉图的极权的国家乌托邦。但他不再像在柏拉图那里那样，将通过理性国家机构对需要的实现，看作最高的理念。相反，对他来说，最高的事情是退回到沉思之中。这已经是对公共事务的放弃。个人与国家的关系出现了深刻的矛盾：个人越是不受限制地追求自己的利益，就越是忽视这些利益在其中得到保护的社会组织的形式。个人通过他的无限制的解放，同时为他自己的压迫奠定了基础。但这样的一种发展对个体的内在结构而言也并不好，而是使它愈加贫困与缺少活力，愈加受他自己与他最近的环境所限制，并忘记了普遍之物"。(GS 20/1, S. 288 f.)关于阿多诺对斯多亚主义立足点的批评，另见：NaS IV/14, S. 175 f.。

㉑ 参阅《善恶之彼岸》第一章，"谈哲学家们的偏见"，警句 23："如果有人甚至把仇恨、嫉妒、贪婪、统治欲等看作对生命进行制约的内心冲动，看作是某种在生活的全部节俭中原则上和基本上必须存在着的东西，因此还必须是被提高的东西，只要生活还应该被提高的话，那么他受苦于他的判断的这样一个方向，犹如患了晕船病。而且，这个假设也远非是在危险地认识的这个巨大的、几乎还新的领域中的最痛苦的和最陌生的假设。在事实上有一百个好的理由去说明，任何人远离这领域，只要他能够这样做！"(Nietzsche, *Sämtliche Werke*, a. a. O. [Anm. 31], Bd. 5: *Jenseits von Gut und Böse. Zur Genealogie der Moral*, 3. Aufl., München 1993, S. 38. 中译参阅尼采：《论道德的谱系·善恶之彼岸》，谢地坤、宋祖良、程志民译，漓江出版社 2000 年版，第 139 页。)

㉒ 阿多诺与他的东道国美国的哲学没有太多的亲和性，但他总是以极为尊重的语气，如果不是钦佩的话，谈论到约翰·杜威。杜威，称**他的哲学为实验主义**，阿多诺知道实验主义更接近他本身开放的、无遮掩的思维的意图。对他来说，杜威是"一位当代思想家，尽管他是实证主义的，但他还是更加接近黑格尔，甚于他们的两种所谓的立足点之间的距离"(GS 5, S. 373，中译参阅阿多诺：《黑格尔三论》，谢永康译，上海人民出版社 2020 年版，第 111 页)。在这个意义上，阿多诺也认可波普尔，说他"呼唤开放的、不固定的和不物化的思维，像稍早一些的杜威和曾经的黑格尔那样。对这种思维而言，一个实验的因素，以免说游戏的要素，是必不可少的。但是，我还是犹豫是否毫不顾忌地将它与尝试的概念等同起来，甚至于采用试错的原则"(GS 8, S. 555. 中译参阅阿多诺：《整合与分裂——社会学文集》，侯振武译，上海人民出版社即出)。甚至在后期的《美学理论》中，当"经验主义排斥艺术，顺便说一句，它没有太把艺术当回事，就此而言一个真正自由的约翰·杜威不在此列"(GS 7, S. 498. 中译参阅阿多诺：《美学理论(修订译本)》，王珂平译，上海人民出版社 2020 年版，第 491 页。译文有改动)。

第 九 讲

（1965 年 12 月 7 日）

提 纲

129　　与方法的总体性相比，哲学本质上包含着游戏的因素，而科学化曾想将这个因素从哲学中驱逐出去。没有游戏就没有真理。请注意偶然事件。

它是最严肃的事情，但又没有那么严肃。

针对那些自己本身不是先验之物并且对之没有书面确认的权力的东西，总是同样属于一个不受管束的、为概念的本质所忌讳的领域。思辨理性在自身中具有非理性的东西。

对模仿的侵占。

就此而言，尽管出于与谢林完全不同的动机，哲学的审美因素对哲学来说并非偶然的。

但哲学必须将它扬弃在它在对现实之物之洞见的约束力之中。

（7，插入）①哲学没有从艺术那里借来什么，尤其不是诉诸直觉。对直觉概念的批判；所谓的直觉并不是与其他认识相对立的、在质上不同的东西，不是来自某种灵光闪念。它们是因素：没有灵感就没有哲学,但这个灵感必须击中要害。今天的生命[?]对抗着灵感。它们[原文,直觉]是前意识知识的星丛。

哲学若想成为艺术作品,那就已经迷失了方向:它假定了那种同一性,对象消融到它之中,这就是它的主题,尽管是批判性的主题。

艺术和哲学的共同点不在于形式和造型的过程,而是在于一种禁止假象(Pseudomorphose)的行为方式。

哲学的概念并没有放弃这种渴望,即赋予作为非概念之物的艺术以灵魂,它只是盲目地以非概念的方式实现自己,并且其实现作为一种假象脱离了非概念的直接性。 130

哲学将概念用作工具,这个概念同时是它和它的渴望之间的一堵墙。它否定了渴望;哲学既不能绕开这个否定也不能屈服于这个否定。

哲学的理念:通过概念超越概念。

(7) 即使在拒绝唯心主义之后,哲学也无法放弃思辨(Spekulation)。

与严格的黑格尔的思辨概念不同,我在这里用思辨概念仅仅是指:相较于通过事实来证明,它被激励着进一步去思考。

实证主义者不难证明,马克思主义的唯物主义的思辨要素,比如① 社会过程的客观性和整体性绝对不是直接地被给定的、不是从数据材料中抽象出来的。②"生产力的形而上学"[马克思是一个(比我们所知道的)更大程度上的德国唯心主义者,即不仅仅是在方法上]。对自由观念的说明=通过意识肯定了的必然性。

1965 年 12 月 7 日

讲 座 记 录

女士们、先生们,由于各位的安排,我想通知一下,我将在下一周并是整个下周授课;与此同时,我在 21 号和整个圣诞期间将不再授课,因为我被告知,在圣诞周期间,这里几乎没有听众。在这种事情上,永远

都不可能让所有人都满意。但根据我的确切消息,因为圣诞周期间听
131 众数量的下降,以至于不能再授课——很抱歉。

在上一讲中,我提醒各位注意否定辩证法的概念与怀疑论之间的
某种关系——就此而言,甚至是与实用主义之间的关系,因为哲学没有
保证任何对象,原则上来说,它总是可能出错。因此,在这里——在我
尝试着向各位描述并且尽可能证明的那种思维类型中——存在着一个
因素,它与经验主义的思潮有关。而当我在上一讲(大概就是在那里)
中谈到了精神经验的概念,我所指示的恰恰就包含在精神经验的概念
中,在经验的概念中。但是在这里各位必须明确的是,这种精神经验与
日常的经验概念相去甚远,因为事实的概念、实际的概念、被给予性的
概念对经验主义的哲学流派而言是典范性的,并且这个概念是在感性
的经验,也就是感官的被给予性中拥有它的原型,当然这在作为一种已
经是精神之物和作为一种被精神中介的经验的精神经验中是无效的。
就此而言,当我告诉各位,我在否定辩证法中向各位阐释的与经验主义
倾向的关系,指的是一种针对设定同一性的体系的反讽关系时,各位必
须正确地理解这一点;但是这个经验概念在自身之中具有构成性精神
的因素——它是这样一种精神经验,而经验主义流派恰恰不承认这一
点。我不想向各位隐瞒,这个经验的概念,除了具有我相信我已经向各
位强调得足够多的无遮掩(Ungedeckt)和易错性因素之外,还具有另外
一个困难,相比我无法以绝对无疑的确定性看到哲学的最终目的
(Telos)而言,在我看来,这个困难更加具有危险性;也就是,通过这个
132 精神经验的概念——也就是一种思维着的行为方式,这种行为方式在
一种极其深远的升华的意义上才是可能的;因此它不仅仅以单纯的事
实(facta bruta)为依据,而是将这个单纯的事实置于它的关联当中并赋
予其意义——,我说的是,在这种向精神经验的转向中,始终存在着,怎
么说呢,存在着一种世界的精神化的可能性:也就是说,是这种可能性,
即通过形成超出单纯直接性的、感性的经验的精神经验,同时将经验的

对象本身创造为一个精神之物,并由此在某种程度上对它进行了辩护。而且,如果各位探究黑格尔体系中占主导地位的那种精神经验,那么各位遇到的将不仅仅是这个意图的痕迹。我想说,否定辩证法意指的那种精神经验,应该是一种自我批判的、一种自我反思的精神经验,它将这当作它的本质的任务之一,正是在这一点上它是批判的(而不是天真的),即它总是一再地在自身之中纠正它将之当作方法带来的对对象精神化的成见。我相信,我可以像被烧伤的小孩畏惧火那样谈论它,因为我总是在自己的工作中发现——正是通过这种精神经验的概念,一般来说通过作为哲学尺度的某种精神的规范化——相较于精神现象可能应该被置于现实的关系之中,我很容易倾向于将它们看得更为重要。我相信,只有当人们将这一因素保持在当下,并且对之持开放的态度,才能够正确地评价我的想法和我非常希望各位能够由此接受的概念。

哲学本身必须意识到的这个怀疑论的要素,这个可错性要素,同时也是那个精神性的要素或许可以这样来表述,即与在传统的哲学观念中被教导的那种方法的总体性相比,哲学本质上包含一个**游戏**的因素; 133更确切地说,正是这个游戏的因素,被哲学的绝对科学化(Verwissenschaftlichung)所驱逐,无论是在自然科学的意义上还是在语文学的意义上(后者在今天格外流行)。从这个观点来看,我认为尼采的一个最为伟大的功绩就在于,他比其他任何人都更为强调这个整合着思想的游戏因素。在这一点上,如果除开希腊人,除开苏格拉底,那么他就真正地区别于哲学的整个传统,在这个传统中所谓的道德主义者和他们的先驱蒙田都属例外[②];正是出于这个原因,人们习惯于在哲学的宗谱中将他们算作非法的父亲。但是,我请求各位不要将这个哲学的游戏因素理解成单纯心理学上的某种东西,相反,就像我适才所说的那样,而应该将它理解为作为事情本身的必要之物:也就是,因为哲学本身为了能够成为哲学而包含这个游戏因素,借此它超越了它将之当作完全确定之物的东西,同时也是苍白的和可错的那些东西;不仅仅是按照它的动机或它的过程不时去接近这个因素——恰恰相反,因为正是这个因素与哲学本身的开放性处于一种十分紧密的关系中。我甚至可以这么说,没有游戏就根本不会有像真理这样的东西。更进一步地说,包含在游戏之中的偶然的因素,本质上也属于真理——正是这种偶然性,在同一性思维的普遍魔力中,使我们想起那些无法被思考的东西。在这种语境下,请让我使用一个我自己曾经开玩笑地对艺术作出的规定,当时我说,艺术是这个世界上最为严肃的事情,但又没有那么严肃。③我相信,只有当人们在内心中坚持这个悖论的时候,也就是人们知道,哲学事关最严肃的事情,并且它需要最先进意识的极端努力;然而,在另一方面,虽然它自己也只是内在于分工社会中的一种活动,它在社会现实的生活过程中也仅仅具有特定的意义——我相信,只有当人意识到这种奇特的双重意义时,他才能够**正确地**从事哲学,也就是将严肃性和从范畴上来说的游戏性以独特的方式交织起来,离开它思想也没有办法继续存活。值得注意的是,各位会发现,这个既严肃又并非完全严肃的要素——我对我是如何偶然发现它的深感惊讶——恰恰是在你们最不希望看到的思想家黑格尔那里被暗示出来的(如果我没有记错的话,是在《大逻辑》导论部分的一处),他在那里说,就哲学而言,它仅仅是人类现实生活中的一个环节,因此不应该被绝对化。④黑格尔的人道的让步,一方面为他的哲学自我反思带来巨大的光荣,但另一方面也是极其前后矛盾的,因为按照他的学说,哲学首先是所谓绝对精神的环节之一,以至于人们必须这样思考,即他赋予哲学以最高的和绝对的严肃性,就像他多次赞同的亚里士多德所做过的那样——然而实际上,他将哲学思考的极端努力与对哲学内在于现实的自身局限性意识结合在一起,这是相当不天真和割裂的。

因此,以这些因素为目标的东西,它自己并不已经是先天的——它也应该是在哲学之下被理解的,思想同样对之没有书面确认的权力,这个因素同样被包含在与严肃相对的游戏的概念中,它属于一个为概念

性的本质所禁忌的**不受约束的**领域。从一开始就完全被规训的思想,
如同未被规训的思想一样,没有能力成为哲学。如果能够将哲学描绘
为一个由无数圆的方组成的真实体系,那么无疑这个圆的方并不是最
没有价值的东西,思维需要它的纪律就如同需要它的无纪律一样;是
的,它本质上就存在于,将这两个因素设定为一。因此,人们还可以说,
思辨理性:这种超过了已经被占据的、被给定的肯定之物的概念秩序的
理性,恰恰因为违背它已经将之当作确定之物的那些东西,而必然在自
身之中拥有一个**非理性**的因素。没有一种理性不是在它自身之中包含
着非理性因素的,但当它把自己当作独立自主之物,甚至绝对之物来设
定自身的时刻,它立即就变成了假象和谎言。这大概就是思维中的代
表因素,霍克海默和我在《启蒙辩证法》中用模仿的因素来称呼它⑤:也
就是生命体的直接自我等同的因素,以及对不同于这生命体的东西的
意识;在千百年的进程中,这种反应形式不仅被概念知识所取代,而且
被严格禁止。为了在各位面前展示一个新的圆的方,可以说哲学的任
务恰恰就是,那个**借助**事物的同一化因素——而不是事物**的**同一化因
素,它们以非概念的方式被放置在模仿的行为方式中,并且是从艺术那
里被继承下来的,但现在毕竟还是被概念据为己有。就此而言,可以说
审美的因素是本质性的而不是偶然的——即使是出于与谢林教导的完
全不同的原因。在谢林看来,哲学的审美因素基本上是以同一哲学为
基础的:因此,哲学应当将世界当作艺术作品一样来展示,因为世界自
身是与精神相同一的。如若我在这里向各位指出艺术和哲学的亲缘关
系,那原因却几乎是相反的:哲学只有通过注意到精神与世界、精神与
现实的非同一,才能获得部分的真理——那些一度保证了这一点并且
现在以某种方式仍然为之担保的行为方式,恰是模仿的行为方式。但
是——我相信,这点很重要,因为这样各位才能弄明白强调哲学与艺术
之间这种非常复杂的关系——哲学必须在其对现实的洞察力的约束性
中去扬弃这个审美的因素。表达关于现实的真理——并且不自我满足

136

131

于此,是哲学的根本性的组成部分。哲学作为一种所谓的思想之诗,从一开始就受到谴责,并且在审美上也始终是一个糟糕的东西,它将是单纯的工艺美术,像美学化了的哲学那样努力讨好艺术作品,正因为如此几乎在质量上总是最为低劣的。⑥因此,这不是一个哲学从艺术中借用什么的问题,尤其不是因为哲学参引直觉概念⑦的问题——像某些人喜欢的那样。这样的借用只会损坏哲学。毋宁说:哲学与艺术之间的关系恰恰在于,我想说,在于最终目的(τέλος),它不满足于对事实的分类,这两者都必须走上一条完全不同的道路,尽管两个领域在内容上会重合⑧,但人们想把艺术的方法直接地、连续地移交给哲学,这个最终目的如今遭到腐蚀和破坏了。我的意思不是说哲学现在从艺术中学不

137 到什么了——我稍后会再谈到这个问题。

就所谓的直觉而言,它无疑是哲学的一个**因素**;或许与实证科学相反——但这种对比也可能只是一个假象——肯定不存在任何人在其中不会"突然想到"什么东西的哲学。如果人们没有以某种方式拥有与现实的原初的关系,借助于这个关系,某物以一种特定的方式突然地和出乎意料地展开,而是仅仅在那坐着,手中握着铅笔,有条不紊地从前提中得出结论等等,那么通常真正得出的,是大约150年前叔本华严厉批评为"哲学教授的教授哲学"的那种东西。⑨但是人们必须明白,这些灵感(Einfälle)在思考之网中实际上只是一个因素,并不是什么值得强调的东西;尤其是考虑到我自己的事情的某些影响,我想说,这些灵感必须"击中要害";因此,当有人有一个这样的灵感时,也必须立即检查一番,它是否真的切中要害,还是说情况并非如此。今天,在我看来,仿佛在这两者之间存在着一种无谓的对立,一方面是逻辑—推演的程序(借此人们不会得到比他们投入得更多的东西),另一方面是对灵感本身(per se)的某种崇拜——因为灵感对于事物而言不是真正适宜的,相反,就像人们所说的,灵感是附加于事物的,它是联想,就此崇拜取消了自己的资格。我想说,在这个意义上,联想并不是像闪电击中事物那样

实际富有成果的灵感,而是恰恰与之相反;也就是说,它不是通过仅仅依附在事物上,而是通过远离它们来直接点燃它们。我想说的是,恰恰是不允许将灵感作为一个要素来辩解的思维,同时必定会对灵感产生最严厉的批判;也就是说,不是指它阻止灵感,而是指它控制灵感的那个"击中要害",控制灵感的精确性的意义上。此外,还有一个任务——这确实是哲学和艺术的方法不应当存在如此绝对的差异的因素之一,一个因素,在其中艺术具有完全相似的特征。每一个艺术家,尤其是音乐家——在他们那里灵感的概念在传统上的确起到十分重要的作用——都知道,抒情诗人也许也知道,在这一方面人们总是必须叩问灵感,看它是否"击中要害",它是否击中它应当击中的,还是没有做到这点;这样做的能力,我曾经将其描述为在非任意中的任意能力⑩,在很大程度上决定了艺术作品的等级——并且我认为,它在同样的程度上也决定了哲学的等级。此外,有趣的是,对模仿因素的禁忌恰恰也蔓延到了灵感;比如,一位真正的十足的实证主义者简直会自豪地宣布,他从来不会突然想到某些东西;我认识这样一位声誉卓绝的先生,他一再地向我夸耀这一点,我相信他的确是这样的。但今天的情况是,事实上正是灵感的缺席已经作为一种科学美德被记载下来,因为在以科学为导向的领域,灵感看起来已经预先被贬低为一种偏见。当人突然想到某件事物时,可以说,他就不再听任于对事物的单纯的研究,因为在这之前他已经知道,他希望从中得到的是什么;这就是为什么没有任何灵感的可怜而乏味的书呆子仍然获得一种讨喜的看法,认为他在精神上体现了更高原则。

仅从这些反思各位就能看出,我在上面所说的因素的消除,是如何有助于思想自身真正丧失它由之成为思维的东西。但正是因此,现在重要的是,各位不要将这个灵感的因素,或者像人们称为直觉的因素,当作与其他的知识在性质上不同的东西。击中事物本身,并且有时在主观上具有闪电般性质的那个东西——尽管这种情况可能并不常见,实际上不是来自天空中的闪电。人们大可以说,这些所谓的直觉更像是某些河流或溪流,它们在地下流淌了很久,然后突然就那样出现在青天白日之下,但这个突然的假象,仅仅是因为人们并不知道它们的线路,或者用更有文化的说法就是:所谓的直觉可能是无意识的知识的结晶。相反,想成为艺术作品的哲学早已经迷失了。因为它设定了与它的对象的那种同一;它已经设定了,它的对象是如此天衣无缝地融合于它自身,就像是,甚至在批判的意义上,对哲学来说对象才成为主题。因此,艺术与哲学的共同点并不在于它们的形式和它们的塑形方法,而是在于一种行为方式,这种行为方式禁止任何此类的假象,拒绝任何方法之间的这种外在的相似性。此外,同样的道理也适用于相反的情况:比如,那些相信通过为自己设计一些人们称为哲学主题的造型,而成为"更高级"的艺术作品,因此可能从一开始就在质上贬值了。哲学概念并没有放弃使作为无概念之物的艺术充满生机的渴望,但这个渴望只是无概念地盲目地满足自己,并且因为它是盲目的,所以它根本没有得到满足,而只是看起来得到了满足。艺术拥有的无概念的直接性,恰恰通过它的无概念性在一种特定的意义上导致了它自身的满足,因为它140 作为这样一个无概念之物,在它本身的假象中设立了自己。哲学以概念为它的器官,这是不能被放弃的;同时,概念也是哲学与它不应该放弃的那个渴望之间的隔墙。概念否定那种渴望,将其视为把握向来已经处于其下的存在者;哲学既不能回避这种否定,也不能向它屈服——这同样是一个圆的方的问题。

　　我可能会把我努力向各位解释的东西表述为一种哲学的理念;努力得出一个定义。我绝不是一个恶劣到憎恨和抛弃定义的人,我只是相信,诸定义在思想运动中的位置,宁肯是思想的终点(terminus ad quem),好过处于思想的开头。我将会冒险作这样一个定义,即哲学的理念是用概念来超越概念。这就是说,即使在拒绝了我们对之有共识的唯心主义之后,哲学也不能放弃**思辨**。我这里所指的思辨不同于黑格尔所意指的——正是因为黑格尔的思辨概念必然与同一性,与同一性的普遍命题相关;它比任何其他黑格尔的范畴都更加必不可少。相反,当我现在谈论思辨时,我首先被激励着去坚持一些十分简单的事情,就像你们可能熟悉了思辨这个概念(就像在各位自己的语言习惯中思辨概念可能已为各位所熟悉那样):也就是说,人积极地——不是盲目地,而是积极地和连贯地——继续思考,而不是停留在由个别事实、由实际情况所支持的思想阶段。可能各位当中有些人会说,当人说到像思辨概念这样的概念的时候,他通过这样一种思维工具,将他相信已经从哲学的大门送走了的同一种唯心主义又从后门偷运了进来。毕 141 竟,作为思维形式的思辨的概念,通过思辨,思维的无限应当得到把握,这可以说是哲学的王道。我认为,以这种方式将唯心主义与思辨等同起来是没有道理的。我现在不向各位详细地展开它——只有当否定辩证法概念本身的进步比我在讲课阶段对各位的期望要多的时候,我才可以也应该这样做——,也就是,我现在不是纯粹从概念出发来展开它,而是希望各位在这里注意以下事情:一个像马克思那样,最终对唯心主义采取了一种如此极端的反对立场的思想家,绝对是一个思辨的思想家——事实上,与先前的,比如前法西斯主义中流行的那种批判相反,今天实证主义者和对马克思的惯常批判,是如此精明地将马克思攻击为一个思辨家,甚至可能攻击为一个形而上学家。另一方面,如果有人勉强将像马克思这样的人拉到唯心主义这一边,那么非唯心主义的思想概念,与唯心主义相对立的思想概念,自然就完全失去了那种可理解的意义,就会彻底地飘浮在空中——尽管在这点上我至少应该作出一些说明。因此我说,在马克思那里有思辨的因素,当我跟各位说,一个原则上非唯心主义的思想仍然不能放弃思辨的因素,对于它,各位能够非常清楚、模式般地理解,我借此所指的是什么。首先,在马克思那里是这样的——施密特博士⑪在社会学高级研讨课上多次正确地指出了这一点,也就是在马克思那里,现象与本质之间的思辨性区分得到了维持;因此,它是一种思辨的区分,因为根据定义(ex definitione),本质不是一个事实,不是人在感觉经验的意义上能够如此直接碰触的东西,而是由所有与事实相对的超越性的东西所组成的。社会的整个过程的客观性表象和社会组合而成的总体性的表象——以及一个客观的、先于所有主体的社会过程及其总体性的表象,不仅包括所有个体的人在内,也包括所有单个的社会行为,恰恰是马克思整个理论隐含的前提条件——,绝对不是直接的被给予之物;更确切地说,在十分激进的意义上,单单通过提及直接的被给予性,比如作为对这个直接的被给予性的单纯抽象,也不能得出这样的概念;尽管在马克思那里,这些概念具有最为现实的功能。就此而言,在马克思建构的关键点上,存在着一个思辨的因素。

另一方面,在马克思那里——由此,他在一个更为特殊的意义上甚至更接近唯心主义的概念——,在马克思那里,有一种我已故的青年时代的朋友阿尔弗雷德·塞德尔(Alfred Seidel)一度称之为"生产力的形而上学"的东西。⑫这意味着,人的生产力和它们在技术上的延伸简直被赋予了一种绝对的潜力,人们从中能够重新认识到创造性精神的表象,并最终认识到康德式的"本源统觉"的表象⑬,而无需任何伟大的诠释学艺术。如果没有这种巨大的形而上学的激情,没有这种寄托在生产力上的思辨的激情——人们对这些生产力抱如下期待,即它们以一种在根本上不能再以被推导的方式(就像将这些生产力预设为某种诸如形而上学的实体性那样的东西),被断言在生产力和生产关系的冲突中会取得胜利——,没有这个建构,就根本无法理解整个马克思主义的立意。我自己恰恰不想认同马克思的这个思辨的方面。在我看来,这种对生产力的乐观主义已经变得极其成问题了。但我想向各位指出这一点,以让各位可以看到,思辨的因素是以何种方式被嵌入到一种以唯物主义的方式构思的哲学之中的。这种生产力的形而上学,它最终是与对黑格尔世界精神的信仰密切相关的某种东西,最终导致了这个结果;甚至德国唯心主义的一个极其可疑的定理在马克思那里也几乎原样地再现了;特别是在恩格斯那里,在《反杜林论》中有明确的表述⑭——自由真正说来是人们有意识地做必然的事情;这当然只有当必然的事情、世界精神和生产力的发展先天地是正当的,并且它的胜利得到了保证的情况下,才有意义。正是由此产生了非常致命的后果。

从我在这里向各位讲的东西中可以看出,马克思是唯物主义还是非唯物主义这个问题,并不像我在这个简短考察一开始向各位提出的那样容易得到判定。但在另一方面(我想以此结束今天的讲课),也有一种深刻的强迫,即一种关乎整体的理论,它因此正确地对待理论的概念,而并不简单地牺牲理论,一种这样的理论本身将对思辨的概念采取立场。只不过,思辨的概念也会遭受到那种可错性,关于那种可错性,我在这次讲座的一开始就跟各位说过,它与哲学的本质是密不可分的。

注释

① 号码 7 是指阿多诺作为基础的、《否定的辩证法》"导言"手写更正打字稿的第 7 页(Vo 13401);所指的插入见"附录",本书第 242 页。

② 在《认识论元批判》的"导论"中阿多诺是这么写的:"在蒙田那里,思维主体的怯生生的自由同一种怀疑论相结合,这种怀疑论质疑方法即科学的万能。"(GS 5, S. 20. 中译参阅阿多诺:《认识论元批判》,侯振武、黄亚明译,谢永康校,上海人民出版社 2020 年版,第 9 页。)

③ 未指明;可能是与一个勋伯格的态度相关的口头表述,阿多诺在 1966 年题为"瓦格纳和拜罗伊特"的讲座中对此进行了报告:"最为严肃的是,现实具有对艺术的优先权。我永远都不会忘记,我认为的那个时代最重要的和最富激情的艺术家之一,在国家社会主义暴政的头几个月,当时我正用音乐的问题纠缠着他,阿诺德·勋伯格在柏林非常强调地跟我说,世界上有比艺术更重要的事情。因为艺术在自身之中并不是有限制的东西,因为它超越自身,如果艺术挂念它,那么只要它遵守它自己的观念就足够了。"(GS 18, S. 211.)——也参阅《否定的辩证法》中的"应用":"哲学是最严肃的事情,但也不是十分严肃的。"(GS 6, S. 26; auch oben, S. 129. 中译参阅阿多诺:《否定的辩证法》,张峰译,上海人民出版社 2020 年版,第 11 页及本书第 126 页。)

④ 未指明。

⑤ 对阿多诺而言，这是模仿的核心概念，参阅 NaS IV/7，Anm. 53. 也见第十八讲注释①。

⑥ 至少自 1931 年关于克尔凯郭尔的书以来，阿多诺对哲学与艺术之间关系的定义一直保持不变："每当人们试图将哲学家的作品理解为文学创作时，它就已经错失了它们的真理内涵。哲学的形式法则要求在与概念的一致关系中解释现实之物。无论是思想者的主体性的宣告，还是产物的纯粹完满性，都不能在自身中决定哲学之为哲学的特征，而首先是由此来决定：现实之物是否进入了概念之中，在其中证明自己并富有洞察力地为概念提供根据。作为文学创作的哲学理解与此相矛盾。"（GS 2，S. 9. 中译参阅阿多诺：《克尔凯郭尔：审美对象的建构》，人民出版社 2008 年版，第 1 页，译文有改动。）

⑦ 每当阿多诺谈到哲学意义上的直觉概念时，它本质上就是柏格森的直觉概念。在他 1927 年的第一篇教职论文中，就已经在这一点上反对柏格森，即"记忆的功能是一种中介的、象征的功能；因此，柏格森假设的知识意义上的直觉，绝不是一种没有符号的直觉"（GS 1，S. 206）。尽管所有人都承认柏格森为重新获得对知识而言无限制的（unreglementiert）经验的那种因素所作的贡献，科学哲学在 19 世纪失去了这些因素，但阿多诺还是强烈地批判了直觉主义："与资产阶级的思维一致，柏格森相信那种孤立的、真实的方法，只不过他恰恰将自笛卡尔以来所拒绝给予的那些属性给予了这种方法，他没有看透的是，当人们使一种明确定义了的方法独立于其变幻不定的对象时，人们已经认可了直观的魔法般的目光所应当瓦解的刚性（Starrheit）。在严格的意义上，经验是片断认识的网络，它也许可以作为哲学的典范，它不是通过一个更高的原则或设置，而是通过使用（经验以各种工具，特别是概念性工具来构成这种使用，它们本身与科学的工具是相匹配的）并通过其对于客观性的立场而不同于科学的。这种经验不会否定柏格森所称的直觉，但是这直觉同样也不能被实体化。同概念和整理性的形式纠缠在一起的直觉，通过扩展并强化那种社会化了的、组织起来的此在，获得了更多的合法性。但是，那些行为不能构成认识的一种因本体论上的鸿沟而与推理的思维相分离的、绝对的源泉。"（GS 5，S. 52 f. 中译参阅阿多诺：《认识论元批判》，侯振武、黄亚明译，谢永康校，上海人民出版社 2020 年版，第 40 页。）在柏格森那里，可参阅例如他的 1911 年《直觉哲学》的讲座（in: Henri Bergson, Oeuvres, *textes Annotés par André Robinet. Introduction Par Henri Gouhier*，Paris 1970，pp. 1345 sq.）；关于一般的直觉概念，可参阅：Josef König, *Der Begriff der Intuition*，Halle/Saale 1926（über Bergson: ebd.，S. 213 ff.）。

⑧ 哲学与艺术的真理内涵融合的想法不断出现在阿多诺的思想中，如：GS 7，S. 137，S. 197 und S. 507，GS 10·2，S. 470。中译参阅阿多诺：《美学理论（修订译本）》，王柯平译，上海人民出版社 2020 年版，第 136，196—197，499—500 页；阿多诺：《批判模式》，林南译，上海人民出版社 2023 年版，第 15 页。

vgl. auch Friedemann Grenz, *Adornos Philosophie in Grundbegriffen. Auflösung einiger Deutungsprobleme*, Frankfurt a. M. 1974, S. 107。

⑨ 主要参阅《附录与补遗》中的《论大学的哲学》，如："现在我们首先发现，一直以来，极少哲学家是做过哲学教授的，而哲学教授成为哲学家相对更是少之又少。因此，人们可以说，正如一种特殊的带电体并不会导电，同样，哲学家不会是哲学教授。事实是，这种委任和聘用哲学教授妨碍自发、自为的思想家更甚于任何其他。这是因为哲学教席在某种程度上是一个公开的告解席：在此，面对大众要作出信仰方面的坦白交代。其次，在渴望学习的学生面前，永远都要被迫显示出一副智慧的样子，显摆那些所谓的知识，随时给予所有想得出来的问题以某个答案，而几乎没有什么比这更加妨碍我们真正获得透彻或者深刻的见解，亦即获得真正的智慧。最糟糕的是，这样处境的一个人，一旦有了某一思想，就会担忧这一思想是否与上头的目的相符。这会瘫痪其思维，以致新的想法再也不敢光临。对于真理，自由的氛围是必不可少的。"（Arthur Schopenhauer, *Sämtliche Werke*, hrsg. von Wolfgang Frhr. von Löhneysen, Bd. IV: *Parerga und Paralipomena. Kleine philosophische Schriften I*, Darmstadt 1963, S. 186 f. 中译参阅阿图尔·叔本华：《附录与补遗》第 1 卷，韦启昌译，上海人民出版社 2019 年版，第 180 页。）

⑩ 参阅（虽然是后来的）《美学理论》："对于理论家们来说，仅仅是逻辑矛盾的东西，是艺术家们熟悉并且在他们的作品中展开的东西：对模仿的因素的利用，唤起、摧毁并拯救它的无意识性。无意识性中的任意是艺术的命脉，它的力量是艺术能力的可靠标准，但这种运动的致命性不会被掩盖。"（GS 7, S. 174. 中译参阅阿多诺：《美学理论》，王柯平译，上海人民出版社 2020 年版，第 173 页，译文有改动。）

⑪ 阿尔弗雷德·施密特（Alfred Schmidt，生于 1934 年）是哲学研讨课的助理；他最初是分配给霍克海默的，后来被分配给了阿多诺。

⑫ 关于今天几乎被遗忘的塞德尔（1895—1924），请参阅齐格弗里德·克拉考尔给他逝世后由编辑删节了的唯一著作（Alfred Seidel, *Bewußtsein als Verhängnis. Aus dem Nachlaß* hrsg. von Hans Prinzhorn, Bonn 1927）写的评论。Siegfried Kracauer, *Schriften*, hrsg. von Inka Mülder-Bach, Bd. 5 · 2: *Aufsätze 1927—1931*, Frankfurt a. M. 1990, S. 11 ff.——迄今为止只有一封 1922 年，塞德尔自杀前两年写的信证明他与阿多诺的友谊；从中可以看出，塞德尔和阿多诺讨论他的书中的问题，并且不仅仅与阿多诺，还与他的朋友克拉考尔和利奥·洛文塔尔经常联系，甚至与阿多诺的家庭有往来。20 世纪 70 年代，在塞德尔的另一个青年时代好友阿尔弗雷德·索恩-雷特尔的提起之下，左派宗教团体对塞德尔产生了某种公认的短期兴趣。（vgl. ders., *Geistige und körperliche Arbeit. Zur Theorie der gesellschaftlichen Synthese*, 2. Aufl., Frankfurt a. M. 1971, S. 9.）

⑬ 阿多诺是这样理解康德的"统觉的综合统一"的，即一切都"固定"在它之上，

参阅下文"附录",注释⑭。

⑭ 参阅弗里德里希·恩格斯:《反杜林论》(Friedrich Engels，*Herrn Eugen Dührings Umwälzung der Wissenschaft*，MEW，Bd. 20，Berlin 1968，S. 106. 中译参阅《马克思恩格斯文集》，人民出版社 2009 年版，第 120 页)："黑格尔第一个正确地叙述了自由和必然之间的关系。在他看来,自由是对必然的认识。'必然只有在它没有被理解时才是盲目的。'自由不在于幻想中摆脱自然规律而独立,而在于认识这些规律,从而能够有计划地使自然规律为一定的目的服务。这无论对外部自然的规律,或对支配人本身的肉体存在和精神存在的规律来说,都是一样的。这两类规律,我们最多只能在观念中而不能在现实中把它们互相分开。因此,意志自由只是借助于对事物的认识来作出决定的能力。"

第 十 讲

(1965 年 12 月 9 日)

提　　纲

　　当真理的诉求需要人们奋起的时候,牢固地基的幻象当被摒弃。144
本质与现象的区别是<u>真实</u>的(real)。比如,主观之物的假象(Schein)是
直接之物。但是这个假象是必然的:意识形态。——思辨要素(是)意
识形态批判的要素。

　　哲学是抵抗的力量,因为它不允许自己被其根本利益想劝阻它放
弃的东西敷衍,相反,它是通过否定得到满足的。——对之不放弃,是
伟大的唯心主义的真理因素。否认本质和现象之间的区别——原材料
实证主义(Erzpositivistische)是<u>欺骗</u>。

　　哲学作为抵抗需要<u>展开</u>、中介。

　　按照黑格尔的说法,任何直接言说它的尝试都会陷入空洞的深度。
论<u>深度</u>概念作为哲学的标准。——一方面是必要的;另一方面它也存
在错误。通过谈论深度和召唤听起来深刻的词语,哲学变得像一幅形
而上学的图画一样不再那么深刻,在这幅图画中它仿制形而上学的愿
景和情绪。——像印象派那样严格排除这类东西的图画,也许具有最

深度的形而上学内涵。对感性之物的哀悼。布索尼(Busoni)[?]

哲学只有凭借其思考的气息,才能在深度上占有一席之地。

(8)深度是辩证法的因素,并不是一个孤立的特性。注意,尼采就看到了它的双重特征。

反对为痛苦辩护的德国传统。

思想的尊严并不是由其结果决定的,即不是由对超越性的确证决 145 定的。肯定性不是标准。关于意义的概念。

同样,深度也不是退回到内心深处,就好像退回到单纯自为存在,就是退回到世界的根据之中。"国内宁静派"。自为的抽象,一个特殊之物。

今天衡量深度的标准是对咩咩叫的抵抗。

深度意味着:不满足于肤浅,字面意思就是:突破表面。——它同样意味着,人们不满足于任何看似如此深奥(Gebenden),实则是预先给定(Vorgegeben)的东西。甚至不满足于批判理论。

反抗那些不让其法则被给定事实所规定的东西;就此而言,它超越了那些与它有着最紧密联系的对象。

在深度的概念中,本质与现象之间的区分是被设定的:今天它一如既往地适用。

(9)思维超出单纯的存在者的思辨过度是思维的自由。

根据:主体的表达需要:让痛苦得到声张。这是一切深度的根据。"给我一个上帝,用来言说。"

1965年12月9日

讲 座 记 录

在前天,我至少已经就思辨因素向各位作了些许说明。我跟各位说过,即使在作为唯物主义典型的马克思的理论中,思辨因素也是显而易见的,同时我还补充了一些关于马克思的理论与德国唯心主义之间,尤其是与黑格尔的哲学形态之间仍然存在着十分紧密关系的内容。我相信,对于思辨的问题而言,当真理的诉求需要人们站立起来的时候,牢固地基的幻象当被摒弃;换言之:当它发现这种所谓最终之物和绝对的确定之物本身并不是最终之物,而是被中介的——因此也不是绝对确定之物的时候,就应该摒弃这个幻象。我不考虑这个事实,即绝对确 146 定性的假设在反思辨的标准背后潜在地起着作用——它本身是通过它(如果你们愿意的话)唯心主义的奢望,也就是通过概念被苛求一些它其实完全无法满足的事情:绝对的确定性——思维被套上了枷锁,这枷锁阻止了它冒险突破所谓的为确定事实所保证的范围。因此,倘若正是对诸如确定性、事实性以及直接给定之物这样的概念的反思构成了哲学反思的对象,它们就不能先天地被呈现为思想的标准。恰恰是在这个区域内的、致力于那些标准的正当与不正当的反思,从事实性和被给予性的立场来看,它们是天真的,正是这些反思显现为思辨的反思。通过说出"显现"这个词,我第一次在这个讲座的背景中触及了一个被如何严肃对待都不为过的差异,而且,如果有某种哲学是什么或不是什么的标准那样的东西的话,那么它必须被视为这样一种标准;也就是,我触及了**本质与现象**之间的差异,它贯穿整个哲学传统,在几乎所有哲学中——除了实证主义对它的批判和尼采的某些谩骂之外——被保留下来了。我认为,本质和现象的差异绝不能被归结为单纯的形而上学的思辨,而毋宁说它是真实存在的,这是哲学的基本动机之一,我几乎可以说:哲学基本的合法性之一。如果各位允许我在这里使用在材料上最接近我的模式,也就是社会学的模式,那么当代社会中人的主观行为方式,就它们在一种人自身几乎没有预料到的程度上依赖于客观结构而言,必须被理解为客观结构的单纯现象。换句话说,它是我们最初 147 一直处理的直接性的领域,我们最初也倾向于将它当作绝对确定的;但事实上,它本身就是中介的、派生的和虚幻的,因此是不确定的。但另一方面,这个假象也是**必然的**,这就是说:社会的本质就在于它产生了主体的意识内容(主体曾拥有这些内容),正如社会的本质也在于它被这些内容所蒙蔽,即社会把在其中仅仅是被中介的和被决定的东西,看作它的自由的行动或财产,甚至看作绝对者。就此而言,可以说,人的直接的意识作为社会的必然假象,在很大的程度上就是意识形态。当我在关于社会的演讲中说(我开了一个关于社会的社会学高级研讨课,各位中的一些人可能也听过),我将如下这一点当作我们时代的标志,即人本身倾向于成为意识形态时①,我想说的正是这个意思。如果有人就此反驳我说,持这种言论的理论将会在一定程度上废除人,那么我实际上只能以一种美国的方式回答:那就太糟糕了。对之我想说:这个废除不是因为描述它的思想的不人道,而是在于思想所指出的状况(Zustand)的不人道。如果各位让我再说一下个人意见,那么在我看来,如果人们贬低人们认为与自己相悖的断言,因为,可以这么说,它们不符合构想——而不是尝试着,将这种考虑也纳入自己的构想,并且以可能的方式也纳入自己对正确实践的考虑,那么无论出于多么正当和合法的冲动,都会使人感到非常可疑。但这只是顺便提一下。无论如何,我认为——并且我相信,我就思辨概念对各位所说的东西将防止一些误解——思辨因素,作为批判的、不满足于表面的因素,应当等同于反意识形态的因素;无论如何,我对思辨的理解是:反意识形态的态度,而不是对自我确定的满足,与确定的科学习惯形成鲜明的对比——因为主导性的思维习惯自然恰恰是将思辨与意识形态设定为一。我希望已经足够清楚地向各位指明了——不是通过我就这点向各位所说的,而是通过这个思想产生的整个背景——,思辨在否定辩证法中应当而且确实——就像我所认为的——具有完全相反的功能。

148

我将这当作我们之后还会说到的一个情况的初步迹象:在否定辩证法中,并不是所有的辩证法的范畴都会简单地出现,只是携带着开放性的索引;相反,通过浮现在我眼前,并且我努力在这个讲座中向各位解释的哲学转向,这些概念自己在内容上发生了改变,就像思辨概念发生改变一样,它最初在本质上是一个创造意义的范畴,然而根据我向各位阐述的东西,它的存在,本质上是为了摧毁被单纯的在此存在者所篡夺的意义的假象。哲学是**抵抗**的力量:我相信,除了作为抵抗的精神力量,哲学根本没有其他使命;抵抗的力量,不被劝它放弃根本利益的东西所欺骗,不为事实所敷衍——不是通过它的基本需要,而是通过断然说不,因此就是通过指明它的不可实现性,来得到满足。不放弃这个需要,不被说服放弃这个需要,而是坚持它——这就是唯心主义哲学的伟大之处,所以它们的形态仍然能够在错误意识的形态中幸存下来;并且它们在着重强调的本质与现象的差异中拥有这种错误意识并非偶然。当然,本质与现象的差异在今天变成几乎是普遍存在争议的;本质,它最初在尼采那里已经是以最鲜明的方式出现了,顺便说一下在尼采那里比在马克思那里要鲜明得多,而马克思这个十足的黑格尔派始终坚持本质的概念。——本质和现象的差异在今天变得备受争议。但我恰恰认为,否认本质和现象的差异的努力,就此而言才是最大的意识形态,因为它迫使我们接受显象的现象(die Phänomene der Erscheinung),因为除了它们的本来面目,它们身后便别无他物可接受。并且,当不再能够在理论上超越它们、在理论上必须承认它们的时候,尤其是当人们知道要确信理论与实践之间的关系的时候,理论本身基本上也就不再有可能超越它们了。但当我说,哲学应该是抵抗时,各位必须正确地理解我的意思。抵抗首先是一个冲动的范畴,一个直接的行为方式的范畴。如果哲学只是停留于此,也就是说,如果哲学除了动摇自己并且说"我反对,我不喜欢这样"之外别无他法——那么这种哲学只停留在主观的反应方式的偶然性领域,而这种偶然性必须为哲学自身所穿透。我想说,在抵抗的因素道出哲学的理念或冲动时,如果它不想停留于非理性,从而昙花一现,甚至是错误的,那么这个抵抗就不仅仅必须反思自身,而且必须在理论的关联中展开自身。只要这种情况不发生,它就会流向一种贫乏的和抽象的决断主义,沦为一种单纯任意的决定。用黑格尔的

149

150

话来说,任何直接地、似乎突然地去说哲学想说的东西的努力——就像费希特在他的第一原理中考虑的那样②,众所周知,它被醒目地标上了非凡的空洞——,都会陷入所谓空洞的深度。③

我相信,我由此能够将各位导向对**深度**这个概念的讨论,它无疑是哲学当前的主题。如果我试图在这个讲课中向各位阐明所有可能的、看似没有问题的和不言而喻的范畴的辩证本质,那么从一个所谓的天真意识的角度来看,也许没有什么比在一个非常简单的反思中,各位首先跟随我对深度这个概念作一些非常初步的思考更好的办法了。哲学需要一些像深度或行为方式或维度(如何称呼各随其好)这样的东西,这一点最初是十分令人信服的。一个没有深度的行为,一个对最切近的事实感到满意的行为,它不继续钻研,没有对"它是什么? 为什么是这样? 它意味着什么?"的坚持——这样的行为可能是世界上的任何东西,但绝不是一个哲学的行为。就此而言,我们不能忽视这个深度的标准,它在哲学中尽管几乎不明确但事实上(de facto)一再被提出。主观上不具备钻研、坚持和不自我满足品质的人,对他而言,哲学从一开始就不是陌生的,而是实际上失败了的。另一方面,正如我也感觉到的那样,当使用深度这个词时,各位会有一种不舒服的感觉。深度这个表达有一个伪善的名声。由于有人把它提升为哲学家的标准,并把它变成

151 自己的标准,那么他在某种程度上就已经采取了一种精英主义的态度。这样,他自己就是有深度的,其他不这么做的人就是肤浅的。当人设法使自己处于这样一种境况中时,那么他通常是十分舒适的,即使这种深度的结果完全不应当如此令人愉快。但这还不是全部。在深度这个概念中,特别是在我们德国,同时也包含着一些其他的东西,这使人有充分的理由谨慎地和克制地对待一个概念,因为另一方面,人们并没有免除掉它的必然性——正如我试图至少向各位提及的那样。如果人们往回追溯,直到莱布尼茨,那么会发现深度这个概念就与神义论思想④、与痛苦的正当化思想有一种独特的联结。深度与痛苦有关,它是一种

不否认痛苦而是直视痛苦的思维,这一点是确定的。如果各位瞅一眼
德国的思想史,就会发现,包含在深度中的、包含在每一种哲学的深度
之中的痛苦的因素,以一种独特的辩解的,并因此非常成问题的方式被
扭转了。我顺便(en passent)说一句:在这里,当我对深度作这样的思
考时,我也并不是在给这个概念下一个正式的定义,而是在试图向各位
解释,更确切地说,是在它的反题中去解释,这个概念在历史上是如何
形成的,以及虽然没有被明确地表达,人们在它身上同时想到什么。如
果人们没有察觉到哲学中的这种弦外之音,那么这无疑也是一个同样
巨大的错误,而且对我们一般人来说,这甚至比人们只是模糊地理解这
些概念,而不能确切地知道到底如何看待它们更具威胁性。必须确切
地知道它,必须确切地知道关于概念自身的不确切之处:这是哲学与其 152
他理论必须接受的"博士本领"之一。所以就是这个德国传统,它如何
与"肤浅的启蒙"或"肤浅的乐观主义"这类的表达联系起来,以及它究
竟如何在悲剧的概念中发现它的传统的总结? 我想指出的是,像悲剧
这样的美学范畴很容易就被转移到现实、人类的共同生活和人类彼此
依赖的道德关系中,光是这一点就让人深感怀疑了。因此,表面上,所
有思想事实上都应该是严肃对待幸福的,但深层而言,应该有一种思想
接纳失败和否定,并将其理解为积极的、赋予其意义的东西。倘若正是
在否定辩证法的背景下,对这种否定性的本质倾向产生争论,各位可能
会对之感到惊讶——但世事正这么辩证地发生着。我相信,我尝试向
各位解释的立场再清楚不过地表明,否定辩证法不准备接受悲剧的概
念,也就是说,它不准备接受这样的概念,即所有存在着的东西由于其
有限性的缘故而活该毁灭,这个毁灭同时又是其无限性的保证——要我
说,就我所知,很少有来自传统的思想跟这个思想一样,是我如此反对
的。因此我说,从中产生苦难的神义论的深度概念,自身就是一个肤浅
的概念。它是肤浅的,因为它表现得好像与肤浅的、有些平庸的对感性
的幸福渴望相矛盾,但实际上它只是将之据为己有,并努力将本来已经

147

是世界进程的东西提升到形而上学的高度;因为它强调拒绝、死亡和压
迫是事物不可避免的本质——虽然所有这些因素都与本质之物有着莫
大的干系,但是可避免的、可批判的东西,不管怎样,它们都与思想实际
上必须相认同的东西完全相反。我相信,这是叔本华的不朽功绩,无论
人们如何批判他的哲学,但正是在这一点上——也就是在他切断和打碎
了痛苦的神义论的这一点上——人们必须说,叔本华摆脱了哲学传统的
意识形态;尽管在其他时候,尤其是在他那里抽象性、痛苦概念登台的时
候,他确实是与这种意识形态有着天晓得的某种十足关联。⑤

　　哲学必须追求的深度,让我马上补充一下,当然不是靠叨念着深
度,把其倾向于冒充为自己的那种有深度的行为方式与所谓的肤浅行
为方式相比较而获得。特别是——并且我相信这在德国、在今天和这
里怎么强调都不为过,事实是,谈论深度和召来听上去深奥的词语只为
哲学的深度提供了少得可怜的担保,就像这样一幅画,它通过复刻了随
便一些形而上学的情绪甚至是过程而获得了形而上学的内容;或者,像
一部文学作品通过在其中谈论形而上学的事实,或者如谈论在作品中
所表现的人物的信仰状态和宗教观点或行为方式,而获得形而上学的
内容。在美学上,人们通常可说的恰恰相反:图画越是客观地具有形而
上学的内容,它就越少地讨论或者自己展示这个形而上学的内容。在
我看来,它在哲学上并没有什么不同——尽管我没有误认它们之间的
这个差别,这个差别当然在于,哲学自身必须反思它的内容,也就是它
必须使它的真理内容,如果各位愿意的话,成为事实内容;哲学的渴望
之物自然不以同样的方式适用于艺术。但是,给各位举一个例子,如果
各位看看比如19世纪晚期的绘画,的确有一种形而上学的绘画,在法
国它以产生了巨大的影响的皮维·德·夏凡纳(Puvis de Chavannes)
为代表,在英国前拉斐尔派(Präraffaeliten)是代表,它的尾声最终出现
在了德国的青春艺术风格绘画(Jugendstilmalerei)中,并一路向下直到
梅尔基奥尔·莱希特(Melchior Lechter)和类似人物。所以现在,像

"神秘源泉的揭幕"⑥和类似的话题得到讨论,并且如果可以这么说,讨论十分活跃。我认为,只需要以不偏不倚的态度看过一幅伟大的印象派画作,在其中不会发生任何类似的事情;如果各位允许我延续这个表达的话,那么只需要用某种形而上学的器官看过这样的画,就会很好地明白——比如对感官幸福坚决的放弃、对感官幸福的确切的忧郁,是如何从画中产生出来的;或者一个悲伤的表达,却来自将自己呈现为快乐的领域;或者,存在于技术世界和它浸染于其中的自然的残余之间的无限张力……所有这些问题,事实上都是形而上学的问题,无疑将会从像我认为是最高级别的形而上学天才马奈(Manet)的最伟大的画中,当然还有塞尚(Cézanne)的,或者克劳德·莫奈(Claude Monet),以及雷阿诺(Renoir)的一些画中,映入各位的眼帘。我认为,在哲学中实际上有类似的东西;譬如,在尼采拒绝积极引入那种所谓的形而上学理念的方式中,和在他的思维用以执行它的否定的权力中,这些理念所受到的尊崇,要远远超过它们以威廉二世节日演说家的风格所作的庆祝;除尼采之外,它们可以在从 1870 年到 1914 年的整个德国的官方哲学中被找到。我想说,今天的情况仍然如此,可以说,一种哲学越是——我想到的是海德格尔——让自己在主题上对深度的对象感到自在,它就越是如此彻底地远离了那些通过对深度的渴望,也就是说,严肃地对待这些理念(Ideen)的渴望,而实际担负的东西。 155

　　因此,人们可以说,思想的执着否定了一般的传统深度,这对深度的概念而言是必不可少的一部分。将神学内涵彻底世俗化的理念(在其中只能寻求诸如这些内涵的救赎之类的东西),事实上已经非常接近这样的深度的纲领了。它的结果不能决定思想的尊严。它不能决定某物是否是确定的、肯定的东西,所谓的意义是否由此被凸显。毋宁说,如果人们以此来衡量哲学,并且说只有将意义设定为肯定性的哲学才是深刻的;但否认这种意义的人,满足于生活的单纯外表并且放弃解释——那么这本身就是肤浅的,因为没有人能预见到,对意义的断言本身是否不是在为外表服务，也就是在为确认现存事物服务；如果它确实有一种意义，那它就已经得到辩护。我想说，思想的努力或抵抗恰恰在于，拒绝这种关于单纯存在富于意义的直接命题。同样，深度也不能是那种向内在性退缩的东西，这种退缩在德国显然具有无法根除的吸引力，并且今天在我们学校的领域——我这里说的学校不是在哲学学校

156 的意义上，而是孩子和已经不再是孩子的那些人被送去的地方——这种错误的深度概念，作为单纯的内在性与"简单生活"的表象合二为一——也就是说，当人们必须退回到他单纯的内在性时，他必须过一种简单的生活——扮演着彻头彻尾的灾难性角色。但愿我能让各位中那些日后想要或者必须成为老师的人，对**这种**深度的表象——就像它与维歇特（Wiechert）先生⑦的名字联系在一起那样——产生最尖锐的怀疑，并且看到，我们在这里处理的不是深度而是库存货物，而且这种国内宁静派⑧的深度实际上是按照标准制定的，与文化工业中任意产品一样标准化。如果我至少还算让各位意识到了这一点，那么我就已经相信，我在这里带领各位走过的棘手的道路并不是完全徒劳无益的。

我相信，我只需要各位回忆一下像大地的寂静（*die Stillen im Land*）这样的一个概念，各位就会察觉到这种深度相当于什么，它也就是一种单纯的逃避，黑格尔的洞见确确实实并且全力反对这种逃避，歌德也持同样的观点，即深度并不适于沉浸在单纯的主体之中，当主体退回到自身之中，它在自身之中只找到一个"空洞的深度"，相反，深度与外化（Entäußerung）的力量是完全不能分离的。如果一个人是有深度的，那么他完全可以在他的所作所为和他所创造的东西之中实现这一点；而他自身作为一个孤立的主体的深度，尽管足以让他感觉到自己是个精英，但一般而言，是一个堕落着的和面临危险的精英；无疑，这个深度没有实体——如果它有实体，那么它就能够完成那种外化。因为那种将自己打扮为绝对之物，打扮为深度自身之保证的个体，相信在自己身上找到意义的个体，相对于整体而言，他是一种单纯的抽象，是一个

单纯的假象。确定无疑的是，他作为一个绝对自为存在，在自身之中发 157
现和察觉到的内容，事实上根本不是它绝对"属我的东西"，而只是集体
的残留，仅仅是普遍意识的残余；我想说，这是一种更为古老的退化形
态，它与其当下退化形态的区别仅仅在于，它还没有完全跟上当下的退
化形态。我的意思是，如今衡量深度的尺度就是抵抗，也就是对咩咩附
和（Geblök）的抵抗。当说到咩咩附和时，我想到的绝不只是"是！是！"⑨，
我想说的是，作为一个开放的，并且如果应该这么命名的话，自觉的咩咩
附和，它仍然是一个相对无辜的形态。相反，我想到的毋宁是针对所有
那种更擅于伪装的和更危险的咩咩附和形式的抵抗，对于它们的特征，
我希望我已经在《本真性的行话》中至少给各位呈现了一些模式——深
度意味着不满足于肤浅的东西，而是刺穿表面。当然它也意味着，人们
不再满足于任何自我表现得殊为深刻，但却已然是被预先给定的思想；
最重要的是，人不能将本身的入场券、本身的口号、自己的团体成员身份
当作真理的保证＊，毋宁说，人们也以无情的反思力量来对待自己的本
己的东西（Eigenen），而不是就此固执于它，就好像人们现在已经一劳永
逸和确凿无疑地将它紧握在手一样。我想说，在这种行为方式仍然存在
的地方，尤其是在集体的认同中，它们也仍然带有极权主义的痕迹，即使
按照它们本身的公开内涵，看起来与极权主义的世界观是如此地背道而
驰。抵抗是那种不允许自己的法则被表面的和给定的事实所左右。并
且就此而言，抵抗在与诸对象最切近的联系中超越了这些对象。

但在这意义上，在深度概念中——这就是为什么我将我想向各位 158
说的东西，与本质和现象之间的区别关联起来的原因——本质和现象
的差异总是已经被设定了，并且今天比以往任何时候更是如此。当然，

＊ 阿多诺在《本真性的行话》一开头就介绍了当时德国知识界的一个流行现象，即人
为约定一种"本真性的行话"，其措辞都是寻常的措辞，但对话者领会到的却是另
外的特殊意义。行话的这种寻常与非寻常的并存给人一种轻易就能够从现实中
抽身出来的感觉，划定一种以另类真理为支撑的特殊圈子。但是在阿多诺看来这
一切都是虚假的，其根源在于存在主义哲学的"伪具体"。——中译者注

深度概念也与我在上一讲中向各位描述为思辨的那种因素相关。我相信，没有思辨就没有像深度这样的东西——否则哲学就真的退化成了单纯的描述，这点应该是相当明显的。思维这种对单纯事物的东西、单纯的存在物的这种思辨过度，是思维中的自由因素，而且，因为它只为自由作担保，因为它是我们所拥有的微乎其微的自由，所以它同时也是思维的**幸福**(Glück)。因此，它是自由的因素，因为在它之中，主体对表达的需要，突破并影响了它运动于其中的传统的和被引导的表象。这种从内部对表达所设置的界限的突破，**以及**对人们身处其中的生活的表面的突破：这两个因素应该是同一个。我刚才向各位描述的东西，应当在主观上被看作哲学的深度——不是作为对痛苦的辩护或是改进(Moderantismus)，而是作为**对痛苦的表达**，而痛苦在成为一种表达的同时，它也就在其必然性中把握到痛苦本身。从某种意义上说，哲学是格奥尔格·齐美尔正确地用来衡量大多数哲学家的东西⑩——也就是说，说出世界的痛苦，说出世界的苦难，表达出人们在哲学那里通常很少注意到的东西。塔索(Tasso)说，当人在他的痛苦中沉默的时候，上帝**让他**说出他遭受了什么⑪——这确实是诗歌与哲学之间的一种关联，一种直接的关联。⑫

注释

① 参阅 1966 年写的词典文章《社会》，例如："曾经由意识形态扮演的黏合剂，现在由这种趋势渗透进压倒性地存在着的关系本身中，也渗透进人的心理状态中。关键在于人的概念，如果说，这一概念因如下一点变成了意识形态，即人依然不过是机器的附属物，那么，可以毫不夸张地说，在当前情境中，只能如是存在的人本身严格来说就是意识形态，这种意识形态打算将错误生活永恒化，尽管其有着显而易见的颠倒。"(GS 8, S. 18. 中译参阅阿多诺：《整合与分裂——社会学文集》，侯振武译，上海人民出版社即出。)

② 指的是 1794 年《全部知识学的基础》的第 1 节："我们必须找出人类一切知识的绝对第一的、无条件的原理。如果它真是绝对第一的原理，它就是不可证明的，或者说是不可规定的。它应该表明这样一种事实行动，所谓事实行动不是，也不可能是我们意识的诸经验规定之一，而毋宁是一切意识

的基础,是一切意识所唯一赖以成为可能的那种东西。……如果人们想到这是在一门知识学的开头所作的关于这个事实行动的论述,那它就应被表述如下:自我自己就直截了当地设定它自己的存在[或,它自己的是]。"(Fichte, *Sämtliche Werke*, a. a. O. [Anm. 66], Bd. 1, S. 285 und 292. 中译参阅费希特:《全部知识学的基础》,王玖兴译,商务印书馆 1986 年版,第6、14 页。)

③ 黑格尔多次使用这个表述,比如在《精神现象学》中关于"有生命的艺术品":"一个通过艺术宗教的崇拜仪式而去接近神的民族,是一个伦理民族,它知道它的国家以及国家的行为是它的意志,是它的自我实现。……就此而言,当宗教以一个单纯的、没有形态的本质为对象时,它的崇拜仪式一般说来只能给它的追随者们以这样的回报,即承认他们是他们所信奉的神的子民。崇拜仪式仅仅使他们获得持存状态和一般意义上的单纯实体,而不是使他们获得一个现实的自主体,因为这样一个自主体毋宁是遭到压制的。他们所崇拜的神是一个空洞的深度内核,不是精神。"(Hegel, *Werke*, a. a. O. [Anm. 10], Bd. 3, S. 525. 中译参阅黑格尔:《黑格尔文集》第 3 卷,先刚译,人民出版社 2015 年版,第 443 页。)

④ 鉴于造物过程中的罪恶与灾祸,以及被造物的苦难,还有为造物主辩护的神义论问题——尽管希腊古典思想和《圣经》对比并非不熟悉,通常与莱布尼茨 1710 年的《神义论:关于上帝美善、人类自由和罪恶起源的论文》有关。莱布尼茨论证说:"存在着无限多的可能的世界,上帝必然从中选择其最好者,因为上帝所做的一切,无不是按照最高理性行事的。一位无法反对此一论证的对手大概会以一种相反的论证回答这一结论,他断言,世界本来是可能没有罪,没有苦难的;但是,我却否认它会因此而更好。…… 可以说,在这个世界上哪怕缺少最细小的、发生于其中的恶,它便不再是这个世界,它便不再是——将一切考虑在内——被选择了它的创造者认定为最好者的世界。"(Gottfried Wilhelm Leibniz, *Philosophische Schriften*, Band II, 1. Hälfte, hrsg. und übers. von Herbert Herring, Darmstadt 1985, S. 221. 中译参阅莱布尼茨:《神义论》,朱雁冰译,生活·读书·新知三联书店 2007 年版,第 108—109 页。)在不到 50 年的时间里,正如弗里茨·毛特纳(Fritz Mauthner)所嘲笑的那样,莱布尼茨的乐观主义体系一直主导着讨论,直到 1755 年因里斯本大地震而再次终结(vgl. auch NaS IV·13, S. 273 f.);伏尔泰的《老实人》(1759 年)和康德的文章《论神义论中一切哲学尝试的失败》是这个终结的文学印记。甚至黑格尔都试图通过将世界历史提升为"真正的神义论,上帝的辩护"来拯救神义论。(vgl. Hegel, *Werke*, a. a. O. [Anm. 10], Bd. 12: *Vorlesungen über die Philosophie der Geschichte*, S. 540; Hervorhebung des Hrsg. s. 中译参阅黑格尔:《历史哲学》,王造时译,上海书店出版社 2006 年版,第 426 页,译文有改动。)在叔本华极度的悲观主义看来也是十分显而易见的:"这个世界,这个痛苦而忧虑的存在物的游戏场,它的存在只是因为一者吞噬了另一者,因此,在这里,每一个捕食的动

物,都是千万个其他动物的活的坟墓,而它的自身持存是殉道的镣铐,之后,通过知识,感受痛苦的能力增长,它在人身上达到它最高的程度,并且程度越高,人就越明智——必须使乐观主义的体系适应这个世界,它们想向我们证明为所有可能中的最好的。这是闻所未闻的荒谬。"(Schopenhauer, *Sämtliche Werke*, a. a. O. [Anm. 164], Bd. II: *Die Welt als Wille und Vorstellung II*, Darmstadt 1980, S. 744.)那是 18 和 19 世纪的事情;在 20 世纪,阿多诺在回忆里斯本地震时写道:"第一自然那一目了然的灾难比起第二自然和社会的灾难来说便微不足道,第二自然和社会,由于其出于人的罪恶所导致的现实地狱而超乎人类想象。因为发生的一切击碎了思辨形而上学思想与经验之间一致性的基础,从事形而上学的能力便瘫痪了。"(GS 6, S. 354. 中译参阅谢永康的译文,见《理性的悖谬与潜能:阿多诺辩证法研究》,上海人民出版社 2023 年版,第 194 页。)神学家们,他们之中有正直如蒂利希者,总是想要继续追问神义论的问题(vgl. etwa Paul Tillich, *Systematische Theologie* I/II, 8. Aufl. [photomechan. Nachdruck], Berlin, New York 1987, Bd. I, S. 309 ff.);在奥斯威辛之后从事哲学,只有作为否定辩证法才是可能的;阿多诺的哲学不能被全然描述为反神义论的。

⑤ 应该提前想到叔本华哲学作为整体的姿态,但也应当想到出自《作为意志和表象的世界》的"第四篇的补充"的如下这段话:"现如今,哲学教授们正全面地努力,让莱布尼茨带着他的废话重新站立起来,去颂扬他,另一方面尽可能地轻视康德们,并将他们推到一边,这在'生活在先'中有其很好根据。……但'生活在先,之后哲学!'打倒康德,我们的莱布尼茨万岁! ——因此,回到这一点,除了它后来产生了伟大的伏尔泰的不朽的《老实人》,我并不承认这种神义论,以这种乐观主义的有条不紊的和广泛发展为特征的神义论没有任何功绩可言;无疑,凭借莱布尼茨为世界的恶经常重复说出的蹩脚的借口,他获得了意想不到的证据,有时坏事会带来好的结果。伏尔泰已经用他的英雄的名字表明,只需要坦率,就可以看到乐观主义的反面。确实,在这个罪恶、苦难和死亡的舞台上,乐观主义制造了一个如此奇特的形象,如果人们不能从休谟……如此令人愉快地揭示出来的同一个秘密来源中(即虚伪的阿谀奉承,对其成功的滥用的信任)对其起源作出充分的解释,人们必须将它当作讽刺。"(Schopenhauer, *Sämtliche Werke*, a. a. O. [Anm. 164], Bd. II, S. 746 f.)

⑥ 作为特定画作的标题,未被指明。

⑦ 指的是作家恩斯特·维歇特(1887—1950),小说《朴素的生活》(zuerst 1939, dann in: Wiechert, *Sämtliche Werke* in 10 Bdn., Bd. 4, Wien u. a. 1957)的作者,在上一句提到了他。——维歇特,或许完全不是那么容易就能将他放在一边,他在第三帝国宣布完全与它令人倒胃口的"民族的"开端脱离关系,是最勇敢的纳粹反对者之一,几乎是自愿被关进集中营的(vgl. Wiechert, *Der Totenwald. Ein Bericht*, Zürich 1946; *Sämtliche Werke*, a. a. O., Bd. 9)。他后期的著作,尤其是两卷本的小说《热罗尼姆的

孩子们》(Die Jerominkinder)是为数不多的对"内在的"移民的光荣见证。尽管如此,也不能减弱让·埃默里(Jean Améry)对维歇特的批判:"他试图将他对朴素的生活的渴望,不仅在他以此为题公开出版的著作中,也在他所有其他的作品中传达给我们,这简直是典型的避暑之人的愉悦,他不将老农可怜的口齿不清作是它之所是——简单的发音不清,而是将它认作金子般成熟的智慧。维歇特相信所有严肃的东西……相信'大地会愈合所有的伤口'。"(Jean Améry: *Bücher aus der Jugend unseres Jahrhunderts*. Mit einem Vorwort von Gisela Lindemann, Stuttgart 1981, S. 45.)

⑧ 最初是虔敬派(自己给的)名称,例如参阅《诗与真》中:"分离派、敬虔派、赫尔因胡特派由此产生,人们给他们取了'国内宁静派'和其他种种名称。不过他们全都抱有同一志愿,只求——特别是通过基督耶稣——能比公认的宗教的形式所能够做到的更接近上帝。"(Goethe, Werke. Hamburger Ausgabe, hrsg. von Erich Trunz, Bd. IX: Autobiographische Schriften, 1. Bd., Hamburg 1955,S. 43.)中译参阅歌德:《歌德文集》第 4 卷,刘思慕译,人民文学出版社 1999 年版,第 38 页。阿多诺正确地将之套用到维歇特个人的意识形态混乱之上。

⑨ 原来只是"yes"的俚语;从 20 世纪 60 年代开始,最初是当时新兴的英国摇滚音乐的一种节拍的识别信号,后来为整个年轻一代以及很快在世界范围内传播的"流行音乐"所接受;参阅例如披头士乐队一首歌曲中的"yeah"的渐进式堆叠:"她爱你/ Yeah, Yeah, Yeah/ 她爱你/ Yeah, Yeah, Yeah."

⑩ 未指明。——也参阅《否定的辩证法》的印刷版:"哲学的疑难概念是客观上,而不单是思想所未解决的东西的标志。把矛盾归于不可救药的思辨固执就是推脱责任。羞耻感命令哲学不要压制格奥尔格·齐美尔的洞见:令人惊讶的是,人们从哲学史中很少看出人类苦难的迹象。"(GS 6,S. 156. 中译参阅阿多诺:《否定的辩证法》,张峰译,上海人民出版社 2020 年版,第 132 页,译文有改动。)

⑪ "留下的只有:大自然赐给我们的眼泪,还有/痛苦的喊叫,当人们最后被逼得/忍无可忍——而我,还胜似别人——/自然还给我留下韵律和诗句,/让我痛苦时倾诉满腔的烦恼。/别人在痛苦之时闷声不响,/神却让我能说出的烦闷。"(Goethe, Werke. Hamburger Ausgabe, Bd. V: *Dramatische Dichtungen*, 3. Bd., Hamburg 1952, S. 166[Torquato Tasso, V, 5; v. 3426 ff.],中译参阅歌德:《歌德文集》第 7 卷,《托尔夸托·塔索》,钱春绮译,人民文学出版社 1999 年版,第 530 页。)

⑫ 录音转写稿到此结束。接下来的讲课只以提纲的形式幸存下来,这些提纲是阿多诺在讲座之前写下来,用来帮助演讲的。由于这些提纲主要指向《否定的辩证法》"导论"的手稿的某些页面(s. oben, Anm. 156. 见第九讲注释①),因此,就将提纲与导论的文句在左侧进行了比照;整个"导论"可以在本卷的"附录"(s. oben, S. 227 ff. 本书第 238 页)中读到。

论精神经验的理论(节选)*

160　　　(9) 因为痛苦是施加在主体身上的客观性的冲击力;主体体验到的最主观的东西,就是它的表达,是客观地被中介的。这也许有助于澄清,对于哲学而言,它的陈述[11]并不是无关紧要的和外在的,而是内在于它的理念中:它的完整的表达因素,非概念性—模仿性的因素,只有通过陈述——也就是通过语言——才能够表达出自己。哲学的自由无非是这种能力:促使它的不自由得到声张。如果表达的因素自居为更多,它就会退化成世界观;在它放弃表达因素和对陈述的责任的地方,它就会被拉平为科学,而它本应当反思科学,并超越它反思的科学而思考。表达和严格性并不是哲学二分的可能性。它们需要彼此,缺一不可;表达通过思维摆脱它的偶然性,表达之于思维,恰如思维之于表达;而思维通过它的表达,通过语言的表征才令人信服;说得不严谨,

---

* 从第四讲开始,阿多诺就以《否定的辩证法》的导论作为其讲课的基础,第十一讲到第二十五讲课程记录缺失,德文编者将阿多诺的导论草稿与每一讲的提纲分别对照起来以努力复原阿多诺讲课实况。为阅读方便,中文版导论文字采用宋体,提纲文字采用仿宋体,并照例以边码的形式标出德文版页码;中译本缺失的边码为德文本的空白页。由于是导论的稍早的草稿,与正式出版的《否定的辩证法》在文本上不尽相同,编者据阿多诺对文稿的旁注将这个部分起名为"论精神经验的理论"。参见第四讲注释②,以及附录的注释①。——中译者注

往往是想得不周全。在表达中,严格性被强加给所表达的东西,这严格性自身的目的并不是牺牲被表达之物,它是从物性的外化那里夺取来的,而这种物性的外化又构成哲学批判的对象。没有唯心主义的基础结构的思辨哲学要求忠诚于严格性,以便打破唯心主义威权的胡作非为。本雅明原初的拱廊街草案将无与伦比的思辨能力与对事态的微观逻辑上的切近结合起来,他在晚期的一封关于该作品的第一个层面,实际上是形而上学层面的通信中(10)判定,它只能作为"不得允许的'诗意'"被克服。〔Benjamin, *Briefe*, hrsg. und mit Anmerkungen versehen von Gershom Scholem und Theodor W. Adorno, Frankfurt a. M. 1966, S. 686(16. 8. 1935, an Gretel Adorno)〕这种屈服既指明不想退步的哲学之困难所在,也指明其概念要被继续推动的那个点。这句箴言可能跟教条的唯物主义相关,故而在世界观上重又采纳了一种被静置的辩证唯物主义。然而,本雅明没有能够完成拱廊街理论的最终稿这一事实提醒着我们,哲学只有在它使自己面临彻底失败的地方才有存在的理由(raison d'etre),作为对传统上欺骗人的绝对确定性的回应。本雅明对他自己的思想的失败主义是由一种非辩证的肯定性的残余造成的,他将这种肯定性以不变的形式从神学阶段拖入唯物主义阶段。黑格尔对否定性与主体、思想的等同有其经验内核,即想要使哲学免受科学的实证主义和个别之物偶然性的伤害,思维本身已经,

第十一讲

（9）最主观的东西，表达，正是通过苦难被客观地中介的，在苦难中包含了世界进程的形态。

因此，对哲学而言，它的<u>陈述</u>不是外在的，而是其理念所固有的东西。没有陈述的哲学，掩盖了对它而言本质性的表达因素。

陈述唯独对于模仿的因素，即概念性因素的对立一极来说才会是公正的。

它使不自由得到声张。——索纳曼①：没有一流的哲学家就没有一流的作家。但不要将表达实体化。

作为肯定性的、孤立的因素的表达会退化为世界观。那些<u>献身者</u>。或者：轻松、独立的风格。

<u>没有</u>作为陈述的表达，哲学将被拉平为科学。庸俗之物。从这里开始批判学院哲学。

表达＋严格并不是二分的可能性。

它们彼此需要，缺一不可。

表达通过思维摆脱它的偶然性，表达几乎不能作为单纯的直接性。思维也在表达中令人信服。黑格尔就这点的论述。——实现表达意味着使它严格，在它之中严格性实现自身。——思维不过是寻求正确的表达。

相反,表达是对严格性之被物化的纠正,严格性使自身独立于主观的在场(Dabeisein)。

为了打破严格性的意识形态的胡作非为,打破思维自动运转的独断专行,对严格性的忠诚要求表达。

(10)反对被诗意的污染。本雅明的拱廊街草案。②

在他的拒绝中的投降风险:对一种被静置的,因此是非辩证的唯物主义的接受。

并且首先是特殊的内容,是对强加在它之上的东西的否定和抵抗; 162 对劳动与它的材料、它的原型之间关系的思考保留了这一点。如果今天,意识形态比以往任何时候都更鼓励思想走向肯定性,那么它聪明地注意到,这种肯定性正好与思维背道而驰,而且它需要(11)社会威权的友好鼓励,才能训练思想走向肯定性。作为对被动的直观的抵抗,思维概念自身所隐含的努力已经是它的否定性,即反抗任何直接性作为被动接受对它的苛求。判断和推论,思维批判不能放弃的思考形式,它们本身就包含批判的萌芽;它们的规定性向来同时是对它们无法取得之物的排除,并且它按照形式所宣称的真理,将那些未被同一性铸就的东西否认为不真实的。判断应该是这样的东西,即潜在地防止主词与谓词的关系与判[13]断所表达的东西不相一致。思维形式想要比仅仅是现有的、"被给予的"东西走得更远。这启发了黑格尔;只是他反过来用同一性论题败坏了它,这个同一性论题将现存之物的压力等同于主体面临的压力。在思维的形式中,针对其质料的抵抗,不仅仅是在精神上形成的唯一的自然统治。思维在对其进行的综合施加暴力的同时,也在追寻一种隐藏在它的对立物之中的潜力,并且无意识地服从于这个理念,即让它自己击溃的部分恢复原有状态(restitutio in integrum);哲学将会意识到这种无意识的东西。不和解的思维伴随着对和解的希望,因为思维行为对单纯存在者的抵抗、对主体残暴的自由,这对客体而言同时也意味着，那些在准备成为客体的过程中客体所失去的东西。

163　　在哲学失败主义的背后有一个非辩证的肯定性的残余，它从本雅明的神学阶段延伸到了唯物主义阶段。

黑格尔将否定性等同于主体——针对科学的肯定性<u>以及</u>单个事物的偶然性——有其经验内核。思维首先是特殊的内容、否定和抵抗（从而是<u>努力</u>的因素，这个因素将思维与接受性区别开来。在这点上，思维与它的原型——劳动相似：劳动同时也是否定性的）

肯定性<u>自身</u>，被设定之物，如此存在之物，是与思维相对立的。

（11）所有的逻辑操作，判断与推论，在自身之中都包含着批判的萌芽；逻辑形式的规定性是对它所没有达到的东西的排除。作为否定的"被排除的第三者"的逻辑。

逻辑形式当然（eo ipso）宣称了真理，将未被同一性铸就的东西否认为不真实的。思想先天地是批判。

"暗含的否定性"：判断是这样一种东西，它潜在地拒绝，主词与谓词的关系不同于判断所表达的东西。暗含的否定性必须变成明确的否定性。

思维形式想要先天地继续作为单纯现成的东西、被给予的东西。综合是否定。

思维对它的质料的抵抗<u>不仅仅</u>在精神上成为了自然统治。

当它的综合在客体身上施加暴力的时候，它同时追寻着在这客体中随时待命的潜力。

它无意识地将目标对准一个理念（restitutio ad integrum），即让它自己击溃的部分恢复原有状态③；哲学就是对这种无意识之物的意识。

驱动（Antrieb）[？自然？乌托邦？]不和解的思维伴随着对和解的希望。

1965 年 12 月 14 日

注释

① 哲学家、社会科学家和精神分析家乌尔里希·索纳曼（Ulrich Sonnemann，1912—1993)1957 年就认识了阿多诺；在一篇自传性札记中，索纳曼记下了"1966 年与特奥多·W. 阿多诺的友谊"。1969 年，阿多诺评价了索纳曼的主要著作《否定的人类学：命运破坏的初步研究》："索纳曼的新书，是极其深入的、自我批判发展的顶峰，其中的语言表述以极大的密度反对随波逐流的平庸。这个陈述喜欢处处将事物设置在流行语称之为交往的东西的对立面。抵抗的力量在那里丝毫不亚于思想中的力量，两者的确是相互中介的。对实证主义的专家而言，这样的语言过于散文化，对记者而言，则过于艰难和讲究：是对它的真理的确证。"（GS 20·1, S. 263.)

② 本雅明计划将之作为主要作品的拱廊街著作——它的意图是给出现代性的史前史，将最近的过去解读为最古老时期的拼图，指出 19 世纪依然依附于神话——开始于 1927 年，他最初将想法与阅读成果以日记的形式杂乱地记录在"巴黎拱廊街"的标题之下。基于这些最早的笔记，在随后几年里出现了"早期草稿"：这仍然是与《巴黎拱廊街：一部辩证的仙境》这篇作者在其工作的第一阶段想要撰写的文章没有关联。在本雅明的回顾中，他将 1929 年秋季工作的中断首先归咎为表述的问题：它的"狂想曲般的特征"，他当时想要指出的"不被允许的'诗意'的"塑造，他当时曾经指出，这些可能与同时应当具有"我们这一代人对对象的决定性的历史兴趣"的工作不相容。本雅明深信，这个兴趣只有在历史唯物主义那里才能被扬弃。后来，本雅明将他的拱廊街著作在第一阶段就确定下来的"无忧无虑地古老的、偏向自然的哲学思考"的结束，追溯到与霍克海默和阿多诺的对话，他自己将这个对话描述为历史性的；霍克海默与阿多诺都坚持认为，如果不考虑马克思对资本的分析，就无法严肃地对待 19 世纪。1934 年，一个改变了的拱廊街计划的观念显现。它现在获得的"新面孔"，首先是由"新的、干涉性的社会学观点"塑造的，它们从那以后决定了应当仍然保持为片段的著作。Vgl. auch GS 10·1, S. 247 ff.; Rolf Tiedemann, *Mystik und Aufklärung. Studien zur Philosophie Walter Benjamins*. Mit einer Vorrede von Theodor W. Adorno und sechs Corollarien, München 2002, S. 220 ff.; R. Tiedemann, Christoph Gödde und Henri Lonitz, *Walter Benjamin 1892—1940. Eine Ausstellung des Theodor W. Adorno Archivs in Verbindung mit dem Deutschen Literaturarchiv*, 3. Aufl., Marbach am Neckar 1991, S. 259 ff.

③ *restitutio ad (oder in) integrum* 这个表达今天可能只在医学中使用，它指的是从疾病中完全康复。这个概念最初来自罗马的法律语言，意思是取消一个判决，或者在民法中，已经发生的法律效力的废止。但阿多诺是在神学的意义上使用这个概念的，例如本雅明在他的《神学政治片段》中说到这个概念："精神的复原，导入不朽之中……[相应的]世俗的复原，导致毁灭的永恒。"（Benjamin, Gesammelte Schriften, a. a. O. [Anm. 58], Bd. II·1,

S. 204.)根据蒂利希的神学,不仅与阿多诺相去甚远,还在背景中有一个可以追溯到基督教思想的历史的对立:一方面是"排除在永生之外的死亡的威胁",另一方面是"扎根于永生并因此从属于永生的确定性"。"奥古斯丁、托马斯和加尔文持有第一种观点,而奥利金、施莱尔马赫和一神论普世主义支持第二种观点。这场争论所讨论的神学概念,是'万物复原',也就是奥利金的**万有回归**('Αποκατάστασις πάντων; La Restitution universelle)。它指的是,所有暂时性的东西都复归到它所来自的永恒。个人得救的信仰与普遍得救的信仰之间的对立,显示了这种自相矛盾的观念与它们的实践重要性之间的张力。"(Paul Tillich, *Systematische Theologie III*, übers. von Renate Albrecht und Ingeborg Henel, Berlin, New York 1987, S. 469.)阿多诺在这个关联中说到的被"击溃"的"断片"的复原,这可能是想到了卢里安的卡巴拉(Lurianische Kabbala),想到了"所谓的 *Schebirath ha-Kelim*,'容器破裂'的学说,以及**修复(***Tikkun***)**的教义,即由破裂所创立的缺陷的痊愈或复原的教义"(Gershom Scholem, *Die jüdische Mystik in ihren Hauptströmungen*, Frankfurt a. M. 1957, S. 291)。

（11）如果人们可以将这解释为柏格森和胡塞尔这一代哲学家的
隐藏的愿望，即按照严格的标准以一个不成功的突破，打破意识的内在
性和体系的魔咒，那么这对于宣布了脱离传统却又挂念着它的哲学而
言，就有义务去完成这个突破，就是荷尔德林所说的"广阔（12）天
地"＊。如果批判哲学曾通过主体的反思剥夺了它天真的教条主义的
直接意图（intentio recta），那么在反思的第二次运动中，它会再次赢得
不带（bar）那种天真的直接意图；因为，每个主体性的形态总是反过来
以（尽管是被规定的）客体性为前提条件，而根据间接意图（intentio
obliqua）的模式，这种客体性应该是创立或者保证知识的唯一东西。哲
学必须思索对象，而不是按照它理所当然地固化了的游戏规则去预先
设立对象。哲学思维[14]在 20 世纪前几十年纲领性地大声叫卖的具
体性，是意识形态，因为它总是通过其上位概念来预先准备具体之物，
然后毫不费事地将它赞颂为有意义的。相反，二阶反思必须批判地强
调具体之物中隐秘的抽象过程，就其自身而言，这些具体之物本身又是
极其具体的：它们为社会的抽象法则性所预先规定。另一方面，它必须

＊ 这里说的应该是荷尔德林的哀歌《乡间行》（Der Gang aufs Land），诗歌第一句即
　为"Komm! ins Offene, Freund!"译为"来吧！朋友！到广阔天地中去！"——中译
　者注

没有精神保留（Mentalreservat）地投入细节，因为它意识到，唯有在细节之中而不是想要跳出细节的东西，其存在才多于细节的材料性。胡塞尔宣称的"面向事物"，只有在事物没有通过它的认识论范畴被替代的情况下，才能够得到贯彻。在此并不是去追踪海市蜃楼，即离开概念来从事哲学思考，就像本雅明在他的后期，计划纯粹以引文来组装他的拱廊街文本时受到的诱惑一样。没有着重强调的概念就没有细节的建构。与传统哲学的区别是方向性倾向（Richtungstendenz）的概念。传统哲学将概念提升为隐含的理想，按照这个理想，它的质料都是被挑选出来并被预先赋形的。相反，概念应该被集合在一起，以便（13）在它们的星丛中解释无概念的东西。

第十二讲

(11) 胡塞尔和柏格森徒劳地想要突破意识的内在性和体系,这个 ¹⁶⁵ 突破必须以有约束力的方式进行,用荷尔德林最喜欢的表(12)达①,就是必须进入"广阔天地"。

通过二阶反思,直接意图得到恢复;因为,主体也总是一如既往地以被规定的客体性为条件,这种客体性据说是主体单独以更加哲学的方式(more philosophorum)构成的。这里给出核心的论据。我存在着,抽象。

具体物的概念与它的自身的概念的差别(来自插入的注解②);与此相反,二阶反思必须在具体性中凸出隐秘的抽象过程。

另一方面,毫无精神保留地投入细节。

贯彻"朝向事物",这在胡塞尔那里始终只是意向活动—意向相关项的结构;我的材料性研究工作是,努力兑现在这里自上而下地——因而是错误地——提出的否定辩证法。

(13) 重申一遍:否定辩证法的理念:通过概念的星丛解释无概念的东西。

1965 年 12 月 16 日

注释

① 参阅阿多诺关于荷尔德林的论文《平行关系》："用荷尔德林喜欢的词来说，天才的世界，是开显的，因此是亲密的，不再是武装起来的，而由此是疏远的：'所以你来吧！好让我们看那开显的，让我们寻找一个自己的，不管它多远。'"(GS 11，S. 488；Zitat：Hölderlin, *Brod und Wein*, v. 41 f. 荷尔德林诗句参阅中译荷尔德林：《荷尔德林诗选》，林克译，四川人民出版社 2018 年版，第 74 页。)

② 未明；不应该是指插入 12a(见本书边码的 171 页)，因为它的位置已经明确地固定了。"导论"的第二版有一个旁注：这可能是关于具体物概念和在其下被把握的东西自身的插入(Vo 13406 和 Vo 13366)，这个旁注在第三版中被划掉了。(Vgl. aber GS 6，S. 82 f. 中译参阅阿多诺：《否定的辩证法》，张峰译，上海人民出版社 2020 年版，第 63 页。)

（13）任何一种思想，只要不付诸实践，就无法实现它为自己设定 的目标，那就是让哲学从字面意义上的个别事物那里升华出来。但如果哲学不想将任意行为与已完成的行为相混淆，它就必须使用这些概念；但是，哲学从传统的当下状态中接收到的、就细节的那些提问，它并没有将其固定在与诸对象分离之物（χωρίς）上，而是将它们扔进这些对象之中，它厌倦了在概念的单纯自为存在中拥有自在存在的妄想。然而，它必须让传统状态本身[15]面对历史的现实。届时，理论就不再是涵摄诸概念因素，而是诸概念因素彼此之间的关系。它的中心在于不可消解之物的消解，或者按照卡尔·海因茨·哈格（Karl Heinz Haag）的说法，在于"不可重复之物"之中。理论被预先设定和利用，以在它流行的形态中废除它。它改变了的形态的理想，将会是它的消灭。与开放的或者不封闭的辩证法相比，未被掩盖之物的意图得到更充分的暴露。在逻辑—形而上学的同一性原则被摘除之后，辩证法不再能够正确地指出，事物和概念的辩证运动的真正动因。在唯心主义辩证法中，真理否定性的因素被低估了，意识——不仅仅是意识——想要从（唯心主义辩证法）这个客观的地狱机器（machine infernale）中逃离。不能希望通过忽视地狱机器而逃离它，而只能通过把握住它而逃离它。黑格尔仍有待针对"辩证法的紧身衣"的惯常指责进行辩护。这是世界的紧身衣。开放之物只能通过对封闭性的和颠倒了的存在物的不懈意识来思考。

（14）借此哲学与体系的关系就得到了刻画。传统的思辨在康德的基础上，试图通过哲学原则将其视为混沌的杂多性综合起来，并最终从自身出发将其发展成一个统一体。这就把事态颠倒了过来。哲学的终极目标，即去解释敞开的和未被掩盖之物，它的自由，以及它赤手空拳地与之较量的那些现象，它们都是反体系的。尽管如此，它也必须重视体系，就像它的异质之物作为体系与它相对一样。被宰制的世界正朝着这样一个僵化的系统发展。体系是否[16]定的客观性，而不是肯定的主体。经过了这样一个历史阶段之后，即只要严肃地对待内容，体系就被降格到思想之诗的可疑王国，只留下秩序图式的苍白阴影，我们很难生动地去设想，是什么曾经驱使哲学精神走向体系。按照尼采的批判，它最终只记录了学究式的迂腐，通过对存在物施加的绝对权力的概念建构，来弥补政治上的软弱无能。

第十三讲

(13) 从下往上的道路,是分析。"对经验主义的拯救。"

就此而言,问题既是由传统的当前状态提出来的,同时也是由真实的哲学历史提出来的。不与经验分离(χωρίς)。

理论被预先设定和利用,以废除其流行的形态。

它的消灭的理想。

不仅仅是"开放的辩证法",它也是传统的辩证法,只是没有了封闭性的诉求。——质的差异。在否定辩证法中,范畴自己发生改变。模式:综合。它不再是更高的东西。"整体是不真实的"。①

在它[也就是"开放的辩证法"]之中,唯心主义辩证法的否定的真理因素被低估了,意识想要从客观的地狱机器②中逃离。

不是忽视强迫的特征,而是把握它。

"辩证法的紧身衣":世界的紧身衣。

只有通过对封闭性的不懈意识才能够思考开放。

(14) 体系。唯心主义的体系颠倒了事态。

哲学的最终目的是开放之物、未被遮盖之物。

体系,哲学当作绝对主体妄想去产生的东西,它关涉客体。

体系理念的权利:不是苟且于知识分散的碎片,而是走向整体——虽然整体存在于它是非真理的这个事实之中。

1966 年 1 月 6 日

注释

① 参阅阿多诺在《最低限度的道德》中针对黑格尔使用的句子，GS 4，S. 55。中译参阅《最低限度的道德》，丛子钰译，上海人民出版社 2020 年版，第 45 页；也参阅：NaS I·1，S. 290，Anm. 42。

② Machine infernale，地狱机器，也是让·科克托(Jean Cocteau)的一部戏剧的题目(1934 年)；至少可以认为，阿多诺在一定程度上是珍视科克托的——他想在 1933 年前创作单人剧《人类之声》(La voix humaine)，在这一点上，他想到的是俄狄浦斯题材的当代改写，在其中神话被视为地狱机器。

但体系需要：不苟且于知识分散的碎片（membra disiecta），而是达到绝 168
对的知识，它的诉求已经无意间在每个个别判断的简洁性中被提出了，
这个需要曾不仅仅是对不可抗拒的数学—自然科学的方法的精神假象
（Pseudomorphose）。

（14）从历史哲学的角度看，尤其是在 17 世纪，体系就有补偿性的 170
目的。从某种意义上说，与资产阶级利益一致的这同一个理性，曾粉碎
了封建秩序和它的精神反映形式，即经院哲学的本体论，它在废墟面前
立即就感受到了（15）它本身的工作对混乱的恐惧，对在它统治领域之
下威胁性地持续存在，并且与它自身的暴力成比例地加剧的东西的恐
惧。在理性的开始阶段，这种恐惧塑造了几个世纪以来资产阶级思想
的建构性的行为方式，即通过肯定秩序来取消任何走向解放的步骤。
在它解放不彻底性的阴影之下，资产阶级的意识必然害怕被一种更先
进的意识所撤销；它担心，因为它并不是完整的自由，所以它只创作自
己的讽刺画；因此，它必须在理论上将自己的自律提升为体系，这个体
系同时酷似它的强制机制。资产阶级的[17]理性本应从自身中产生出
它在外部否定了的秩序。然而，作为被生产出来的秩序，它就不再成其
为秩序并因此变得不知餍足。这种荒谬的、以理性的方式被设定的秩

序曾是体系、被设定之物，是作为自在存在出场的东西。它必须在从它的内容中分离出来的形式思维中寻找它的起源。只有凭借这种分离，它才能够行使它对质料的统治。在哲学的体系中，方法（Ansatz）与不可能性交叠着；而它刚刚谴责体系的早期历史是一者对另一者的摧毁。正是这种不可能性注定了早期的体系史，是一种体系被另外一种体系所摧毁的历史。这个理性，为了使自己作为体系得到贯彻，虚拟地消除了它所参照的事物的质的规定，陷入了与客观性不可调和的对抗之中，由于它假装理解了客观性，从而对客观性施加了暴力。理性越是完全地臣服于自己的公理，最终臣服于同一性的公理，它也就越是远离客观性。所有体系的迂腐，包括康德的甚至是黑格尔的建筑学般的复杂——它们与黑格尔的纲领是如此格格不入——在内，都是一些先天条件失败的体系标志，它以无比诚实的方式记录在康德体系的断裂之中。要去把握的东西，在概念的同一性面前退缩了，这迫使同一性朝怪诞的夸张活动发展，只不过没有激起对思想产物的完整性和严格性的任何怀疑。伟大的哲学痴迷于偏执的狂热，这同一种狂热不允许《白雪公主》中的皇后容忍一个比她更美丽的人——一个他者，即使是在王国的最边缘地带，并且这种狂热驱使她用她(16)理智的所有狡计去追踪，而与此同时，在这种追踪的面前，这个他者总是在进一步地退却。

第十四讲

    (14) 体系的<u>补偿性</u>目的:打破封建秩序及其精神的反映形态的理171性,它在废墟面前立即就感受到(15)对混乱的恐惧,就像资产阶级在<u>政治上</u>害怕在它的领地内威胁性地持续存在,并与它本身的暴力成比例地增长的东西。不彻底的解放害怕更彻底的解放。

    宣称自由却并不完整的东西,只会产生关于自由的讽刺画,并诋毁真正的自由。因此,它必须在理论上将它的自律提升为体系,这个体系同时又类似于它的强制机制。

    资产阶级的理性假装从自身中产生出秩序,它将这个秩序当作超主体性的秩序加以否定,也就是在很大程度上按照旧的(笛卡尔和经院哲学)模式加以否定。作为被生产出来的秩序,它就不再成其为秩序,并因此变得不知餍足。被设定之物不是自在存在者,并且只有这样体系才会更丰富。作为<u>体系</u>,也就是思想关联,恰恰不能是自在的存在者。

    它必须在与它的内容相分离的形式思维中去寻找它的起源:只有这样它才能够在质料之上施加它的<u>统治</u>。

    在体系中,它的方法就已经与它的不可能性交叠着;因此一个吞噬了另一个。哲学的辩证历史就是它本身的否定性的历史。

    理性作为体系,必须虚拟地消除它所关涉的事物的质的规定。

它清除了它想要把握的东西：这就是体系的二律背反。迂腐是它的创痕。附上关于质的说明※12a

[插入 12a※：]关于性质。

将质还原为量——使社会和自然的过程成为可控的——被等同于作为对象本身的知识的进步。

173　但是正是这个过程，作为一个抽象的过程，使自身远离事物。

并且它本身是错误的，因为在交换中，质不是简单地消失了，相反它同时被保留了下来。

这些质只会落入一个摆脱了交换的社会进程。

今天对这些质的双重态度。既不是浪漫主义地认为它们直接拥有"生命"，也不是认可它们的消失。

这同样也是社会的假象。[插入结束]

需要去把握的东西在概念的同一性面前退缩了，这迫使同一性朝怪诞的夸张活动发展，以便不产生对完备性的丝毫怀疑。请注意：康德的建筑术的活动。

伟大的哲学总是具有《白雪公主》中皇后的那种偏执的狂热，即使在王国的最边缘地带都不能有更美丽的人——对于她自身而言仅仅是一个他者。

她用她理性的所有狡计追踪这个他者，与此同时，在这种追踪面前这个他者总是在进一步地退却。

1966 年 1 月 11 日

（16）非同一性最细微的残余就足以否认整个[18]同一性。自笛卡尔 174
的松果体和斯宾诺莎的公理以来,各种体系的乖僻已经被总体的理性主义
注入到了体系中,之后理性主义以演绎的方式从体系中将它们提取出来,
在它们的非真理性中显示出体系本身的真理,以及它的疯癫。然而,体系
在其中由于自身的不充分而瓦解的这个过程,是与社会的过程相反的。资
产阶级理性作为交换原则,借助不断增长、尽管潜在地是致命的实际结果,
越来越接近它想要与之通约、与之等同的体系,越来越少地游离于体系之
外。在理论上被证明是徒劳的东西,讽刺性地被实践索求归还。因此,在
尼采之后的一代人中,关于体系危机的讨论变得越来越意识形态化,甚至
在那些根据已经过时的、不再令人满意的体系理想,以充满怨恨的职业腔
调谈论概要（Aperçu）的人那里也是如此。实在性不应再被建构,因为它
似乎已经被建构得太彻底了,并且它的非理性为这种建构提供了借口,前
者在特殊合理性的压力下愈演愈烈:通过整合而来的瓦解。如果社会作为
一个封闭的,并且由此作为与主体无法和解的体系这一点被洞察到了,那
么只要主体仍然是那些主体,它就无法为主体所容忍。它的体系特征,在
昨天仍然是学院哲学的识别记号（Schibboleth）,必须为它的大师们
（Adepten）所刻意否认;与此同时他们被允许以自由的、原创的、可能是
非学院思维的代言人自居。这种滥用不会取消对体系的批判。

第十五讲

　　（16）体系的乖僻和迂腐说出了关于这些体系的真相：不开放的伤痕，开放是由活动强制推行的。就好像事物中那些脱离了思维的东西，都会在思维中被戏仿，作为思维本身的物性出现。

　　体系的疯癫（参考弗洛伊德）早就存在于柏拉图对道德的数学式处理的观念之中了。

　　体系的瓦解与社会的发展相对位。资产阶级的理性，作为交换原则，使现实越来越接近体系，允许越来越少的东西处于体系之外。在它之下的痛苦：精神的幽闭恐惧症。这就是为什么反体系会成为一种补偿性的意识形态。

　　在理论中被证明是徒劳的东西，被实践索求归还。世界已经变得像之前的体系所是的那般，如此的强制和干枯。

　　就像过往的体系那样，今天对它们的谴责越来越意识形态化。反对体系这个事情已经十分廉价了。

　　现实不应当再被建构，因为它使自己被建构得太彻底了。世界越是抽象，哲学就越自居为具体。

　　这个抵抗可以依靠与整合具有密切关系的解体。①联合起来的社会不再是合理性的。等价原则的贯彻。

　　如果作为体系的社会被洞察为它之所是，那么它就不会再为它的强制性成员(Zwangsmitgliedern)所容忍。

认为不存在体系,是为了假装依旧存在生命。那些否认体系的人,还作为自由的、非学院思想的代言人出现。

因此对体系有双重态度。(对它的否认是青春艺术风格的主题,是对晚期反动体系的补充。)

对它的批判没有结束。

1966 年 1 月 13 日

注释

① 阿多诺用来解锁晚期资本主义社会最近几十年如何发展的核心思想;阿多诺计划出版的一部著作应当是以《整合即分裂》(*Integration als Desintegration*)为题,有时也名为《整合—分裂》(*Integration-Desintegration*),它应该包含了它同时代的社会理论。

　　（16）所有深刻的哲学都有个共同的命题,即哲学只有作为体系才是可能的,而拒绝深刻的怀疑论哲学则与之相反,这个命题对哲学的敌意几乎不亚于经验主义流派。关于它首先应当有充分根据进行判断的东西,是由其方法的假设预先决定的。（17）[19]体系,一种总体性的陈述形式,没有任何东西外在于它,它设定思想绝对地对立于思想的每一个内容,并蒸发掉思想中的内容:在所有对唯心主义的论证之前,它就是唯心论的。

　　但是,对它的批判并没有简单地清除体系。体系的形式不仅仅适合于世界,世界就内容而言摆脱了思维的霸权。统一和一致性是一种和解的、不再对抗的状态在统治的、压迫的思维坐标上的歪曲投射。哲学体系的双重意义除了将曾经为体系所释放的思想的力量转化为个别因素的公开规定之外,别无其他选择,这个力量与直到尼采为止的非体系的思想相比,总是显示出些许虚弱和无力。黑格尔的逻辑的方法曾瞄准这个方向。不管上个层级的范畴给它盖上了什么东西,对单个范畴的反思都应当引起任何一个概念在另一些概念中的运动,它们的总体性对概念而言就意味着体系。只是这个体系,首先并不让自己结晶出来,而是隐含地,因此是欺骗性地在每一个个别的规定中已经被预先思考了。这种假象应予清除,黑格尔只是承诺做到这点,即意识仿佛无意识地沉潜于它所立足的现象之中,这样,辩证法当然会发生质的变化。体系的一致性将会分崩离析。现象不再是概念的例子,而它在黑格尔那里就是概念的例子,并且这又是黑格尔不想要的。(18)从思想的角度来看,这比黑格尔所说的需要更多的工作与努力,[20]因为在他看来,思想往往只要在它的对象中阐明它本身已然所是的东西。尽管有外化的程序,但思想仍然舒适地守在自己身边,无论它如何频繁地对它的对立物作出担保。如果思想确实外化到了事物之中,那么客体就会开始在思想的顽固的凝视之下,自己开始说话。

第十六讲

（16）哲学只有作为体系才是可能的这个命题，对哲学而言丝毫不比最深刻地反哲学的经验主义更不像是敌人。

体系就是对哲学必须有充足理由首先作出判断的东西的<u>预先决定</u>；通过它的方法的假设。

（17）它绝对地设定思想与每个内容相对立，倾向于蒸发掉思想中的任何内容：在所有对唯心主义的论证<u>之前</u>它就是唯心主义的。

但这样的批判并没有简单地取消体系。

并不仅仅因为它对这个世界的适应性。

统一性和一致性同时是一种和解的、不再对抗的状态在统治的、专断的思维坐标上的歪曲投射。

体系的双重意义使我们别无选择，只能将从体系中释放出来的思想的力量，转化为对个别因素的规定。个别之物代表着人们所<u>没有</u>的整体。

提示下述事实，即与伟大的体系相比，非体系的哲学的虚弱和无力。在根本上说，经验主义作为<u>哲学绝无可能</u>；这表现在它自己的缺乏理由上（Untriftigkeit）。尽管在某种意义上说越肤浅就越真实；但体系在颠倒的形态下更接近真理。在经验主义是哲学的地方，它总是倾向于主观的体系。

顺便说一句,经典的经验主义仅仅<u>看起来</u>是反体系的;实际上高度类似康德的范畴学说(康德)。

在经验主义＋体系的困境中,哲学必须如何行止,这在黑格尔那里是隐含着的:范畴在自身内部反思,而不考虑一个从外部盖在它之上的整体。

这就是概念的<u>内在</u>运动的意义。

因此体系并不首先使自己结晶出来,但它当然总是已经在帘幕之后了。

从而这就是黑格尔的要求,以严肃的态度反对他自己。 179

意识仿佛无意识地沉潜入诸现象之中。这意味着"只有不理解自身的思想才是真实的"①。理解自身的思想超越了自身并且就此而言是<u>不真实的</u>。由此辩证法发生了质的变化。

体系的一致性将会分崩离析。

现象不再潜在地是其概念的例证,即黑格尔不顾现象的抗议还仍然认为其所是的那种东西。否定辩证法的任务首先是,<u>展开</u>这种质的变化。

(18)因此,与舒适地待在体系中相比,这要求思想付出更多的工作和努力。它并不会由此就更容易、更随意,像学院的偏见所想的那样。

如果思想真的外化了,那么客体<u>自身</u>就会开始说话。想象的努力——针对最大的——被合理化的——抵抗。

1966 年 1 月 18 日

注释

① 《最低限度的道德》中的格言,vgl. GS 4,S. 128。中译参阅《最低限度的道德》,丛子钰译,上海人民出版社 2020 年版,第 230 页。

　　（18）就此而言,哲学的理想是解释对它的传统概念而言是禁忌的东西。黑格尔对认识论的反对意见是,一个人只有通过打铁才能成为铁匠,在与认识相反的事物,也就是非理论之物上执行认识的过程中才能成为铁匠。在这一点上,我们应该相信他的话;只有这样,才能将自由归还给哲学,这个自由是哲学在概念的魔咒之下,即设定意义的主体自律中失去的。哲学的实质在个别之物和特殊之物中,而它的整个传统都将之作为可忽略的量(quantité négligeable)来处理。但炸开不可溶解之物的思辨力量正是否定的力量。只有在它之中,体系的特征才能继续存在。批判体系的范畴同时也是那些把握特殊之物的范畴。曾经在体系中合法地超越个别之物的东西,在未被体系覆盖之物中有它的一席之地。在现象中葆有比现象之单纯所是更多的东西,并且唯此现象才成其为现象,这个观念使形而上学世俗化了。哲学结束于其中的断片,才会将唯心主义以虚幻的方式拟定的单子带入其合适的位置,即在个别之物中的这个如此无法表象的总体性的表象。在辩证法的贯彻过程之外不允许任何肯定性的东西被实体化,这个思想冲出了对象,[21]它不再假装与之合为一体;它变得比在它的绝对性构想中更为独立,在这个构想之中,主权者和服从者混合在一起,互相依赖。或许这就是康德为智性领域免除所有内在性的目标。这个思想过剩并不与辩证的微观逻辑重合。(19)向个别之物的沉浸,上升到极致的辩证法的内在性,也需要超出对象的自由作为它的因素,这个自由是被同一性诉求所切断了的。黑格尔最后或许已经同意:他信赖在诸对象中的完全的中介。在认识实践之中,在不可溶解之物的消解中,思想的这种超越性的因素就暴露了出来:对不可溶解之物的解码,是只能使用宏观手段的微观逻辑。诚然,打开不透明之物的并不是被归于其下的分类概念,而是建构性思想给它提供的概念星丛,正如妥善保管的保险箱不是由一把钥匙或者一个数字来打开,而只能用数字的组合才能打开。如果哲学自欺欺人地认为,它在自身内部移动其对象的同时,也必须从外部唤起这些对象,那么哲学就会再次沦为莱布尼茨或者黑格尔式的前定和谐、令人安慰的肯定性的牺牲品。

第十七讲

（18）就此而言，哲学的理想就是阐释，而根据它的传统概念，阐释曾是一种禁忌。哲学是什么，可以从对现象的阐释来了解。

黑格尔对认识论的批判：认识论不能跟知识的实现相分离（通过打铁成为铁匠）①，必须逐字逐句地接受。

哲学的实质在于个别之物和特殊之物，哲学——尽管有黑格尔对具体物的赞许——总是只将它们当作可忽略的量。

思辨的力量：炸开不可溶解之物。<u>以否定的方式炸开</u>，<u>不是</u>像在黑格尔那里一样，以反辩证法的方式，以否定之否定炸开。

思辨的特征在其中继续存在。

体系批判的范畴跟把握特殊之物的范畴是同一个范畴。

曾经在体系中合法地超越个别之物的东西，在未被体系覆盖的地方有它的一席之地。在现象中葆有比现象之单纯所是更多的东西，并且唯此现象才成其为现象，这个观念使形而上学世俗化了。

只有在断片②中单子的构想才有其适当的位置。

在辩证法的贯彻过程之外不允许将任何肯定之物实体化，这个思想冲出了它不再假装与之合一的对象。与抽象的冲出相区别。

它变得比在它的绝对性构想中<u>更为独立</u>，在这个构想之中，主权者和服从者混在一起，相互依赖。

或许这就是康德对智性领域豁免[原文如此]任何内在性的最深层的目标。

(19) 向个别的极致物的沉浸，也需要走出被同一性诉求切断了的对象的自由来作为它的因素。被要求的微观逻辑唯一可支配的是<u>宏观</u>的手段。

虽然打开个别之物的，并不是它作为样本所属的分类概念，但却可 183 能是建构性思想加诸个别之物身上的概念星丛。

与保险箱的数字组合的比较。

如果哲学自欺欺人地认为，它在自身内部移动其对象的同时，也必须从外部灌输这些对象，那么哲学就会再次沦为莱布尼茨或者黑格尔式的前定和谐、令人安慰的肯定性的牺牲品。——客观性经验所需要的是主体；而不是对它的排除。※15a

1966 年 1 月 20 日

注释

① 在《否定的辩证法》中也是如此："黑格尔曾对认识论提出异议，认为一个人只有靠打铁，靠实际地认识与认识相对立的事物即非理论的事物，才能成为一个铁匠。"（GS 6，S. 38. 中译参阅阿多诺：《否定的辩证法》，张峰译，上海人民出版社 2020 年版，第 22 页。）在黑格尔那里，只有《哲学史讲演录》中的如下段落被确定："……这种看法似乎很可取，因为它主张人们应该首先考察工具、认识。这令人想起一个学究（σχολαστικός）的故事，据说这个学究在学会游泳前，不愿意先下水。所谓研究认识，就是对认识进行认识。但是不管一个人如何愿意认识，如果不去认识，那就没话可说。"（Hegel, *Werke*, a. a. O.［Anm. 10］, Bd. 20: *Vorlesungen über die Geschichte der Philosophie III*，S. 430. 中译参阅黑格尔：《哲学史讲演录》第 4 卷，贺麟、王太庆等译，上海人民出版社 2013 年版，第 353 页。）

② 阿多诺的哲学与单子和断片的亲和性是以历史哲学的方式建基于体系的瓦解，以及如下不可能性的，即通过思维无论如何都不可能达到整体或总体性。即使人们仍然可以通过援引单子的概念——阿多诺之前也以相似的形态使用过它——来识别一个在个体之中象征性地给定的整体的传统表象，但紧急情况借助对断片的谈论要求言说：历史的不连续性，一个奥斯威辛在其中是可能的世界。断片的概念在艺术史上尤为流行，阿多诺也经常

从审美断片和断片化的艺术作品出发；在他流亡归来之后，建议和指导的首批博士论文之一，就是探讨作为哲学形式的格言和断片（vgl. Heinz Krüger, *Über den Aphorismus als philosophische Form. Mit einer Einführung von Theodor W. Adorno*，München 1988［Dialektische Studien. 1]），并且在他去世前不久，他与皮特·冯·哈塞尔伯格（Peter von Haselberg）就《断片作为形式和作为偶然事件》举办了一场他最为成功和丰富的广播谈话（NDR, Aufnahme vom 2. 2. 1967），都绝非偶然。在法西斯主义结束不久，阿多诺发表的这段话，对当时年轻的艺术家来说变得格外重要："但作为有认识功能的艺术作品，它也成了批判性的和片段性的。勋伯格、毕加索、詹姆斯·乔伊斯、卡夫卡，还有马塞尔·普鲁斯特等人，对于在今天的艺术作品中尚有存活机会的东西都持相同的看法。而且，这也允许历史哲学的思辨。封闭的艺术作品是市民阶层的艺术作品，机械的艺术属于法西斯主义，片段式的艺术作品——在其完全的否定性中——则指向乌托邦。"（GS 12，S. 120. 中译参阅阿多诺：《新音乐的哲学》，曹俊峰译，中央编译出版社 2017 年版，第 233 页。）借评论勋伯格的《露露》之机，阿多诺写道："在目前的形式下一切重大的精神事件都明显地注定要停留在片段状态。"（GS 14，S. 260. 中译参阅阿多诺：《音乐社会学导论》，梁艳萍、马卫星、曹俊峰译，中央编译出版社 2018 年版，第 89 页。）这个词毫无限制地也适用于今天的哲学。阿多诺与他的哲学上的朋友本雅明和布洛赫分享着盲目地沉浸到不显著之物和个别物中的动机，他甚至知道胡塞尔的现象学包含着"对碎片的偏好，狄尔泰和马克斯·韦伯这类学者也有此偏好。现象学将'研究'与完成了的分析并置，而没有将它们合理地统一起来，甚至也没有调整单项研究中出现的不一致之处"（GS 5，S. 217. 中译参阅阿多诺：《认识论元批判》，侯振武、黄亚明译，上海人民出版社 2020 年版，第 188 页）。并非不可能的是，出自对所有封闭之物的抗议的断片决定属于那种动机，这一点，阿多诺应当感谢本雅明："本雅明的博士论文致力于早期德国浪漫主义的核心理论方面，因此他致力于一个对弗雷德里希·施莱格尔和诺瓦利斯而言都是毕生所求的方面，即断片的概念作为哲学的形式，它恰恰被那种普遍物的力量保留为某种易碎的和不完整的东西，这种力量在全面的草稿中挥发了。"（GS 11，S. 570）但"乌托邦的全面否定性的状态"，在启蒙灾难性的失败中"被损毁的生活"，是断片记录下的内涵："今天存在者越显示出无意义，解释它，并且对付这种无意义性的渴望或欲望就越是难以抗拒。在断片性的、瓦解的和分裂的现象中升起的光，是哲学仍然可以点燃的唯一希望：作为最黑暗的东西，作为它准备由此去揭示那种意义的东西。"（NaS IV·13，S. 198 f.)

第十八讲

[插入 15a：]为什么客观性的经验需要完整的主体。　　　　　

对主体的质的清除也总是与客体的化约相符合。作为"单纯主观的"反应消除得越多，对事物的质的规定也就消除得越多。

模式：问卷的命运，在问卷中充满幻想的、导向事物的问题被清除了，只剩下那些使结果达成预先期望的问题。

关于否定辩证法的知识是质性的。

质的因素被通常的科学客观化方法排除掉了。

主体的清除＝量化。

个别的认知主体，个体，本身就是一个质的存在。恰恰因此他是被需要的。

亲和性的概念：只有相似的东西才能认识相似的东西。[①]

偶然性的问题仍然存在，正如个体自身相对于理性的普遍拥有某些偶然的东西一样。

但是：这种偶然性并不像科学迷信所认为的那样绝对，因为在特殊化自身中隐藏着一个社会的普遍原则，即渐进式的差异化。——这个差异化绝不仅仅是主观的东西，而是在客体中去感知它的制备（Zuruestung）排除了什么的能力。它本身是由客体构成的。它以恢复客体的原貌（restitutio in integrum）为目标。

　　因此它容易犯错——质的东西同时也是模仿的残留物，在一定程度上是古旧的。因此有对它进行修正的必要性。这就是精神经验的<u>自我反思</u>所意指的东西。

　　因此，形象地说：它是一个垂直的（内在时间的）而不是<u>水平的</u>（抽象的—量化的）客观化过程。

　　［插入结束］

186　　（19）在它们自身之中［即哲学的对象］等待的东西需要干预才能开口说话。意图仍然是，那些从外部动员起来的力量，那些对现象产生影响的理论，最终会在现象中耗尽自己。哲学理论意味着其本身的终结。

187　　（19）在它们自身之中［哲学的对象］等待的东西，需要干涉（最深刻的是：一种实践上的东西）才能言说自身。

　　拯救唯心主义中的真理因素。

　　意图仍然是，那些从外部动员起来的力量，最终是理论，在它的对象中耗尽自己。

　　哲学理论意味着它本身的终结。

1966 年 1 月 25 日

注释

① 暗指"同源性的古老原则……据此，相似之物只能通过相似之物被认识，自从它第一次由巴门尼德和恩培多克勒所持有以来，对哲学而言，它从未完全遗失"（Rolf Tiedemann, *Mystik und Aufklärung. Studien zur Philosophie Walter Benjamins*, a. a. O. ［Anm. 183］, S. 160）。"如果眼睛不像太阳，/那它就永远不会看到太阳"，这就是普罗提诺在《驯服格言》中对 οὐγὰρ ἂν πώποτε εἶδεν ὀφθαλμὸς ἥλιον ἡλιοειδὴς μὴ γεγενημένος（Ennead. Ⅰ 6, 9）的翻译。最后但并非最不重要的一点是，阿多诺的模仿学说是建立在哲学的历史上无与伦比地重要的同源认识的原则之上的；首要参阅《认识论元批判》

第三章的长脚注,GS 5,S. 147 f. (中译参阅阿多诺:《认识论元批判》侯振武、黄亚明译,谢永康校,上海人民出版社 2020 年版,第 125 页),也见 NaS IV·4,S. 407,Anm. 279。最近,雷纳特·维兰德(Renate Wieland)对这个问题进行了论述:"通过移情、积极参与,认识形式以历史的方式倒退。对于歌德而言,普罗提诺主义的学说仍然是当下在场的,相似之物只有相似之物才能够认识,这种经验在神秘传统的暗流中继续存在。今天,在工具理性的统治下,它几乎还只为儿童和艺术家所保留,但它的保留地变得越来越狭窄,越来越不允许模仿的冲动充分发挥。在对情商和神秘主义的新兴趣中,被排挤之物想要发声说话,但其实现保持为边缘性的、单纯的私人的,并且足够经常地漂入到一种模糊不清的非理性主义之中。"(Renate Wieland/Jürgen Uhde,Forschendes Üben. *Wege instrumentalen Lernens. Über den Interpreten und den Körper als Instrument der Musik*,Kassel u. a. 2002,S. 15 f.)

188 　　（20）［22］不再被"固定"（康德：《纯粹理性批判》，B134）* 在同一性中的辩证法，即便不会激起对无根底之物（Bodenlose）的反对（这应该可以从它法西斯主义的恶果中看出来），也会引发对令人头晕目眩的东西的反对。在如何获取哲学的焦虑背后，通常只有侵略，一种抓住哲学的欲望，就像历史上的流派相互吞噬一样。罪与罚的等价已经转移到了思想的序列之中。正是这个精神对统治原则的同化被哲学反思所识破。传统思维和它在哲学上消逝之后遗留下来的健全人类知性的习惯，要求一个参考体系，一个在其中所有的东西都能找到它的位置的参照框架。假如参考体系只为每一种考虑提供避难所，并使未被体系覆盖的思想远离自己，那么参考体系的合理性（Einsichtigkeit）就完全没有那么大的价值——它甚至可以被下放到教条主义的公理中去。已经摆脱了黑格尔的固定化的辩证法，只有在没有安全措施的情况下回报无望地（à fonds perdu）将自己扔给对象，它才能够满足它自己；由此引发的眩晕是一个验证指数（index veri）；它在被覆盖之物和始终如一的东西中必然显现为头晕目眩之物、对开放的震惊、否定性：对不真之物而言的非真理。诸多体系与体系的解体不是形式—认识论的，而赤裸

---

　　* 疑为引用有误，康德的原文使用的是"anheften"。——中译者注

190

裸地是内容上的:细节不再顺从了。体系以前想要为它们置办的东西,作为质上的他者,只有在它们之中去寻找。它是否存在或者它是什么,都无法事先得到思想的保证。只有这样,一贯被滥用的关于真理是具体的说法[23]才会水落石出。它迫使思维去破解最细微的东西。不是对具体之物进行哲学思考,而应该是从具体事物出发,将概念聚集在它们周围。黑格尔"特殊即普遍"的命题,是对它最尖锐的批判;这个批判应当就足够了。但是,委身于特殊对象会被带有偏爱的咩咩叫(Geblök)归结为缺乏明确的立场。与实存之物不同的东西被认为是巫术;在魔咒之下存在的东西具有一个优势,也就是所有在一个错误的世界中是邻近、家乡和安全的东西,其本身就是魔咒的形象。因为这个,人们害怕失去一切,因为除了人能够抓住某些东西之外,人们不知道其他的幸福,不知道思想的幸福,这就是永恒的不自由。(21)他们要求至少要看一下一个人意愿什么;他们这个批判中的一点点本体论要更加清楚可把握一些

第十九讲

(20) 对否定辩证法激起的眩晕效应的反抗(克拉考尔)。① 它并不是一个公理体系。"人们无法坚持任何东西"。

它为什么比黑格尔更具有挑战性

a. 在黑格尔这里,黏合点还是在绝对主体之中。

b. 框架的不变性。

在哲学应当于何处被攫住的问题的背后,是侵略,是想要抓住它的欲望。

罪与罚的等价转移到了思想的序列之中。恰恰是这一点须要被洞察。

反对有一个参考系的要求(注意:伴随笛卡尔的解析几何而来的:坐标系!)在其中一切都可以找到自己的位置。在其中已经包括(空间中的直观物的)量化、抽象。(按照流行的思维,它甚至可以建立在任意公理的基础上——任意和公理性结合在一起;只有那些不是作为最重要之物被设定出来的东西,才不必是任意的。)

通过参考系,一切都被捕捉到了,一切都处于其中。内在性的含义。

真理只有在没有安全措施的情况下回报无望地(à fonds perdu)将自己扔给对象。

令人头晕目眩的东西是开放性的经验,在魔咒之中的东西在本质上是现代性[波德莱尔、爱伦·坡(Poe)],虚无的滋味(Le goût du néant)②:只有对不真实的东西,也就是对魔咒来说,它才是非真理。更确切地说:不断地自我形成的东西。精心编造的谎言,而不是思维进程。针对通常的著作。

非重构性思想所造成的眩晕是验证指数。

坐标系以前想要为现象置办的东西,只能在<u>现象中</u>去寻找。

无论它是在那里还是不在那里,思想都不能预先保证:这意味着对经验主义的拯救。

只有这样,一贯被滥用的关于真理是具体的说法才会水落石出。

他们这个批判中的一点点本体论要更加清楚可把握一些,好像对 190 所意愿之物,没有哪个不明确的洞见比意图的宣告(然后所意愿之物就驻留于此了)表达得更好似的。

我们不应该像齐美尔那样对具体之物进行哲学思考,而应该从具 191 体事物出发,将概念聚集在它们周围。③

与实存之物不同的东西被认为是巫术。

在魔咒之下存在的东西充分利用了这一点,也就是在一个错误的世界中是安定、家乡和安全性的东西,其本身就是魔咒的形象。

因为这点,人们害怕失去一切:除了永恒的不自由,人们不知道别的幸福,也不知道任何思想的幸福。

(21)至少对"一部分本体论"的普遍渴望。不可能的:要么是不变者的理论,要么是对这样的理论的彻底放弃。

应当说出人们意愿的东西:论题。"意图的宣言"。

在其中物化的意识:柯立德的故事:他在关于什么布道?——关于罪。他说的是什么?——他表示反对罪④——反对简单化。布莱希特。如果这是真的,即最重要的东西隐藏在最细微的东西中,那么简单化就是不真实的。

要是在马克思主义的争论中展现出来就好了。简单化使自己等同于荒谬。荒谬上的绿锈[?]。

这个图式今天在世界范围广泛传播。

1966 年 1 月 27 日

注释

① 克拉考尔——他从学生时代起与阿多诺的友谊就总是起起伏伏——于 1966 年 11 月 26 日去世,无法再发表对《否定的辩证法》的意见;阿多诺可能报告了克拉考尔对他晚期作品提出的整体反对意见。

② 参阅波德莱尔《恶之花》中以此为标题的诗。对阿多诺来说他是审美的现代主义的灯塔之一。他的解读,参阅 GS 13, S. 295 和 GS 18, S. 222, 但首要的是 GS 7, S. 40:"波德莱尔的现代派密码,把新事物与未知事物等同起来的做法绝非偶然;由于同不变物没有可比性,未知性不仅是潜在的目的,而且是虚无的趣味,或者是恐怖的根源。"[中译参阅阿多诺:《美学理论(修订本)》,王珂平译,上海人民出版社 2010 年版,第 33 页。]

③ 阿多诺喜欢并经常使用的概念围绕具体之物聚集起来这个表达,暗指本雅明对《德国悲剧的起源》的柏拉图化的"序言":"试图把一般的解作普通的就是荒唐的。一般是理念。另一方面,经验的东西越是被清楚地视作极端,就越能得到深刻的理解。概念根植于极端之中。正如母亲只有当孩子们紧紧围绕在身旁而产生亲近感之时,才开始生活在真正充实的权力中一样,理念也只有当各个极端都聚集在周围之时才具有生命。理念——或用歌德的话说——就是浮士德式的'母亲'。只要现象不向理念表白信念并聚集在它们周围,理念就是模糊的。概念的功能就是把现象聚集在一起,而由于理智的区别导致的现象内部的分化则更加重要,这是因为这种分化起到了一石二鸟的作用:现象的拯救和理念的表征。"(Benjamin, *Gesammelte Schriften*, a. a. O. [Anm. 58], Bd. I·1, S. 215. 中译参阅瓦尔特·本雅明:《德国悲剧的起源》,陈永国译,文化艺术出版社 2001 年版,第 8 页。)——关于阿多诺概念星丛的观念,另见 Rolf Tiedemann, *Begriff*, *Bild*, *Name. Über Adornos Utopie der Erkenntnis*, in: *Frankfurter Adorno Blätter II*, München 1993, S. 92 ff., bes. S. 104 f.。

④ Vgl. NaS IV·4, S. 96.

（21）哲学证实了勋伯格记录在传统音乐理论中的经验：人们从这 192
种音乐理论中真正学到的只是，乐章是如何开始和结尾的，而不是关于
乐章本身和它的过程。与此类似，哲学不必提出范畴，毋宁说在某种意
义上，哲学必须首先去创作。但是，一种行为方式为丑闻做好了准备，
这种行为方式并不保护任何首要的和安全的东西，并且单单由于它的
陈述的确定性，仅对相对主义——绝对主义的兄弟——作出了如此之
少的让步，以至于它接近于教义。它超出黑格尔向外发展直至断裂，黑
格尔的辩证法想要拥有一切，甚至想要成为第一哲学，而在同一性原则
中，在绝对主体之中，它事实上也是(第一哲学)。然而，通过放弃对第
一者的和固定之物的思考，它也没有将自己绝对化为自由漂荡的东西。

第二十讲

　　(21) 在可选项中隐藏着强制。这样一个管理人员必须在<u>预先给</u><u>予</u>他的可能性中进行选择。

　　我先前反抗"不支持我的人,就是反对我的人"①,在其中应当被反思的权威已经被预设了。

　　<u>结构</u>:没有什么第一性的和安全的东西要被保护,但单独通过它的陈述的规定性(它等于规定了的否定)反对相对主义,就像它反对绝对主义那样。

　　这就是那个丑闻,并且它属于哲学。

　　对固定之物的放弃并不是曼海姆式的自由漂荡。②否定辩证法的知识是<u>积极的</u>;只要尽可能地根据状况思考,但不要将它实体化。※17a

　　[插入 17a]相对主义本身就具有个人主义的资产阶级模式。

　　"一切都是相对的"这个说法是抽象的。

　　在它的背后是:思维是虚无的,它视物质的东西、金钱而定,并且思想干扰收益(Erwerb)。

　　一旦进入一个特定的事物,相对主义就<u>溶解</u>在这事物的纪律之中。

　　相对主义总是单纯地从外部<u>显现</u>。

　　然而,相对主义的虚无之处在于,它将任意之物和偶然之物实体化为不可化约的,它们自身以客观的方式推动它。

臆想的个体化的反应是预先确定的:咩咩叫。

个人主义的相对主义这样的假象已经以社会学的方式被洞察了:帕累托。(他是曼海姆的原型)③

但是,被他设定为绝对不可克服的、阶层特有的直观,其本身就可以从社会的整体中推导出来的。

(21)[24]恰恰是这种脱离将它跟其本身所不是的东西联系在一 194
起,并且消除了它自给自足的幻觉。如果无根基之物应当被彻底斥责,那么就应该反对作为绝对起源领域的、在自身之中维持自身的精神原则;但是在本体论,首先是海德格尔击中无根基的地方,是真理之地。因为它的时间性(zeitlichen)内涵,真理是漂荡的、脆弱的;本雅明激烈地批判了戈特弗里德·凯勒的说法,即真理不会从我们身旁溜走。* 哲

---

* 《辩证法导论》第十三讲的注释⑤中有这样一条编者的注释,可以解释这句话:可以认为,阿多诺本人在这里并没有直接引用戈特弗雷德·凯勒的话,而是想到了瓦尔特·本雅明在他历史哲学的第五条论纲中加入的一句话:"过去的真实图像倏忽即逝。它只有作为在其可察觉的瞬间闪现而又永不复返的图像才能被捕获。'真理不会从我们身旁溜走'——这句出自戈特弗雷德·凯勒的话,确切地描述了历史主义历史观中被历史唯物主义穿透的地方。"这段凯勒的引文现在也成为本雅明研究的固定套路,并且远远超出本雅明研究的范围,但对于戈特弗里德·凯勒来说,这段话无法得到证实。很可能瓦尔特·本雅明在这里只是凭记忆引用的,这句话也成为混淆的牺牲品:这句话可以在陀思妥耶夫斯基 1913 年的小说《罪与罚》的勒赫尔译本中逐字找到——编者不相信这只是一个巧合,本雅明于1934 年——与戈特弗里德·凯勒的《箴言》同时——在德拉厄斯文堡读过这本书。在这本书第三部分的第一章中,严重酗酒和愤怒的拉祖米欣用以下这段话为自己的个性辩护,并在与人类特权的关联中谈论胡说:"通过谬误才可以得到真理! 因为我胡说八道,所以我才是人。要不犯十四次,甚至一百一十四次错误,就不会得到任何一个真理。这从某种观点看来是光荣的,你可以向我胡说八道,但是要照你自己的意思去说,那我就会吻你。照自己的意思说八道比照别人的意思说实话甚至还好些。照前一种情形去做,你是一个人;照后一种情形去做,你不过是只学舌的鹦鹉! 真理不会逃走,可是生活却可以被封锁;有的是例子。"(F. M. Dostojewski, *Schuld und Sühne*, übers. von H. Röhl, Leipzig o. J.[1913], S. 307. 中译参见陀思妥耶夫斯基:《罪与罚》,朱海观、王汶译,人民文学出版社 1986 年版,第 265 页。)——中译者注

学必须放弃"真理不会溜走"这一安慰。一种无法坠入形而上学原教旨主义者对之胡言乱语的深渊(22)——它不是灵活诡辩的深渊,而是精神错乱的深渊——的哲学,将在其确定性原则的指令下成为分析的,并潜在地成为毫无意义的同义反复。只有这样的思想,才能够勇敢抵制可靠的赞同的万能的无能,并走向极端;只有智力上的杂耍还与事物保持关系,它为了它的自我满足,按照约定俗成的寓言(fable convenue)蔑视事物。今天任何阻止这点的努力都是非理性主义的。哲学中的安全性概念的功能已经发生了翻转。以前,试图通过自我确定性来克服教条和专制的东西,现在已经退化为一种知识的文体,由此应该不会发生任何事情。事实上,也什么都没有发生。

195　　**模式**:当资本家在他的账目中插入可变资本 V,那么他必须按照会计规则接受它是等价交换,因为否则的话他就会有亏空,他不得不认为,他吃亏了。

因此,所谓直观的相对性可以追溯到一个客观事物之上,一个作为整体的结构法则之上。

同样,相对主义也作为一种**教条**:资产阶级的怀疑主义。

对精神的敌视=抵制来自其本身**理性**概念的后果。

由此可见,相对主义不是被一种教条主义的绝对主义击退,而是通过追踪它本身的论题而被消解。

它的功能发生了**改变**;有时反对教条,是进步的;在今天是彻底地意识形态的。然而,相对主义**总是**已经设定了反动的因素:在智者学派中,它是为了最大的利益而使自己保持为可支配的东西,在蒙田那里是作为对教条的辩护词的准备。[插入结束]

(21)它[即否定辩证法]将思维固定在它本身所不是的东西之上,反对它自给自足的幻想。

如果想要斥责无根基之物,那么它就会将在自身之中自我维持的精神原则——纯粹的中介——作为绝对起源的领域。④

本体论击中了无根基之物的地方，是真理的领地。

因为其内在的时间性内涵，真理是易碎的。

本雅明正确地批判戈特弗里德·凯勒的格言是资产阶级的，他说真理不会从我们身旁溜走。⑤它能。

（22）在安全性理想的诫命之下，不能坠落的东西是分析判断，潜在地是单纯的同义反复。

只有走向极端的思想才有机会；才有机会在理智上玩杂耍。

哲学中的安全性功能已经发生翻转：曾经想要通过自我确定性来克服教条和专制的东西，已经变成社会保障了的知识的文体，应该不会发生任何事情。

事实上，什么都没有发生。

1966 年 2 月 1 日

注释

① Lk 11$_{23}$.

② 曼海姆想要取代马克思主义的意识形态概念的"自由漂荡的理知"的概念，一直受到阿多诺的质疑，例如，参阅晚期作品《意见、空想、社会》："后来的知识社会学，尤其是帕累托和曼海姆，在以另一种意识形态概念（它将这个概念称作全面意识形态概念并非偶然，而这个概念又与盲目的、全面的统治极好地协调起来）代替了这个意识形态概念后，基于其经过科学提纯的概念系统和摆脱了教条的开明状态，有所斩获。依此说来，每一种意识都预先受到利益的牵制，都只是意见；真理理念本身稀释成了由这些意见合成的一个视角，对于如下异议并无招架之力，即真理理念也不过就是意见，即漂游无据的理智的意见。由于进行这种泛滥无归的扩张，批判的意识形态概念便失去了意义。出于对心爱的真理的敬重，而宣称一切真理都不过是意见，这就使得真理理念屈服于意见了。社会不再由理论进行批判性分析，而被证实为其实际上越发成为的样子，即一堆笨拙、偶然的理念与力量的杂拌，这些理念与力量的盲目性使得整体归于毁灭。"（GS 10·2，S. 585. 中译参阅阿多诺：《批判模式》，林南译，上海人民出版社 2023 年版，第118—119 页。）

③ 关于曼海姆和帕累托的相对主义的问题，参阅阿多诺的《意识形态理论的稿

件》，GS 8，S. 457 ff.。中译参阅阿多诺：《整合与分裂——社会学文集》，侯振武译，上海人民出版社即出。

④ 胡塞尔的表述；参阅阿多诺《认识论元批判》的第一句引文，GS 5，S. 12. 中译参阅阿多诺：《认识论元批判》，侯振武、黄亚明译，上海人民出版社 2020年版，第 1 页。

⑤ 参阅《论历史的概念》第五个论题："'真理不会从我们身边逃走'——这句话来自戈特弗里德·凯勒，准确地指明了历史主义的历史图景中，将要被历史唯物主义所突破的位置。"（Benjamin，*Gesammelte Schriften*，a. a. O.［Anm. 58］，Bd. I·1，S. 695.）这个引文在凯勒那里尚待确定。

（22）被释放的辩证法并不比黑格尔的更缺少固定之物。辩证法
的确不再给予固定之物优先地位。黑格尔在他的形而上学的起源中并
没有格外强调那个固定之物：它应当是作为被透视了的整体，在最后从
形而上学中显露出来。为此，他的逻辑范畴具有独特的双重特征。这
些逻辑范畴是上升的、自我[25]扬弃的，并且同时是先天的、不变的结
构。就动力学而言，它是通过在辩证法的每一个阶段都重新恢复自己
的直接性教义被中介的。已经带有批判色彩的关于第二自然的理论，
并未在一种否定的辩证法中失去。这个理论采用了中介了的直接性、
社会和它的（23）发展照原样（tel quel an）粗暴地扔给头脑的形式，以便
按照现象与它们所诉求的出于自身而存在之物的内在差异的尺度，通
过分析来暴露它的中介。那不变地坚持到底的固定物，青年黑格尔的
"肯定之物"，对这种分析而言，是否定物，正如分析对它而言是否定物
一样。主体性的自律越是批判地限制自己，越是意识到它是一个被中
介的东西，它让对象具有这种优先性的责任就越具有约束力，即这种优
先性给思想带来它自身所没有，但却需要的固定性，并且没有这种固定
性，就永远不会存在辩证法用以消解固定之物的那种动力。否定辩证
法的可能性取决于对客体优先性的证明。但它对于否定辩证法而言也
不是绝对的原则，不是天真的实在论的重演：它只有在相互交织中才有

效。如果客体的优先性从辩证法中迸发出来，并在一致赞同胜利的喧器中被设定成肯定的，那么哲学就像在晚期格奥尔格·卢卡奇那里一样，会倒退为摄影或者反映的愚蠢教条。一条原则、一句"格言"就会再次被实体化，最终，思想就会将存在的东西转化成一个公分母。意识形态绝不总是等同于唯心主义的普遍论题。事实上，无论其内容如何，它都包含在一个第一者自身的基础结构之中。它暗示了[26]概念和事物之间的同一性，从而暗示了对世界的辩护，即使它总结性地约定了意识对存在的依赖。历史的神义论，包括为它辩解的和声，对马克思来说并不陌生。

思维，它并不倚靠不可动摇的基本原则，它针对的是合题的概念。合题作为哲学的终极目的及其个别运作的模式，它使得方法屈从于所谓的唯心主义的主体和客体的同一性：方法按照圆圈的[26]形象（Figur），这一形象是结果向起源极端无效的返回，铸就了黑格尔的辩证法。依此，

第二十一讲

（22）应该更详细地去规定被释放的辩证法中的固定物的概念。　197

但它在辩证法中是一个因素（首先：不可避免的概念的因素）并且没有优先地位。

a. 概念只有在它被固定为尺度的时候才运动。因此：要非常严格地对待诸概念。对它们的准确性的要求：语言的功能。

b. 本质上它具有黑格尔的"第二自然"①的形态。

否定辩证法采用了被固定的东西，即那个粗暴地将发展扔到思想头上的那个形成，以便通过分析照原样（telles quelles）地暴露它的中介。

那个内在地彻底坚持的固定之物，青年黑格尔的"肯定物"，对于这样的分析而言，正如对于青年黑格尔[原文如此！]而言乃是否定物。

主体性的自律越是批判性地限制自己，承认客体的那种优先性的责任就越是有约束力，这种优先性给思想提供了固定性，这种固定性反过来又消解了辩证法。因此，证明客体的优先性是内在于辩证法的因素②，是否定辩证法的飞跃点。

天真的实在论没有复活：没有绝对的原始原则。

客体的优先性只处于辩证法之中；这正是真理的脆弱之处。

否则会退回到第一哲学。（还有：教条主义的唯物主义！）

唯心主义的普遍论题隐含在一个第一者自身的基础结构之中,它的内容几乎是无关紧要的。

它暗示了概念与事物的同一性,并且站在世界进程的那一边(甚至马克思那里也有相关论述,他对历史的神义论并不陌生)。

对合题的批判:它作为一种方法将主体与客体的同一性设定为目标。

198　　合题的概念,对分解的迅速治疗,被认为具有那种致命性,在针对弗洛伊德精神分析的所谓精神综合的发明中,这种致命性以最令人反感的方式宣告了自己;特质的敏感性厌恶把这个词挂在嘴边。

199　　问题不在于逻辑的合题,即将被分开的要素放在一起来思考,而在于将绝对的合题当作哲学的最高目标。

(24)黑格尔给予了它一个圆圈的形态。

意识形态的东西在合题中变得明显:一,组合,整体反对所谓的解体。"心理综合"和弗洛伊德的反驳③就是例子。因此,反对从必要的综合到一个最高理想的自动化进程。

1966 年 2 月 3 日

注释

① 对于古代,至少自西塞罗以来就为哲学所熟悉的第二自然(altera natura)的思想,阿多诺接受的是从黑格尔、马克思和早期卢卡奇那里得到的版本。关于黑格尔的"第二自然"的概念可以在《否定的辩证法》这本书中读到:"按照一种超出精神哲学之外的自动作用,黑格尔引用自然和自然力作为历史的模式。但它们在哲学中维持着自己,因为设定同一性的精神是和靠否认这种精神而起作用的盲目自然的魔法相等同的。黑格尔看到了这个深渊,感觉到世界历史的根本活动和国家事件是第二自然;但他以不合理的复杂性而炫耀的是第一自然。'法的土壤主要是精神的领域,法的更接近的地点和出发点是自由的意志,所以自由构成了它的实质和规定性,法律制度是实现了的自由的王国,是精神的世界从自身中作为一种第二自然

产生出来的。'但是,这种第二自然在卢卡奇的小说理论中第一次在哲学上重新产生出来,它依然是对任何可被视为第一自然的否定。真正 θέσει(存在)的东西——如果不是靠自身,那么就是靠个人的功能联系产生的——盗用了那种把资产阶级意识标为自然和自然之物的徽章。对这种意识来说,任何东西都不再表现为外部的;在某种意义上,实际上不再有什么东西是外在的,不再有什么东西不受总的中介所影响。因此,约束的东西开始对自身来说表现为自身的他者——唯心主义的主要现象。社会化越是无情地控制人们的和人们之间的一切直接性要素,人们就越想不到这张网已经结成,而且它自然的外观就越是不可抵抗。随着人类历史和自然之间的距离不断加大,这种外观便得以增强:自然成了对监禁的不可抗拒的比喻。"(GS 6, S. 350 f. 中译参阅阿多诺:《否定的辩证法》,张峰译,上海人民出版社 2020 年版,第 309—310 页。)在之后表述的段落中,可以找到许多关于这个主题的论述,它们使得"第二自然"这个范畴对阿多诺哲学而言如此重要。在很早以前,也就是 1932 年的一个报告中,在"自然历史观念"的题目之下,"自然与历史的关系问题就被严肃地提出来了";阿多诺只期待一个答案,"如果历史存在于它最极端的历史确定性中,在它最具历史性的地方,将自己理解为一个自然性的存在是可能的,或者如果成功地将自然理解为一个历史的存在,自然在那里作为自然显然保持在最深处"(GS 1, S. 354 f.)。对自然,"自然的存在"的坚持,对历史、过去的事物"神话般古老的、自然的材料的"(ebd., S. 362)坚持,提醒我们在朝向祛魅的世界的理性的历史发展中,越来越被忽视的领域。关于在他的报告中与自然的概念相吻合的神话的概念,阿多诺承认,它"十分模糊":"这意味着,永远在那里的东西,承载了人类历史的作为注定的、预先给定的存在的东西,意味着在其中出现,是在它之中的实质性的东西。用这些表达所限定的东西,就是我在这里所指的自然"(Ebd., S. 346)。以这种方式理解的神话式的自然在历史中有其反题:"历史表明了那种人类的行为方式……它首要地是通过在它之中出现的就质而言的新的东西,被刻画为一种运动,它不在单纯的同一性中、不在对那些已经总是在那里的东西的再生中发生,而是出现在新事物中,并且通过在它之中作为新事物出现的东西获得它的真实特征"(Ebd.)。批判性地规定自然与历史或神话与历史之间的关系,成为了阿多诺哲学的中心意图之一;这在 1932 年的文本中被称为:"第二自然实际上是第一自然"(ebd., S. 365. 中译参阅阿多诺:《整合与分裂——社会学文集》,侯振武译,上海人民出版社即出),因此,它在一个五十年代创作的作品"作为形式的杂文"中被保留了下来:"在杂文的洞察力之下,第二自然意识到它自己是第一自然"(GS 11, S. 29.)如果说阿多诺在他成熟时期的著作中,将晚期资本主义的生产关系(vgl. GS 8, S. 365),以及大众文化中人们的反应形式(vgl. GS 10·2, S. 514. 中译参阅阿多诺:《批判模式》,林南译,上海人民出版社 2023 年版,第 55—56 页)或调性的音乐体系(vgl. GS 12, S. 20)判定为"第二自然"的特征,那么这种将历史解读为自然历史的处理方法,绝不是一种肯定的方法;始终是一种批判性的方法,在"政治经济学批判"中受过训练的方法。阿多诺以此来反对,如斯宾格勒,顺便说一句,完全类似于他反对黑格尔对"第二自然"的使用:"斯宾格勒的哲学将历史上人不得不深入研究的自然自信地推到了一边。为此,历史自己变成了第二自然,盲目的、绝望的和危险的,就像仅仅是植物性的生命一样。能够称之为人类的自由的东西,只有在打破自然强制的人类尝试中,才得以构成。如果忽略这一点,如果把世界变成纯粹人类的单纯产物,那么自由在这种历史的全人类性中就会丧失。它只有在存在者的抵抗中才会发展:如果它被绝对地设定,并且灵魂被提升为统治原则,那么它本身就会沉溺于单纯的存在。"(GS 10・1, S. 67. 中译参阅阿多诺:《棱镜》,彭晓涛未刊译文。)在《否定的辩证法》中他支持自由,反对第二自然和第一自然的束缚。——另见下文,第二十二讲注释②。

② 对于客体的优先性,参阅《否定的辩证法》的同标题段落,GS 6, S. 184 ff. 中译参阅阿多诺:《否定的辩证法》,张峰译,上海人民出版社 2020 年版,第156—159 页;vgl. ebenfalls NaS IV・4, S. 412 ff.,Anm. 296,NaS IV・7, S. 333 ff.,S. 415,Anm. 354,und NaS IV・14,S. 266,S. 442, Anm. 282。

③ 参见弗洛伊德的著作 *Wege der psychoanalytischen Therapie*,in:Freud, *Gesammelte Werke*,a. a. O.[Anm. 110],Bd. 12:*Werke aus den Jahren 1917—1920*,London 1947,S. 185 f. 。

（24）自然，黑格尔使用它［即合题这个词］的频率要远远低于被证
明是胡说八道的三一图式给人的预期。他的哲学组织（Gewebe）应当
与这个三一图式相符。在其中，思维操作几乎总是规定了的概念的否
定，这些概念被他近距离地审视，并且被他来回地翻转。在这种分析
中，从形式上被描述为合题的东西，就此而言具有否定的形式，因为应
当拯救在先前的概念运动中沦为牺牲品的东西。黑格尔的合题始终是
对那种运动之不充分的洞见；所谓的更高阶段，同时证明自己是更低级
的阶段，是向过去完成了的东西的倒退。这将黑格尔与作为获胜般的
肯定性的那种合题的庸俗观念区分开来。诚然，在他那里不断重新形
成的直接性（在其中它们自身的中介［27］应当消失），不仅仅携带这种
积极性的痕迹。就马克思主义的法哲学批判而言，由此而来的结果是，
对变成的和被设定的直接性的信任的取消，这种信任是黑格尔的辩证
法在后来的体系形态中完全给予它们的。与康德相反，黑格尔限制了
综合的优先性：他认识到杂多性与统一性都是因素，两者缺一不可；它
们之间的张力通过否定得到解决（ausgetragen）。尽管如此，他仍然与
康德及整个传统分享了对统一性的偏见（parti pris）。（25）但是，思维
也不能在它的抽象的否定上停滞不前。能够直接捕获丰富多样的事物
这个幻觉，同样会退回到神话中，退回到对弥散的恐惧，就像在另一个

极端中,统一性思维会通过它的压迫、神话式的统治来模仿盲目的自然。启蒙的自我反思不是对它的废除:因此,启蒙为了当前的统治而自甘堕落。统一性思维的自我批判转向依赖于概念,也就是综合,并且不能以支配的姿态贬低它。抽象地看,统一性为这两者都提供了空间:为对思想中无法取消的质的压制和为远离对抗的和解的理想。它总是使得它的暴力对人们来说容易接受,因为在暴力身上也闪烁着非暴力的与和平的痕迹。撇开对统一性科学的所有谈论不说,统一性的因素是不会被摘除的,就像它无形地发生在未被反思的唯名论中一样。

第二十二讲

(24) 在黑格尔那里,对综合的谈论是相对较少的。 201

具体而言,他的方法<u>本质上</u>还是否定。

即使是那些合题,第三个步骤,就它们想要拯救在运动中成为牺牲品的那些东西而言,在他那里也是否定性的;它证明了思想的谬误在于那些落在它后面并且现在对它产生了反对效果的东西。(比如:在"无"中)

但是:在黑格尔那里,在不断重新形成的直接性的学说中,肯定之物的中介应该在这种直接性中消失。

真理在于:<u>变易了的</u>逻辑仍然有效。

但是,消失的变易了的存在并未被清除。

否则,结果将会是拜物教的,就像黑格尔法哲学关于制度的学说一样满是辩解。"对逻辑绝对主义的批判"①。

对所有变易了的和被设定的直接性的不信任:马克思。拜物教范畴的普遍性。②

尽管与康德相反,黑格尔还是通过使杂多性和统一性彼此相互参照,来限制综合的优先性。顺便说一句,这已经潜在地出现在康德那里了;可以追溯到柏拉图的巴门尼德对话。但在康德那里它们是并列的,而不是彼此从对方中产生的。康德与黑格尔的差别。

然而他们,包括黑格尔,都对同一性抱有一种偏见。这里包含着哲学与文明不加批判的共谋。参考哈格,巴门尼德对话。③

(25)但是思维不能在对同一性的抽象否定这里停滞不前。谁妄想直接捕获丰富多样的事物,谁就退回到弥散的恐怖中、退回到神话中。神秘的世界是无区分的。

启蒙的自我反思不是对它的取消:为此,它在今天自然很容易被收买(反启蒙④＝出于它们自身的考虑,为纽带和制度辩护,以实用主义的方式,不追问它们的客观权利,并由此与它们相矛盾)。

抽象地说,统一性同样为对质的压制提供空间,就像为和解提供空间一样。

正因为此,它总是能够让它的暴力一次次地为人们所接受:通过与它相伴随的非暴力和被安抚者的踪迹。

不是执拗地在名义上根除同一性因素,也就是概念的客观性[原文如此]。主观产生的观念的客观性经验:音乐的形式类型。

1966 年 2 月 8 日

注释

① 《认识论元批判》第一章的标题,vgl. GS 5, S. 48 ff. 中译参阅阿多诺:《认识论元批判》,侯振武、黄亚明译,上海人民出版社 2020 年版,第 36 页及相关论述。

② 拜物教范畴是马克思给予"第二自然"范畴的形式。他似乎并没有使用这个概念本身,而是赋予了这个理论决定性的转折,即"把经济的社会形态的发展理解为一种自然史的过程"(Marx, Das Kapital I, MEW, Bd. 23, S. 16. 中译参阅《马克思恩格斯文集》第 5 卷,人民出版社 2009 年版,第 10 页)。可能阿多诺和他那一代的许多知识分子一样,最初是在《历史与阶级意识》的物化这一章的卢卡奇版本中了解到商品拜物教理论的(vgl. auch NaS IV·7, Anm. 194)。卢卡奇将商品拜物教的经济事实转化为哲学,并将物化的范畴应用于资产阶级思维的二律背反,而阿多诺还是有意识地以普遍得多的方式将这个范畴运用到历史现象之上——首先是那些资本主义条件之下的现象,但不仅仅是这些现象。在 1938 年的《关于音乐中的拜物教特征和听力的退化》一文中,阿多诺引用了马克思的决定性表述:马克思

将商品的拜物特征确定为对自制物的崇拜,它作为交换价值同样地疏远了生产者和消费者——"人们":"可见,商品形式的奥秘不过在于:商品形式在人们面前把人们本身劳动的社会性质反映成劳动产品本身的物的性质,反映成这些物的天然的社会属性,从而把生产者同总劳动的社会关系反映成存在于生产者之外的物与物之间的社会关系。"(GS 14,S. 24.)《启蒙辩证法》的作者们发现,马克思在资本主义生产的价值抽象中揭示的东西,再现在个人和其对他人以及对自己的态度中,在这种情况下,再现在 20 世纪四十年代的美国社会中:"泛灵论使对象精神化,而工业化却把人的灵魂物化了。自然而然地,经济机构,甚至在全盘计划之前的经济机构,为商品设定了决定着人类行为的价值。这样,随着自由交换的结束,商品就失去了除了拜物教以外的一切经济特性,而拜物教则将其不良影响扩展到了社会生活的各个方面。凭借大生产及其文化的无穷动力,个体的常规行为方式表现为唯一自然、体面和合理的行为方式。个人只是把自己设定为一个物,一种统计因素,或是一种成败。"(GS 3,S. 45. 中译参阅霍克海默、阿道尔诺:《启蒙辩证法》,渠敬东、曹卫东译,世纪出版集团 2006 年版,第 22页。)迄今为止,这种拜物教范畴的普遍性没有发生任何改变。

③ NaS IV·14,S. 240 f.,Anm. 38.——阿多诺对柏拉图的巴门尼德的引用可能要归功于卡尔·海因茨·哈格(见第四讲注释⑩),他时常参加阿多诺的讲座。

④ Vgl. NaS IV. 7,S. 367 f.,Anm. 100.

(25) 综合性的因素的趋势被翻转过来了，由于它回忆起它使丰富多样的事物遭受了些什么。只有统一性才能超越统一性。即使在同一性因素中，某些东西仍然有生活的权利，被不断进步的同一性压制，但仍然蛰伏其中的亲合性，被世俗化[28]得面目全非。未被覆盖（unge-deckte）的知识并不取消从事统一化的主体。在客体的经验中它是无法消除的。(26)正如柏拉图清楚地意识到的，主体本身的综合想要借助概念间接地改变和模仿自身想要的那种综合的东西。

把自己交托给对象的思维，使哲学有了内容。之后，这种有内容的哲学为柏格森和齐美尔、胡塞尔和舍勒那一代人徒劳地渴望。传统哲学废除的是它们本身的需要。如果自我批判地放松对方法的强制，那么哲学的努力将补偿性地越来越由它的内容来决定。非概念物与它的概念是不同一的这一点，将由认识的实践通过它的内容化来兑现。社会的，按照哲学的说法是"存在论的"辩证法，是持续不断地对抗的辩证法，它反映在主体与客体的哲学对抗中。如果有什么本体论的话，如果有什么不变之物的话，那么它就是持续对抗的否定的本体论。(27)如果内容性的思维不想成为教条主义或随意的灵感的牺牲品，它就仍然不能简单地放弃按照方法展开的推理，尽管很多时候这个灵感往往比按照方法展开的推理阶段更加接近真理，而推理进程的安全性减少了它的收益。内容性的个别分析如何看待辩证法理论这个问题,不能依靠唯心主义的保证来加以解决,因为唯心主义将前者和后者归结为一回事。它再一次偷偷地把方法和事物的错误的同一性带进来了。思想毫无根据,也可以说毫无方法地盲目屈服于它指向的东西,这就是方法论的原则。"只有那些不理解自己的思想才是真的。"[Theodor W. Adorno, *Minima Moralia. Reflexionen aus dem beschädigten Leben*, 2. Aufl., Frankfurt a. M. 1962, S. 254(GS 4, S. 218).]思想受它的对象之外的反思的束缚越少,它就越深入地认识到特殊之物中的普遍物;康德、黑格尔和尼采对哲学中例子的抨击,对他们自己传统的抨击,都指明了这点。从内容上来说,作为每种现象通过社会总体——它对哲学而言完全颠倒为纯粹的主体性——的普遍中介,每种特殊物都隐含着普遍物。但是,哲学的经验并不具有这种普遍物,或者说它只是抽象地具有这种普遍物,因此,哲学总是从特殊物出发,但是它也没有忘记

第二十三讲

（25）综合反省了它对多所施加的东西。

只有统一性才能够超越统一性。综合的自我批判同时是一个更高的综合，反对一与多（τα πολλά）的持续的对抗。

同一性原则中的生活权利：亲和性因素，被同一性压制①并在同一性之中幸存下来的亲和性。

（26）沉浸于诸对象的思维将是有<u>内容的</u>。

这在柏格森、齐美尔和舍勒那里被坚持了下来。

传统所废除的东西，是它本身的需要。

哲学的努力是由内容<u>决定</u>的，如果不是由作为一切内容的对立面的形式原则的主体决定的话。

非概念之物与它的概念不是同一的，这一点将在认识的实践中赋予认识以内容。

<u>内容上的</u>持续不断的对抗，将成为哲学中主体与客体的对抗。

本体论唯一的意义将是一个否定的，是对连续的对抗的否定。

（27）对规定的方法的那种统治地位的批判并不会使我们摆脱对它的思考。

这正是一种<u>内在的</u>批判；否则就是教条主义或随意性。然而这个被诽谤的灵感，如果它<u>得到确立</u>，经常会比有规则的阶段进程更加接

214

近真理。

仅仅断言内容上的个别认识与辩证法理论是联合在一起的,这还不够。这个教条正是唯心主义的。具有内容的认识的可能性是今天的认识论需要解决的问题。

(28)参考个别认识与例子之间的区别;后者在原则上的不足,为康德、黑格尔和尼采所批判。这是哲学与实证科学之间最重要的区别之一。

它不拥有但却知道的东西。虽然哲学的经验通过它的概念来保证 206 现象的实在规定[vgl. Theodor W. Adorno, Gesellschaft, in: Evangelisches Staatslexikon, hrsg. von Hermann Kunst u. a., Stuttgart, Berlin 1966, Sp. 636ff. (GS 8, S. 9 ff.)中译参阅阿多诺:《整合与分裂——社会学文集》,侯振武译,上海人民出版社即出],但它不能在本体论上假装是这个概念(28),假装是自在地是真的。概念与不真实之物、压制性的原则联合在一起,这的确削弱了它的认识论批判的尊严。它并没有积极地建构知识在其中感到满足的最终目的。普遍之物本身的否定性将知识作为要被拯救的东西固定在特殊之物之上。但离开从特殊之物中释放出来的普遍性,对特殊之物的拯救根本就无从开始。(29)所有的哲学,包括那些以自由为旨归的哲学,都拖拽着不自由前行,在这种不自由中,社会的不自由得到延伸。新本体论的草案对此表示了反抗,但它们的姿态是诉诸真实的或虚构的本源(archai),这个本源无非是强制原则。通过保证自己成为它的对立因素的中介,思维超越了对任意和强制的抉择。思维在其自身之中就具有强制;[30]强制保护思维不倒退回任意之中。然而思维有能力批判地识别内在于它之中的强制特征;它自己的强制是它的解放的媒介。黑格尔对客体的自由必须首先被确立,它在黑格尔那里是压制性的,是对主体权力的单纯取消。在此之前,作为方法和作为事物之一的辩证法分离开了,它们没有被专断地彼此等同起来。

207　　理论与"盲目的"个别认识之间的统一性首先在于,由于社会的总体性对每一个现象的中介,普遍物就包含在特殊之物中。

　　这个中介使得唯心主义完全颠倒为通过主体建立起的概念的优势。但它在最严格的意义上是客观的。

　　但哲学经验并不直接地拥有这种普遍物,或者说它是单纯抽象地、预期地拥有这种普遍物,并因此不得不从特殊之物出发。

　　这就是说,哲学的经验不能将这个普遍物(它知道其实在的、事实上的优势)预先规定为<u>存在原则</u>,也就是本体论的原则。<u>畏(Angst)</u>是一个社会性的普遍物,但不是一种心理状态。②

　　正是这个普遍物与压制性的原则联合在一起,因此并不是哲学需要在其中得到满足的终极目的(τέλος),而是一个否定物,这个否定物是终极目的的受攻击的点。由于其客体的否定性,辩证法是否定的。

　　普遍之物的这种否定性同时将认识转向特殊之物,作为在字面上和在概念上都需要被拯救的东西。

　　但是如果没有从特殊之物中释放出来的普遍性的能量,对特殊之物的拯救将根本无法开始。

　　(29)所有哲学,包括那些以自由为旨归的哲学,都拖拽着不自由前行。

　　通过领悟强制和任意的辩证法,思维将自己提升到它们之上。

　　[30]③它具有强制性和严格性,以防止任意之中的压制。

　　但它可以用严格性来识别<u>其本身</u>的强制特征。

　　黑格尔对客体的自由④,在他那里仅仅是对主体的压制,必须首先<u>被确立</u>。

　　在此之前,作为方法的辩证法与散落在事物之中的辩证法不可避209　免的<u>分离</u>(所有方法作为方法都是"错误的")

这就是说:一种作为社会总体性的整体的辩证建构原则,与盲目沉湎于事物的原则是彼此不相容的。

1966 年 2 月 10 日

注释

① 指:统一性。

② 针对海德格尔;参阅《存在与时间》第 40 节:"'畏'这一基本现身情态作为此在别具一格的展开状态"(中译参阅海德格尔:《存在与时间》,陈嘉映、王庆节合译,生活·读书·新知三联书店 2006 年版,第 213 页);关于阿多诺的批判另见 NaS IV·7, S. 177。

③ 从这里开始的页码是指日期为 1965 年 11 月 22 日的所谓"第一临时抄本"(Vol 3352 ff.)。

④ 见第八讲注释⑮。

[30]当然,概念以及现实是充满矛盾的存在物这一点并不是天外来物。对抗性地撕裂社会的东西,也就是统治性的原则,被精神化为产生概念与屈服于概念的事物之间的差异的那个事物。但矛盾的逻辑形式赢得了那种差异,因为,并不服从统治原则的统一性的东西,按照其本身的尺度,并不表现为一个对原则漠不关心的差异之物,而是表现为对逻辑的违背:表现为矛盾。在另一方面,哲学的构想与实施之间的其他分歧也表达了一种真实的东西,某些非同一性的东西,它既不允许方法完全与它应当只在其中存在的内容相重合,也不允许如此将内容精神化,就好像它们能和解一样。内容的优先性将自己表现为方法不可避免的不足。为了在哲学家的哲学面前不是软弱无力的,诸如此类必须以普遍反思的形态被说出的东西,只在实施中表明自己的合法性,因而它作为方法再度被拒绝。就内容而言,它的过剩是抽象和错误的;黑格尔已经不得不接受《精神现象学》"序言"与"精神现象学"本身之间的不相称。哲学的理想是,对人们所作所为的说明通过人们的所作所为变成多余的。

[31](30)最新的打破概念拜物教的尝试——打破学院哲学,而不放弃义务的诉求——是在存在主义的名义下进行的。就像它批判性地从中分裂出来的基础本体论一样,尽管作出了政治上的承诺,但仍然抱

有唯心主义式的偏见；顺便说一句，与哲学的结构相比，它保留了某些偶然的东西，并且可能被相反的结构所替代，只要这些结构满足存在主义的形式特征。在存在主义与决断主义之间没有理论的界限。存在主义身上的唯心主义成分本身就是政治的一种功能。因此，萨特将统治实践中不再容忍的因素，即哲学语言中的自发性挪动到了中心。社会的权力分配给它提供的客观机会越少，它就越是排外地把自发性

第二十四讲

[30] 我的双重写作技巧的例证。

自然,在整体和部分这两者的辩证法本质中,有一个实质性的一致因素。

因此,对抗性地撕裂社会的东西,也就是产生概念和屈从于概念的个别物之间差异的东西。矛盾的逻辑形式接受了那种差异,因为,并不服从统治原则的统一性的东西,按照这个原则的尺度,不是作为一个对概念而言无关紧要的差异之物出现的,而是作为逻辑的违反,恰恰就是作为矛盾出现的。

另一方面,在哲学的构想和实施之间的其他差异也表达了一个真实的东西:非同一性中的某物阻止将方法+内容天衣无缝地设定为一。

内容的优先性必然表现为方法的不足。它自身从来没有合法性,相反,它的合法性只在它的实施中。任何方法的过剩实际上是错误的。(黑格尔《精神现象学》"序言"!)

哲学理想:对人们所作所为的说明通过人们的所作所为变成多余的。

[31] 打破概念拜物教的最新尝试是在存在主义的名义下进行的。

功绩:内容性[萨特恰恰因此受到指责,而且往往以最为小市民的方式:海涅曼(Heinemann)①]

批判的意图。

一种在形式上与海德格尔的存在主义学说相联系的理论,在质料上转向了对他的反面。

在对海德格尔的存在主义的选择中(稍作说明),任意的因素解释了萨特类似的理论。

但仍然有一个哲学的基本问题(在早期的海德格尔那里潜在地存在着):激进的唯名论的,也就是被推向道德唯我论的唯名论与萨特坚持的本体论的诉求之间的关系,

设定在克尔凯郭尔的决断范畴之中,这个范畴在他那里的含义取 212
自终结于时间中的最后限制点(terminus ad quem),也就是基督学
(Christologie)。

然而,萨特却努力追求某种类似于第一哲学的东西。 213

在他关于辩证法的著作中②,他在多大程度上适应了这一点,这是悬而未决的;在《存在与虚无》(l'Etre＋le néant)中,两者是彼此分离的。

偶然性因素在于,绝对的个人决断——萨特的核心范畴——仍然是不确定的。

如果原则上走向所有的政治方面是可能的,那么每一方面都会有游击队伍(Partisanen)。

就此而言,萨特是形式主义的,这无疑是他最不想看到的。

在存在主义与卡尔·施密特的决断主义③之间没有理论界限……决断范畴的抽象性。在每一个决断中都有客观性因素。——决断是最低限度的东西。不可能把整个哲学都建立于其上。

因此,萨特的决断主义本身就是社会—政治形势的功能。

社会批判家萨特不能忽视的事实是,他今天所看到的共产主义是

作为一种行政措施而被推行的；因此被永恒化为统治机制。或者更确切地说：这是决断学说的否定因子（negative Determinante）。

在一个以组织问题为中心的漫长过程中，一方面是自发性被整合，另一方面是自发性被扼杀。在铁幕的那一边和这一边的国家之间没有本质的区别：被宰制的世界。

中央集权和永世长存的执政党是对所有那些关于国家权力关系的思考的嘲弄。④

作为纠正，萨特将统治一切的实践不再能够忍受的东西，也就是<u>不可化约</u>的自发性因素，挪到了中心位置。

这种自发性实际上的可能性越小，萨特将它主题化的负担就越重（集中营的例子）。

1966 年 2 月 15 日

注释

① 例如参阅，弗里茨·海涅曼（Fritz Heinemann, 1889—1970）——1930 年获得法兰克福的教授职位并自此与阿多诺相识，这样指责萨特对胡塞尔意向性的误解："意向对象对他［萨特］来说，原则上是外在于意识的，也就是说，是超验的。胡塞尔强调超验物的单纯现象存在和内在物的绝对存在，而萨特则反对任何一种内在主义。图像不再是意识的**内容**，它不再存在于意识**之中**。它变成了与一个超验客体相关的意识的意象性结构，这种超验现在意味着类似于'外在存在'。……这就是萨特。以一种真正的法国方式，他立即把意向性翻译成有生命的，作为一种爆炸（éclater vers），也就是说，作为一个朝向某种的爆炸、绷断或炸开。'知道，就是爆炸。'憎恨某人同样是一种不仅仅是观看（Blicken）的特殊方式……也是炸开某人的特殊方式。就好像意向性突然充满了爆发性的力量。……这是多么迷人的法兰西啊，但与胡塞尔相去甚远！通过对胡塞尔的创造性的误解，他将自己从内在生活中解放出来：'最终，一切都在之外，所有的，甚至我们自己：在世界中，在外地与他人一起。'"（Fritz Heinemann, *Existenzphilosophie-lebendig oder tot*, Stuttgart 1954, S. 116 f.）

② Vgl. Jean-Paul Sartre, *Critique de la raison dialectique*, Paris 1960. 中译参阅萨特：《辩证理性批判》（上、下），林骧华等译，安徽文艺出版社 1998 年版。

③ 关于阿多诺对卡尔·施密特的罕见言论,另见 GS 4, S. 148, und NaS IV·13, S. 325 und S. 453, Anm. 330。——顺便说一下,从之前对游击队的提及推断出阿多诺对施密特 1963 年的著作(vgl. Carl Schmitt, *Theorie des Partisanen. Zwischenbemerkung zum Begriff des Politischen*, Berlin 1963)的阅读是不太可能的。

④ 即马克思和恩格斯,还有列宁关于国家在共产主义条件下最终会消亡的论述。

214 [31] 尽管萨特是极端的唯名论者,但他的哲学是按照主体的自由行动这个古老的唯心主义范畴组织起来的。费希特和存在主义一样,对任何客观性都漠不关心,正如在萨特的戏剧中,社会关系和社会条件是含混不清的,几乎沦为行动的单纯诱因。这一点被无对象性的状态谴责为一种非理性,这无疑是这个毫不动摇的[32]启蒙者最不想看到的。绝对自由地作决断的想法与从自身之中释放出世界的绝对自我的想法一样,都是虚幻的。萨特的戏剧取消了哲学,而这是他的戏剧如此论题般地探讨的东西。(31)最初步的政治经验也足以看透为英雄们进行决断的背景而建造的那些局面,它们被布置成舞台的样子。在具体的历史纠葛中,甚至在美学上都无法假定这样一个主权的决断。一位将军,非理性地决定不允许犯更多的暴行,就像他在此之前同样非理性地沉迷于暴行那样;他因叛徒出卖而放弃围攻一座拱手让给他的城市,并建立起一个乌托邦的共同体,那么即使在浪漫的德国文艺复兴的狂飙突进时代,他若不被叛军杀害,也会被上级召回。支持这点的恰恰是如下实事,当光明之城的屠杀让他掌握了自由行动的真谛之后,夸夸其谈的格茨便将他的自发性用于有组织的群众运动,这很容易被解读为萨特将其渲染为绝对自发性

的封面图片 * ;这个抒情叙述者(Butzenscheibenmann)立即再次犯下了他出于自由而宣誓放弃的暴行,只是现在明显经过了哲学的同意。绝对主体无法从它的各种束缚中摆脱出来:他想要挣脱的锁链,统治的锁链与绝对主体性的原则是同一的。政治的存在主义的愚蠢,跟去政治化的德国人的惯用语一样,都有其哲学原因。存在主义所搬运的,是本来就存在的东西,是人类的单纯此在,是它应当选择的意向(Gesinnung),就好像它还有任何其他的选择似的。如果存在主义教导的不仅仅是这种同义反复,那么它就会退回到对作为唯一实体的自为存在着的主体性的重申中去。那些将拉丁语存在(existere)的派生词当作座右铭的流派,想要恢复活生生的经验的现实性,以对抗异化了的个别科学。因此,他们没有吸收任何事实,而被他们放在"悬置"(ἐποχή)名下的东西,通过躲在哲学背后的、被哲学认为是不合理的决断,实施了它的暴力并报复了他们。(32)清除了事实的思维,并不比无概念的具体科学更优越;

---

* 格茨是萨特戏剧《魔鬼与上帝》的主角。这部剧描写的是大半生都沉浸在战火中的军事天才格茨弃恶从善的经历。格茨原本打算围攻并血洗沃尔姆城,神甫海因里希为了保护教士将城池地下道的钥匙交给了他,但他后来却突然放弃了计划打算弃恶从善,海因里希与他打赌他不可能办到(受人爱戴),并以一年零一天为期限替他见证。他抛弃了深爱他的卡特莉娜,不听劝阻地将他的土地分给农民,险些爆发起义。格茨只身一人行尽善事,他指责教会用来骗钱的赦免状,不仅没得到众人的理解反而遭受仇恨。后来他从希尔达口中得知了卡特莉娜濒死的消息,她这段时间一直受尽侮辱,筋疲力竭。他来到卡特莉娜身边,顶替神甫接受她的忏悔,并在众人面前制造了假神迹赢得了众人的信任,建立了一个充满"爱"的"太阳城"。后来农民起义爆发,这个"太阳城"面临战争的危险,格茨离开这里企图劝阻战争但是以失败告终。格茨的群众卷入战火并遭到杀戮,唯独希尔达活了下来,同时农民起义也陷入困境,死伤惨重。格茨和希尔达在"太阳城"的废墟上安静地生活了一段时间。直到格茨的时间已到,海因里希找到了格茨,判定他失败了并企图杀死格茨,却反在格茨的反抗中被杀。之后格茨和希尔达离开了"太阳城"废墟,启程去支持农民起义,重新回到了战火之中。——中译者注

第二十五讲

[31] 来自克尔凯郭尔的决断①，在他那里与信仰相关，没有信仰这个决断就是悬空的。

倒退到费希特的唯心主义：为了行动考虑的自由的事实行动。只是现在依附于<u>个别之物</u>，并因此是偶然的，而不涉及普遍的法则。个体＋社会之间的差异。

对客观性的漠不关心＝政治局势判断中的天真。它们是采取行动的单纯诱因。

<u>这些</u>注定都是非理性。②

[32] <u>魔鬼与上帝</u>③一位将军不理智地决定不再犯他以前尽情享受的暴行，并建立一个乌托邦共同体，这样一位将军即使作为美学上的杜撰都是不可能的。它将成为吓唬孩子的鬼怪。

内斯特罗伊的赫罗弗尼斯讽刺（Holofernesparodie）④

因为他[原文：将军格茨]在光明之城不可避免的灾难之后，也成为一个有组织的群众运动的雇佣军首领，这场群众运动很容易被解读成极权主义的封面图画。（行政管理！）

萨特的格茨立刻再次犯下了他的暴行——对于这个戏剧性的理念没有异见。为了目的肯定手段，而不顾及辩证法。

萨特走得太远了,以至于绝对主体无法走出它的困境。此外,资产阶级的意识已经兴起:易卜生。

真正的原因在他那里并没有出现。也就是:绝对主体想要挣脱的锁链,统治的锁链,与绝对主体性的原则本身是同一的。它的抽象自由等于统治。

顾名思义,存在主义使人的单纯此在<u>加倍</u>了。

它变成了它的意向,就好像它除了去存在之外还有任何其他的选择似的。

它恰恰又一次陷入了形式主义,它为了哲学的本质性的兴趣而与 216之斗争,并且这个形式主义之后又充满了(尤其是在心理学中)偶然的借用。存在主义的意图,至少在它激进的法国形态上不是通过远离事实,而只能通过危险的靠近才能够得以实现。主体与客体的分离不该通过单纯的思考行为来扬弃,最终要通过向人类的还原来扬弃。在人类的符号中,在生存的符号中,这种分离是以抽象和无关紧要的方式开始被思考的;这个操作过程是扼杀思想的个别科学的背面。围绕生存而划分的学派对于那种外化是如此的无能为力——这种外化,是它们在援引个体人类的生存来反对先验主体的过程中觉察到的——它们承认了这一点,因为它们,甚至在它们的唯名论的细微差别中,都想要处理那些没有消失在主体的概念中、在哲学上与这概念相反的东西,通过这样的方式,即它们按照黑格尔的样式,将这些东西再次带回到主体的概念之中。非概念物的概念应当将这些东西献给思维。在这一点上,它们顺从传统,在它们本身的任务面前退缩了[34],这个任务是以概念的方式去追寻被概念所拒绝的东西,而不是通过将其纳入主体自身的概念之下来吸收和蒸发它。

在语言中,这个操作过程在名称中有它遥远且模糊的原型,这些名称不是以范畴的方式网罗事物,但却以它们的认知功能为代价。(33)未遭贬损的认识要的是人们灌输给它的东西,让它屈服的东西,以及由于拥有了它名称就变得模糊不清的东西;屈服与蒙蔽两者在意识形态上相互补充。在认识词汇选择上特殊的确切性,仿佛它们应该被用来给事物命名,这绝非下述事实最微不足道的原因之一,即陈述对哲学来说至关重要,而不是外在的媒介。(34)在"这一个"($\tau\acute{o}\delta\varepsilon\ \tau\iota$)面前对表达的坚持,其认知根据是它本身的辩证本质,是其自身之中的概念中介;这个中介是在表达之中把握非概念物的切入点。通过批判性地理解实存之物中潜在的概念物,认识实际上就达到了不透明的东西,并且仅仅是在这种关系中达到了不透明的东西。因为,在非概念物中的中介,并不是在减法之后作为余数而剩下的残余物,并且指向(verweisen)了此类程序的坏无限。更确切地说,质料($\H{\upsilon}\lambda\eta$)的中介是它隐含的历史。哲学从一种否定物中汲取任何使其合法行进的东西:哲学屈服于那种无法消解的东西,那种让唯心主义的威力不起作用的东西,在其如此而非其他的存在(So-und-nicht-anders-Sein)中又有一种拜物教的东西,对存在者的不可撤销性的崇拜。它在如下论据(Beweis)面前消解了,即它不是简单地是如此而非其他,相反它是在特定条件下生成的。

217　　意义,因为它的缺席,成为了同语反复。

　　[33] 任何把存在(existere)的派生词当作座右铭的学派,都想恢复活生生的现实经验,恢复个人经验与角色的对立,重新恢复异化的具体学科。出于对物化的恐惧而回避事实性的东西,这意味着存在与本质自身之间的对立(Antithese)。存在者悄无声息地不被严肃对待,每一个内容都再次成为单纯的例子。因此,萨特的戏剧,甚至是加缪有些小说的论题特征,都与贝克特形成最鲜明的对比。——在布莱希特那里

有类似的现象。参考"承诺"⑤。*

本想从形式主义中流出的东西，汇入了另一个最鲜明的无规定的存在中，接着事后又被(通常是用心理学)填充上。

至少，激进的——"承诺"——法国存在主义的意图不会在远离具体之物的地方被实现(顺便说一句，在布莱希特的抽象中有类似的问题)。

主体与客体的分离不能通过单纯的思维行动被扬弃，最终也不能通过人类的吁请而被扬弃。

仅仅通过非概念物的概念并不能赋予它思维。

应该以概念的方式追寻为概念所拒绝的东西，而不是通过将其纳入它的概念之下来将它吸收——使之蒸发。

[34]我所指的操作过程在名称中有其遥远的原型，这些名称不是以范畴的方式网罗事物——当然这是以其认识功能为代价。

未遭贬损的完整的认识要的是人们灌输给它的东西，让它屈服的东西，以及由于拥有了名称就变得模糊不清的东西：屈服与蒙蔽两者在意识形态上相互补充。——"说它"——言而不知所言之物(le dire sans savoir quoi)。⑥

从而，陈述具有构成性的功能

这种生成是事物所固有的，它既不会被静置在概念中，也不会从 218 [35]结果中分离开而[35]被遗忘。在这点上，唯心主义和唯物主义的

---

* 阿多诺在这里指的是萨特等法国存在主义者。承诺(Engagement)是法国存在主义的一个核心概念，先后被艾曼纽·穆尼埃(E. Mounier)、加布里埃尔·马赛尔(G. Marcel)以及让-保罗·萨特等哲学家使用。从字面上看，"承诺"(在反身的意义上)意味着人作为存在者或者人格的自我担保，他参与到具体情境中，但也致力于深思熟虑的筹划；(在非反身的意义上)意味着一个参与的要求。法国存在主义者认为，为了避免"无目的之自由"带来的失重状态，需要作出体现个人价值和意义的承诺，从而赋予个人生活以完整性。在后来存在主义转向马克思主义的过程中，承诺的概念逐渐被实践的概念所取代。[vgl. Klaus Hartmann (1972)：»Engagement«，in：J. Ritter (Hg.)：*Historisches Wörterbuch der Philosophie*，Bd. 2，Sp. 500-，Basel：Schwabe Verlag]——中译者注

辩证法是一致的;对唯心主义而言,直接性的内在历史证明它是概念的诸阶段,而对唯物主义而言,它不仅成为衡量概念的非真理性的尺度,更是成为衡量存在着的直接性之非真理的尺度;两者的共同之处在于,对凝结于对象中的历史的强调。

219   陈述的重要性意味着:在用词选择上特殊的确切性,就好像这些名称应该就是用来命名事物的,就好像事物的名称就是这些词语一样。如果"这一个"是以概念的方式被中介了的,那么语言就可以攻击这种中介。

它接近不透明的东西了。

质料(ΰλη)中的中介是其隐含的历史。

哲学从一种否定之物中汲取它的肯定之物:那种无法消解的东西,哲学屈服于它并且唯心主义的权力对它不起作用,在其如此而非其他的存在(So-und-nicht-anders-Sein)中又有一种拜物教的东西,对存在者的不可撤销性的崇拜。

它在如下论据之下消解了,即它并不简单地是如此而非其他,相反它是在特定条件下生成的。

这种生成是事物所固有的,它既不会被静置在概念中,也不会从结果中分离开而被遗忘。

在这点上,唯心主义的和唯物主义的辩证法类似。

对于唯心主义来说,直接之物的内在历史为直接之物的每一阶段辩护。对唯物主义而言,它是衡量非真理的尺度

a. 衡量概念的尺度,例如,衡量自由主义理论(意识形态批判)的尺度

b. 衡量与它的概念所承诺的不同的现实的尺度(社会批判)

对凝结的历史的这两次强调(模式:凝结的劳动)

1966 年 2 月 17 日⑦

注释

① 对于克尔凯郭尔的决断的范畴,参阅 GS 2,S. 57,61,97 passim,auch NaS IV · 7,S. 177。

② 是否上面概述的(以及 GS 6,S. 59 f. 重复的)对萨特自发性概念的批判,它看起来被《存在与虚无》(*L'être et le néant*)中的许多的段落证实了,对它的作者是否真的一针见血,从其他的、至少是纲领性的段落来看,是值得怀疑的,如参阅:"选择的结构必然意味着选择是在世的选择。一种从乌有出发并对抗乌有的选择,不是对乌有的选择,而是会作为选择自我虚无化。史上只有现象性的选择……"(J. P. Sartre, *L'être et le néant*: *Essai d'ontologie phénoménologique*,Paris 1957,p. 559.中译参阅萨特:《存在与虚无》,陈宜良等译,生活·读书·新知三联书店 1997 年版,第 598 页。)以及阿多诺对海德格尔的《存在与时间》所承认的是:在他的"筹划"中,"还拯救了那种对抗单纯肯定性的思想自由的某些东西"(GS 6,S. 497. 中译参阅阿多诺:《本真性的行话》,谢永康译,上海人民出版社 2021 年版,第 95 页),萨特至少应当是廉价的。无疑没有更加不真实:"那种(即自克尔凯郭尔以来)真正被致残的同时又内在虚弱的主体性被孤立起来,并且——补充了海德格尔对它的相对极即存在的实体化——被实在化了。一点不错,在萨特的《存在与虚无》那里,主体的分裂不过就是存在的分裂,它像被中介之物的不可中介性的幻想一样长久。由于存在被概念所中介,因而也被主体所中介;反过来,主体又被它生活其中的世界所中介,所以主体的决定是无力的和纯粹内向的。这种软弱无力致使物化的危害战胜了主体。"(Ebd.,S. 129. 中译参阅阿多诺:《否定的辩证法》,张峰译,上海人民出版社 2020 年版,第 105 页。)

③ Vgl. Jean-Paul Sartre, *Le Diable et le bon Dieu*,Paris 1951.

④ 内斯特罗伊的《朱迪斯和赫罗弗尼斯》,是他 1849 年带有歌曲的模仿作品,用来讽刺赫贝尔的《朱迪斯》。

⑤ 参阅阿多诺的同标题文章,GS 11,S. 409 ff.。

⑥ 这个表述引用了贝克特《无名氏》(*L'Innommable*)中的一句:"那个,说那个,而不知为何。"(Samuel Beckett, *L'Innommable*,Paris 1953,p. 8)

⑦ 阿多诺记下的最后的日期;据此,可能阿多诺在 2 月 17 日上了冬季学期的最后一次课,推进到了他记下日期的这部分提纲;在《否定的辩证法》书籍版本中它对应于第 62 页(GS 6,S. 62. 中译参阅阿多诺:《否定的辩证法》,张峰译,上海人民出版社 2020 年版,第 43 页)的中间部分。这门讲授课似乎没再考虑接下来的提纲。

其余的提纲

[35] 否定辩证法的力量是在事物中没有实现的东西的力量。

回到语言：但词语仍然是概念，并不是按照它的理念那样，即名称是事物本身。

在名称与事物本身之间存在空隙。

这对应于相对性和任意性的一个沉淀物，无论是在语词的选择上还是在整个陈述上。只是，最精确的语词，与它自身也是不同一的。

因此，对概念的批判性反思，针对的是概念在语言上的权威，这一点甚至本雅明都接受了。

只有概念能够完成概念所阻止的东西，疗愈伤痕（τρώσας ιάσεται）①。

作为普遍的东西，没有任何概念与它所意指的东西相同一，它借助于系词想要与之同一。

概念有可规定的错误。

这促使其他概念对它进行纠正。

命名的希望存在于概念的星丛之中，这星丛将每个概念都聚集在自己周围，以便对其进行纠正。

哲学的语言通过规定了的否定着手解决它。

[36] 终止（Kündigung），随大流。反潮流＋主流，反对我的海德格尔批判的糟糕论点。

反驳：在某些情况下尝试毫无希望的东西。论战同样也不是一种新的相互作用，而是一种形式。

这正是一个有充分根据的自发性的过剩。

除此之外，干涉的不可能性不应该被实体化。

所有现代哲学主流的趋势之一：去除哲学中的传统要素（恰恰这就是它们的新传统），将历史作为一门事实科学分派给一门特殊学科。

臆想的主观性的直接性。考虑到时间，纯粹当下的理想符合于有 221 关空间的感觉。

培根与笛卡尔的亲缘关系。

[37] 历史性的东西，如果不能按照纯粹逻辑的永恒性进行分类，那将会是偶像、迷信。

但是，传统是内在于作为其对象之中介的认识中的。它以范畴的方式参与了作为回忆的认识：如若没有对过往之物的保留，就没有认识，甚至没有形式逻辑。康德的演绎法。[2]

（流行的愚蠢化＝无记忆性）

思维形态作为有动力的、在时间中向前运动的东西，在微观上与宏观的、历史的运动相似。

思维是历史的内在化。

但因为没有时间性之物就没有时间，没有存在者思维，内在的历史性就不会保持为纯粹的形式。

时间是与它的内容交织在一起的，而这恰恰就叫作传统。

纯粹的、绝对升华了的主体将是一个点，这就是说，绝对无传统的点。

永恒是意识盲目性的高峰

这是自主性的动机的真正界限。

[38] 当然，不是从外部任意地召来传统——他律是自主性的抽象反题。

思维必须调动起内在的传统;这就叫作精神的经验。

传统的因素作为被构成者(Konstituen),作为"隐藏在心灵深处的机制"③。

柏格森哲学作为抵抗思维的去时间化的努力。

这是精神经验概念的核心。

但是:哲学对传统的参与就是对传统的规定着的否认。传统作为对文本的批判。(注意其与在精神上被预先制成的质料之间的关系)。

222 在那些文本那里,哲学与传统是可通约的。

它的解释因素正基于此。

它既不能将象征实体化,也不能将被象征之物实体化。

真理是涌现(Aufgehen):与神圣文本的关系的世俗化。

在其中它承认了它在方法的理想之下徒劳地否认的东西,它的语言本质。

在其新近的历史中,这个语言本质被谴责为修辞学④。

[39]修辞学脱离了目的,被物化为没有目的的真理性的手段,所以修辞学是哲学谎言的媒介。

对它的蔑视偿还了它的罪责。

但是,它的禁忌已经根除了在语言外无法被思考的东西,也就是思想的模仿因素。

它存活在陈述的假设当中,与固定内容的联系相反,后者对其形式漠不关心。

与此同时,它不断地被有说服力的目的所腐化。

自柏拉图以来,对表达的过敏反应一直是哲学的特征,这与启蒙的总体特征是一致的,启蒙惩罚一切未被纪律化的东西:思维中的模仿禁忌的规范是形式逻辑。

物化的意识满是怨恨地反对它所缺乏的东西。

反对哲学(=它的数学化)抹除语言,在于它在语言上的努力。——

这表明大多数哲学缺乏语言的经验。

恰恰是不跟随语言的落差,而是通过反思来反抗它。

语言的草率与科学的姿态相辅相成。

[40] 哲学中的语言的废除并不是思维的去神话化。

通过语言,哲学牺牲掉了它与对象之间不同于单纯意指关系的其 223 他关系。

只有作为语言,相似之物才能够认识相似之物。

因此,不要忽视对修辞学的唯名论批判。

顺便提一下,它比唯名论更古老:柏拉图。⑤ 在《克拉底鲁篇》中与语言的辩证关系:它是工具、是约定俗成,但不是任意的,而是包含相似性的因素。

简要讨论下克拉底鲁的对话。※30a

[插入 30a]克拉底鲁篇。⑥

主题:语言是自然的,还是约定俗成的?

虽然它有正确性。

但语言属于实践($\pi\rho\alpha\xi\iota s$),[(]也就是说,本质上是工具)

约定俗成,但不是任意地。

内行(Sachverständige)的标准,辩证法($\delta\iota\alpha\lambda\epsilon\kappa\tau\iota\kappa\acute{o}s$)的标准。

唯名论的观点占据了上风,但与之相反的唯实论的因素也占据了上风,后者通过原始词汇(Primwörter)与模仿事物的概念结合在一起。

柏拉图的语言理想是反赫拉克利特的,也就是说是一个坚定不移的含义的理想。[插入结束]

辩证法必须批判地,也就是说通过表达的准确性来拯救语言的因素。语言是使思想与事物分离开的东西,正如它是能够被调动起来反对这种分离的东西。

这是作为语言(含义)分析的现象学的真理因素。

表达的准确性弥补了思维看似的缺陷——也就是跟语言的关系。

在修辞的质上,文化、社会和整个传统都反映在它所中介的思想当中;赤裸裸地反修辞的东西与资产阶级思想终结于其中的野蛮结合在一起。

224　　(精神科学的野蛮语言的例证;"在 17 世纪,主体性尚未在德国文学中发挥作用"(特伦茨)⑦。——这里讨论形式与内容之间的关系[.]

在诋毁西塞罗的怨恨中,在黑格尔反对所谓启蒙文学家的怨恨中⑧:生活的<u>需要</u>使他们丧失了思想的自由。迂腐的指标就是语言的草率。

辩证法寻求克服随意的意见与无实质的正确之间的两难困境。

它倾向于将内容当作开放的,不是由脚手架预先决定的东西:对神话的抗议。

想要拥有内容的那种认识,意味着乌托邦。

[41] 它(即乌托邦)——对可能性的意识——紧紧抓住未被破坏的东西。阻挡其位置的是可能性,而绝非直接的现实之物;因此,它在存在着的事物中总是显得是抽象的。

它是由思维来服务的,而思维是定在的一部分它——一如既往地以否定的方式,够得到非存在物。

哲学在这里汇聚:唯有最遥远的,才是最切近的。

它是捕捉其色彩的棱镜。

注释

① 参见《否定的辩证法》的书籍版:"认识是一种疗愈伤痕（τρώσας ἰάσεται）"(GS 6, S. 62. 中译参阅阿多诺:《否定的辩证法》,张峰译,上海人民出版社 2020 年版,第 43 页,译文有改动),一种受伤的痊愈。阿多诺由此改写了他的基本思想,通过异化来疗愈异化,通过物化来实现对物化的否定:就像他经常引用的瓦格纳的《帕西法尔》(Parsifal)那样,只有长矛才能治愈它造成的创伤。

② 按照阿多诺关于《纯粹理性批判》的讲授课,康德考虑到了在范畴的演绎中的"这种普遍物,但也考虑到了与个体化相结合的诸事实情况,如记忆的事

实情况、想象力再生的事实情况,这些事实情况实际上构成了康德的先验建构的中心"(NaS IV · 4, S. 232)。

③ "我们知性的这个图型法就现象及其单纯形式而言,是在人类心灵深处隐藏着的一种技艺,它的真实操作方式我们任何时候都是很难从大自然那里猜测到,并将其毫无遮蔽地展示在眼前的。"(A 141, B 180 f. 中译参阅康德:《纯粹理性批判》,邓晓芒译,人民出版社 2004 年版,第 141 页。)

④ 阿多诺对修辞的拯救——另见第 230 页,特别是 GS 6, S. 65 f. 中译参阅阿多诺:《否定的辩证法》,张峰译,上海人民出版社 2020 年版,第 45—47 页。——可以与列维纳斯将修辞更为守旧地批判为"暴力,也就是不公正",批判为"从一个欺骗邻人的立场出发的言说"进行比较。(Levinas, *Totalität und Unendlichkeit. Versuch über die Exteriorität*, a. a. O. [Anm. 114], S. 94 f.)

⑤ 紧随其后的是当时删掉了的句子:与此相对,它取决于作为一个自在存在者的理念的假设(Hypostase),因为它只是需要被中介,而如何被中介则是无所谓的。(Vo 11060)

⑥ 关于语言的模仿理论或俗成(konventionell)的理论的选择,以及柏拉图在《克拉底鲁篇》中对两者的讽刺批判,也见:Hermann Schweppenhäuser, *Sprachphilosophie*, in: Philosophie, hrsg. von Alwin Diemer und Ivo Frenzel, Frankfurt a. M. 1958, S. 315 f.。

⑦ 埃里希·特伦茨(Erich Trunz, 1905—2001),文学史学家,汉堡版歌德作品集的编者和巴洛克研究者,布拉格、明斯特和基尔的大学教授;作为一个抛头露面的纳粹党徒,阿多诺对他似乎特别不屑一顾。——引用未指明,但可参阅如:Erich Trunz, *Weltbild und Dichtung im deutschen Barock. Sechs Studien*, München 1992。

⑧ Vgl. NaS IV · 13, S. 393, Anm. 67.

论精神经验的理论①

227　　哲学,在某一个历史时刻似乎过时了,因为错失了它实现的时机而被甩到了后面。②对此,它并非无动于衷。对哲学的扼要判断——它只是解释世界③并借此将世界修剪为现实性,它举止挠曲——它已经丧失掉了明见性,因为世界并未改变,也没有提供一个由此出发,揭露理论本身的不足的地方;或许它所承诺的实践过渡的解释并不足够。理论批判所依赖的时机在理论上不会永久存在。永不(ad Kalendas Graecas)延迟的实践,不再是反对哲学的抗议机构。反之,哲学在违背了它与现实同一性的承诺之后,不得不对自身展开无情的批判。鉴于哲学的最高提升,在预期的转机到来之前,这样的批判绝不能停止。正如康德在[2]对唯理论的批判之后追问形而上学的可能性那样,批判应当反思,在黑格尔的理论倒台之后,哲学究竟还是否可能,以及如何可能。如果黑格尔的辩证法学说展现了一种未竟的努力,即以哲学的概念不断地展示出这种异质物,那么它也应该说明,如果这个努力失败了,应当如何辩证地思考。唯心主义的辩证法必须要无可挽回地向下走。然而唯心主义并不是辩证法的一个特殊版本:更确切地说,它与作为绝对主体的统治地位相互扭结为一种力量,这个力量以否定的方式引起每一个概念的运动和总体的辩证过程。然而,即使在黑格尔的构想中,主体的首要性受到了历史的审判,因为黑格尔的构想不仅包含了人类个体的意识,而且也包含了康德和费希特的先验意识。它不仅被懈怠的思想的无能所排挤,而且在世界进程的优势面前对建构它感到无望。④显而易见,绝对唯心主义是站不住脚的——而任何其他的理论又是前后矛盾的。这在黑格尔逻辑学的第一个步骤中就应该是已经被阐明了的。为了(2)能够将存在与无等同起来,存在作为绝对的无规定之物,被它的无规定性,也就是一个既成的概念之物所替代。黑格尔用一个他并不陌生的花招使自己提前获得概念的优先权,这个优先权之后作为整部著作的结果跃出来。但是,历史上流传下来的哲学思考方式或知识对象的哲学结构的现实性(Aktualität)并不完全取决于通过辩证法过程的再度恢复,这个辩证法的非唯心主义形式在此期间堕落为教条,就像其唯心主义的形式堕落为教育商品(Bildungsgut)一样。黑格尔经久不衰的力量在于,它归还给了哲学思考内容的权利和能力,而不让它被知识空洞的和在强调的意义上无效的形式的分析所敷衍搪塞。将辩证法的动机从自身之中排除出去的思维,要么退回到世界观的任意之中,在那里总的来说讨论的是内容性的东西,要么就退回到那种黑格尔所反抗的形式主义和漠不关心中。现象学曾受到内容需要的鼓舞,但其发展走向了将所有内容都视为污染的对存在的呼吁,而由此历史地证明了这一点。黑格尔在内容上进行哲学思考,其基础和结果都是主体的首要性,或者按照出自对逻辑学的入门性思考的著名表述,就是同一性和非同一性的同一性;因此,被规定的个别物应当让自己为精神所规定,因为它的规定无非就是精神。根据他的说法,如果没有这个假设,那么哲学根本就不再能够认识内容之物与本质之物,那样情况将会是,以唯心主义的方式获得的辩证法概念(3)掩藏着经验,而与黑格尔的强调相反,这些经验无法被唯心主义的装置所改写。否则,哲学的那种放弃将是不可避免的,它拒绝内容上的洞见,将自己限制在科学的方法论上,将这个方法论本身宣布为哲学并潜在地将自己划除在外。

从方法上说,黑格尔在历史上强加的初始差异是,在黑格尔与传统一致,表示不感兴趣的地方,哲学有其真正的兴趣:在无概念之物,在自柏拉图以来被打发为倏忽易逝和无足轻重的东西之上贴上了惰性实存的标签。鉴于概念的抽象机制排除了尚未成为该概念的例证的东西,在概念无法到达的地方,概念就变得紧迫起来。柏格森和胡塞尔一样,两位现代哲学的顶梁柱,他们已经认识到这点,却又对之退避三舍。为了非概念物,柏格森借助突然袭击,发明了另一种类型的知识。他不仅借此冲洗掉了生活的无差别之流中的辩证的精华,而且通过一种其鲜明度不亚于他所批判的笛卡尔和康德的二元论,逃避了有约束力的知识所涉及的东西。它对如下这点并不担忧,即它所预设东西,不应当只作为一种空想,而只有借助认识力量的仪器设备,通过对其本身手段的反思才能实现,而不是通过一个从一开始就不以认识为中介的程序来实现。与此相反,逻辑学家胡塞尔指出这种领悟到本质的方式与普遍化的抽象截然对立。一种特殊的精神经验还是浮现在他的眼前,这种经验据说能够从特殊之物中看出本质。然而,(4)这种经验适用的本质与流行的普遍概念没有任何区别。他陷入到了本质直观活动和它的终点(terminus ad quem)之间的非辩证矛盾之中。两次突围努力的不足是因为二者都没有从唯心主义中走出来:柏格森的取向是意识的直接被给予性,而胡塞尔的取向则是意识流的现象。对作为实质之物的普遍概念的强调,与对两者都认可的作为构成性的主体的强调并无不同,概念的首要性是先验自我的首要性。反对这两个人,就是去坚持他们徒劳地想要坚持的东西。⑤从哲学上来说,这将是反对维特根斯坦的,即去言说不可[5]言说之物。⑥这个渴望的简单矛盾也就是哲学本身的矛盾:在哲学陷入它的具体矛盾之前,这个渴望将哲学定性为辩证法。哲学的自身反思的工作适用于处理这个悖论。任何其他的东西都是意指(Signifikation)和重构,现今跟黑格尔的时代一样,都是前哲学的。对哲学来说,必不可少的是有一些向来可疑的信任的残余,那就是概念从自身出发,就可以超越预备之物和割裂之物,并借此把握住非概念物对哲学来说是可能的;否则的话,它必须连同它的所有精神投降;不应当这样去思维,即没有真理,着重而言,一切都只是虚无。但是,概念超出其抽象范围所捕捉到的关于真理的东西,除了为概念所压制、摒弃和漠视的地方之外,再就没有其他的舞台了。知识的乌托邦是,用概念打开无概念之物,而不是将二者等同。那么,一个唯心主义遗留下来并且比任何其他的理念都更加堕落的理念,即无限的理念的功能发生了改变。哲学不想按照科学的习俗耗尽自己,不想把现象还原为最简单的命题; 231黑格尔对费希特(他从一句"格言"出发⑦)的论战提出了这一点。更确切地说,哲学不想成为假象,它完全沉浸到对它而言的异质物之中,而不是将它放入预制的范畴。哲学想如此近地靠近异质之物,就像现象学和齐美尔的纲领所希望的那样,而又不被丝毫未减的外化所掌控。只有在哲学不被强令接受内容的地方,哲学的内容才能被把握。这个幻觉,即它能够在它诸规定的有限性中把捉本质,应该被放弃。或许,"无限"这个词之所以能如此轻易地从唯心主义哲学家口中说出来[6],只是因为他们想要平息人们对其概念装置贫乏的有限性那令人揪心的怀疑,甚至是对曾经用意相反的黑格尔的怀疑。传统哲学相信,它占有其作为无限者的对象,并由此它作为哲学是有限的和有终结的。一种改变了的哲学必须放弃那个诉求,不再使自己和他人相信,它支配着无限之物。但是,如果它不是如此,而只要它拒绝将自己固定在屈指可数的定理的参引范围(Corpus)之中,它自己就会变成无限的。它其实是在不为图式所伤害的对象多样性中寻求它的内容,这些对象是强加于它或是它选择的;它严肃地将自己托付给对象,不将它们当作从中看出自己的镜子,不将它们的映像与具体事物相混淆。这样的哲学无非就是在概念的反思媒介中完整的、未被化约的经验,然而甚至于"意识经验的科学"⑧都使经验的内容退化为范畴的例子。将哲学引向其本身的无限性的西西弗斯式的努力的东西,是那未证实的期望,即它如愿以偿地看到,哲学成功创造的每一个别和独特之物,跟莱布尼茨的单子一样,都将整体呈现于自身之内,这个整体本身总是又按照预定的不和谐而非预定的和谐从个别物中逃离。(6)反对第一哲学(prima philosophia)的元批判转向,同时也是反对哲学有限性的转向,这种哲学对无限性夸夸其谈并且不尊重它。认识根本上并不完全内在地拥有它的对象。它不应当产生整体的幻觉,而真理应当在这个幻觉之中结晶。因此,对艺术进行哲学的阐释,其任务不是确立作品与概念的同一性,也不是用概念耗尽作品;而是在哲学的阐释中使艺术作品展开自身。而与之相反,可以预见的东西,无论是作为抽象的可信进程,还是作为对包含在概念之下的东西的概念运用,在最广泛意义上都可能是有用的技术:对不顺从的哲学而言,它是漠不相关的。这意味着,想要赢得它的对象的哲学并没有为对象作担保。否则它就已经是同语反复了。原则上说,它总是会出错,但唯有凭借这一点它才能获得某些东西。怀疑主义和实用主义,最终还是它的极富人道主义的版本,也就是约翰·杜威的版本,已经承认了这一点;但它应当被用作为一种重要的(nachdrücklich)哲学的酵母,而不只是在绝对知识和相对知识的抽象对立中被放弃。与方法的总体统治相反,它以校正的方式包含着游戏的因素,这个游戏想要将哲学的科学化的传统从哲学之中驱逐出去。它是最为严肃的东西,但又没有那么严肃。以此为目的的东西,即并不是先天地已经是其自身,并且对之也没有书面确认的权力的东西,按照其本身的概念也属于一个不受约束者的领域,后者是概念本质所禁忌的东西。概念能够做的无非是支持被它所排挤的东西的事情,即模仿,因为概念在其本身的行为方式中占有了后者的某些东西,而且按照概念的标准,这是触及游戏的东西。就此而言,审美因素对哲学而言并不是偶然的,尽管出自完全不同于谢林的动机。[7a]由此,非天真的、在自身中进行反思的思想知道,自己并不完全地拥有审美因素,但仍然总是不得不说得好像自己完整地拥有它似的,思想接受了自己不能够否认的游戏的特征,但这些特征恰恰开启了它的视角，通过这些视角它仍然能够对拒绝过它的东西抱有希望。[7, 继续]然而，在其对现实的洞见的[7]约束力中扬弃思想之中的审美因素，也同样是它[即哲学]的职责所在。这些洞见与游戏是两个极点，它的张力在其中得到缓解。(7a)哲学与艺术的亲和性并没有赋予哲学借用它的权力，尤其是因为野蛮人将之认作是艺术之特权的直觉。这些直觉从来没有像来自天上的不详闪电那样独独击中艺术作品。它们与作品(Gebild)的形式法则不可理解地生长在一起；如果人们想要预先为直觉作准备，那么它们就不会再作为一个极限值出现。思维不占有任何特殊的源泉，其鲜活性使之从思想中解放出来；没有任何一种绝对不同于支配者的知识类型是可支配的，而直觉主义绝望且徒劳地逃避这个支配者。模仿艺术、想要就自己而成为艺术作品的哲学，早就已经无望了。它假定了同一性的诉求：通过赋予它的操作方式以至高无上的地位，将异质物归类为质料。它将它的对象纳入自身，然而对哲学而言，哲学与异质物之间的关系是主题性的。艺术与哲学的共同之处不在于形式或构形的操作，而在于禁止假象(Pseudo-morphose)的行为方式。哲学概念并没有放弃这个渴望，即将艺术作为无概念之物赋予它灵魂，这个渴望的满足逃离了作为假象的无概念的直接性。概念，思维的工具，或许也是思维与有待思维者之间的高墙，否定了那个渴望；哲学既不能绕过这个否定，也不能屈服于它。哲学的任务是通过概念超越概念努力，而不向如下这种欺骗让步，即概念好像 234 无论如何已经拥有了它的事物似的。

(7, 续)[9]即使在拒绝唯心主义之后，哲学也无法放弃思辨，它曾给唯心主义带来荣誉，又与之一起被唾弃。对实证主义者来说，不难将马克思的唯物主义归入思辨，因为他的唯物主义是从客观的本质规律，而绝不是从直觉的数据或者记录命题(Protokollsätzen)出发的。为了避免意识形态嫌疑，实证主义者们更愿意将马克思称为形而上学家，而非他们的阶级敌人。但坚实的基础，在那里是一个幻觉，在那里真理的诉求需要人们摆脱臆想的基础。只有不让自己被其根本利益想要推销给它的东西所迷惑,不去满足它的根本利益,甚至是以一种说"不"的方式,哲学才能成为一种抵抗的力量。这是自 19 世纪以来针对康德的反对派运动的合理性(Recht),毫无疑问他们一次又一次通过蒙昧主义使这个合理性丧失了名誉。哲学的抵抗需要它的发展。即使是音乐,乃至于所有艺术,都发现每次赋予第一小节以灵魂的冲动无法直接得到满足,而只能通过其明确表达的过程得到满足。就此而言,无论这个假象在何种程度上作为总体性,它都借由对假象的批判不断演练。这个中介对哲学来说并没有不合适。如果它在没有中介的情况下,一时冲动地妄自言说假象,那么它就会遭遇到黑格尔对空洞的深度的评判。比如,谁若用藏语(Tibetanischen)重复"存在"这个词汇,谁就会将深度挂在嘴边,从而变得和形而上学的小说一样缺乏深度,因为形而上学的小说报告的是小说人物的形而上学观点。哲学仅仅借助于它思维着的气息就分有了深度的理念。(8)在更近的时代,康德对纯粹知性概念的演绎是它的模式,关于这个演绎,它的作者用一种深不可测的防御性反
235 讽说,它[10]"颇为深入"。正如黑格尔没有忽略的那样,深度也是辩证法的一个因素,而不是一个孤立的质。在许多情况下,它的显象是与痛苦相伴丛生(Komplizität)的产物。根据一个可恶的德国传统,思想以一个深刻的形象出现,它让自己在关于灾祸和死亡的神正论前宣誓。一个神学的终点(terminus ad quem)被强加进来,就好像思想的尊严是由它的结果,即对超验的确认决定的,或者向内在性的沉浸和单纯的自为存在决定的,就如同世界的退却与对世界根据的意识是一回事那样。与深度的幻觉相反——它们在精神的历史中对现存之物怀有善意,因为现存之物对它们来说太过平淡——反抗才是这深度的真正尺度。现存之物的权力建立起了意识碰撞于其上的外表;权力必须穿透这些外表;仅此一点就赋予深度的假设非意识形态的意义。在这样的反抗中,思辨因素得以幸存:使得它的法则不为既定事实所规定的东西,甚至在

与诸对象的最密切的接触中超越了深度。(9)对思想能赶上的事物的思辨盈余,就是它的自由。这自由建立在主体表达的冲动之上,而表达的冲动是一切真理的条件;在这个需要中,痛苦能够被谈论。因为痛苦是施加在主体身上的客观性的冲击力;主体体验到的最主观的东西,就是它的表达,是客观地被中介的。这也许有助于澄清,对于哲学而言,它的陈述[11]并不是无关紧要的和外在的,而是内在于它的理念中:它的完整的表达因素,非概念性—模仿性的因素,只有通过陈述——也就是通过语言——才能够表达出自己。哲学的自由无非是这种能力:促使它的不自由得到声张。如果表达的因素,自居为更多,它就会退化成世界观;在它放弃表达因素和对陈述的责任的地方,它就会被拉平为科学,而它本应当反思科学,并超越它反思的科学而思考。表达和严格性并不是哲学二分的可能性。它们需要彼此,缺一不可;表达通过思维摆脱它的偶然性,表达之于思维,恰如思维之于表达;而思维通过它的表达,通过语言的表征才令人信服;说得不严谨,往往是想得不周全。在表达中,严格性被强加给所表达的东西,这严格性自身的目的并不是牺牲被表达之物,它是从物性的外化那里夺取来的,而这种物性的外化本身又构成了哲学批判的对象。没有唯心主义的基础结构的思辨哲学要求忠实于严格性,以便打破唯心主义威权的胡作非为。本雅明原初的拱廊街草案将无与伦比的思辨能力与对事态的微观逻辑上的切近结合起来,他在晚期的一封关于该作品的第一个层面,实际上是形而上学层面的通信中(10)判定,它只能作为"不得允许的'诗意'"而被克服。[Benjamin, *Briefe*, hrsg. und mit Anmerkungen versehen von Gershom Scholem und Theodor W. Adorno, Frankfurt a. M. 1966, S. 686 (16. 8. 1935, an Gretel Adorno)]这种屈服既指明不想退步的哲学之困难所在,也指明其概念要被继续推动的那个点。这句箴言可能跟教条的唯物主义相关,故而在世界观上重又采纳了一种被静置的辩证唯物主义。然而,本雅明没有能够完成拱廊街理论的最终稿这一事实提醒着我们,

236

245

哲学只有在它使自己面临彻底失败的地方才有存在的理由（raison d'être），作为对传统上欺骗人的绝对确定性的回应。本雅明对他自己的思想的失败主义是由一种非辩证的肯定性的残余造成的，他将这种肯定性以不变的形式从神学阶段拖入唯物主义阶段。黑格尔对否定性与主体、思想的等同有其经验内核，即想要使哲学免受科学的实证主义和个别之物偶然性的伤害。思维本身已经，并且首先是特殊的内容，是对强加在它之上的东西的否定和抵抗；对劳动与它的材料、它的原型之间关系的思考保留了这一点。如果今天意识形态比以往任何时候都更鼓励思想走向肯定性，那么它聪明地注意到，这种肯定性正好与思维背道而驰，而且它需要(11)社会威权的友好鼓励，才能训练思想走向肯定性。作为对被动的直观的抵抗，思维概念自身所隐含的努力已经是它的否定性，即反抗任何直接性作为被动接受对它的苛求。判断和推论，思维批判不能放弃的思考形式，它们本身就包含批判的萌芽；它们的规定性向来同时是对它们无法取得之物的排除，并且它按照形式所宣称的真理，将那些未被同一性铸就的东西否认为不真实的。判断应该是这样的东西，即潜在地防止主词与谓词的关系与判[13]断所表达的东西不相一致。思维形式想要比仅仅是现有的、"被给予的"东西走得更远。这启发了黑格尔；只是他反过来用同一性论题败坏了它，这个同一性论题将现存之物的压力等同于主体面临的压力。在思维的形式中，针对其质料的抵抗，不仅仅是在精神上形成的唯一的自然统治。思维在对其进行的综合施加暴力的同时，也在追寻一种隐藏在它的对立物之中的潜力，并且无意识地服从于这个理念，即让它自己击溃的部分恢复原有状态（restitutio in integrum）；哲学将会意识到这种无意识的东西。不和解的思维伴随着对和解的希望，因为思维行为对单纯存在者的抵抗、对主体残暴的自由，这对客体而言同时也意味着，那些在准备成为客体的过程中客体所失去的东西。

如果人们可以将这解释为柏格森和胡塞尔这一代哲学家的隐藏

的愿望,即按照严格的标准以一个不成功的突破,打破意识的内在性和体系的魔咒,那么这对于宣布了脱离传统却又挂念着它的哲学而言,就有义务去完成这个突破,就是荷尔德林所说的"广阔(12)天地"。如果批判哲学曾通过主体的反思剥夺了它天真的教条主义的直接意图(intentio recta),那么在反思的第二次运动中,它会再次赢得不带(bar)那种天真的直接意图;因为,每个主体性的形态总是反过来以(尽管是被规定的)客体性为前提条件,而根据间接意图(intentio obliqua)的模式,这种客体性应该是创立或者保证知识的唯一东西。哲学必须思索对象,而不是按照它理所当然地固化了的游戏规则去预先设立对象。哲学思维[14]在 20 世纪前几十年纲领性地大声叫卖的具体性,是意识形态,因为它总是通过其上位概念来预先准备具体之物,然后毫不费事地将它赞颂为有意义的。相反,二阶反思必须批判地强调具体之物中隐秘的抽象过程,就其自身而言,这些具体之物本身又是极其具体的:它们为社会的抽象法则性所预先规定。另一方面,它必须没有精神保留(Mentalreservat)地投入细节,因为它意识到,唯有在细节之中而不是想要跳出细节的东西,其存在才多于细节的材料性。胡塞尔宣称的"面向事物",只有在事物没有通过它的认识论范畴被替代的情况下,才能够得到贯彻。在此并不是去追踪海市蜃楼,即离开概念来从事哲学思考,就像本雅明在他的后期,计划纯粹以引文来组装他的拱廊街文本时受到的诱惑一样⑨。没有着重强调的概念就没有细节的建构。与传统哲学的区别是方向性倾向(Richtungstendenz)的概念。传统哲学将概念提升为隐含的理想,按照这个理想,它的质料都是被挑选出来并被预先赋形的。相反,概念应该被集合在一起,以便(13)在它们的星丛中解释无概念的东西。任何一种思想,只要不付诸实践,就无法实现它为自己设定的目标,那就是让哲学从字面意义上的个别事物那里升华出来。但如果哲学不想将任意行为与已完成的行为相混淆,它就必须使用这些概念;但是,哲学从传统的当下状态中接收到的、就细节的那些

239

提问,它并没有将其固定在与诸对象分离之物(χωρίς)上,而是将它们扔进这些对象之中,它厌倦了在概念的单纯自为存在中拥有自在存在的妄想。然而,它必须让传统状态本身[15]面对历史的现实。届时,理论就不再是涵摄诸概念因素,而是诸概念因素彼此之间的关系。它的中心在于不可消解之物的消解,或者按照卡尔·海因茨·哈格(Karl Heinz Haag)的说法,在于"不可重复之物"⑩之中。理论被预先设定和利用,以在它流行的形态中废除它。它改变了的形态的理想,将会是它的消灭。与开放的或者不封闭的辩证法相比,未被掩盖之物的意图得到更充分的暴露。在逻辑—形而上学的同一性原则被摘除之后,辩证法不再能够正确地指出,事物和概念的辩证运动的真正动因。在唯心主义辩证法中,真理否定性的因素被低估了,意识——不仅仅是意识——想要从(唯心主义辩证法)这个客观的地狱机器(machine infernale)中逃离。不能希望通过忽视地狱机器而逃离它,而只能通过把握住它而逃离它。黑格尔仍有待针对"辩证法的紧身衣"的惯常指责进行辩护。这是世界的紧身衣。开放之物只能通过对封闭性的和颠倒了的存在物的不懈意识来思考。

240

(14)借此哲学与体系的关系就得到了刻画。传统的思辨在康德的基础上,试图通过哲学原则将其视为混沌的杂多性综合起来,并最终从自身出发将其发展成一个统一体。这就把事态颠倒了过来。哲学的终极目标,即去解释敞开的和未被掩盖之物,它的自由,以及它赤手空拳地与之较量的那些现象,它们都是反体系的。尽管如此,它也必须重视体系,就像它的异质之物作为体系与它相对一样。被宰制的世界正朝着这样一个僵化的系统发展。体系是否[16]定的客观性,而不是肯定的主体。经过了这样一个历史阶段之后,即只要严肃地对待内容,体系就被降格到思想之诗的可疑王国,只留下秩序图式的苍白阴影,我们很难生动地去设想,是什么曾经驱使哲学精神走向体系。按照尼采的批判,它最终只记录了学究式的迂腐,通过对存在物施加的绝对权力的概念建构,来弥补政治上的软弱无能。但体系的需要:即,不苟且于知识分散的碎片(membra disiecta),而是达到绝对的知识,它的诉求已经无意间在每个个别判断的简洁性中被提出了,这个需要曾不仅仅是对不可抗拒的数学—自然科学的方法的精神假象(Pseudomorphose)。从历史哲学的角度看,尤其是在 17 世纪,体系就有补偿性的目的。从某种意义上说,与资产阶级利益一致的这同一个理性,曾粉碎了封建秩序和它的精神反映形式,即经院哲学的本体论,它在废墟面前立即就感受到了(15)它本身的工作对混乱的恐惧,对在它统治领域之下威胁性地持续存在,并且与它自身的暴力成比例地加剧的东西的恐惧。在理性的开始阶段,这种恐惧塑造了几个世纪以来资产阶级思想的建构性的行为方式,即通过肯定秩序来取消任何走向解放的步骤。在它解放不彻底性的阴影之下,资产阶级的意识必然害怕被一种更先进的意识所撤销;它担心,因为它并不是完整的自由,所以它只创作自己的讽刺画;因此,它必须在理论上将自己的自律提升为体系,这个体系同时酷似它的强制机制。资产阶级的[17]理性本应从自身中产生出它在外部否定了的秩序。然而,作为被生产出来的秩序,它就不再成其为秩序并因此变得不知餍足。这种荒谬的、以理性的方式被设定的秩序曾是体系、被设定之物,是作为自在存在出场的东西。它必须在从它的内容中分离出来的形式思维中寻找它的起源。只有凭借这种分离,它才能够行使它对质料的统治。在哲学的体系中,方法(Ansatz)与不可能性交叠着;而它刚刚谴责体系的早期历史是一者对另一者的摧毁。正是这种不可能性注定了早期的体系史,是一种体系被另外一种体系所摧毁的历史。这个理性,为了使自己作为体系得到贯彻,虚拟地消除了它所参照的事物的质的规定,陷入了与客观性不可调和的对抗之中,由于它假装理解了客观性,从而对客观性施加了暴力。理性越是完全地臣服于自己的公理,最终臣服于同一性的公理,它也就越是远离客观性。所有体系的迂腐,包括康德的,甚至是黑格尔的建筑学般的复杂——它们与黑格尔

241

的纲领是如此格格不入——在内,都是一些先天条件失败的体系标志,它以无比诚实的方式记录在康德体系的断裂之中。要去把握的东西,在概念的同一性面前退缩了,这迫使同一性朝怪诞的夸张活动发展,只不过没有激起对思想产物的完整性和严格性的任何怀疑。伟大的哲学痴迷于偏执的狂热,这同一种狂热不允许《白雪公主》中的皇后容忍一个比她更美丽的人——一个他者,即使是在王国的最边缘地带,并且这种狂热驱使她用她(16)理智的所有狡计去追踪,而与此同时,在这种追踪的面前,这个他者总是在进一步地退却。非同一性最细微的残余就足以否认整个[18]同一性。自笛卡尔的松果体和斯宾诺莎的公理以来,各种体系的乖僻已经被总体的理性主义注入到了体系中,之后理性主义以演绎的方式从体系中将它们提取出来,在它们的非真理性中显示出体系本身的真理,以及它的疯癫。然而,体系在其中由于自身的不充分而瓦解的这个过程,是与社会的过程相反的。资产阶级理性作为交换原则,借助不断增长、尽管潜在地是致命的实际结果,越来越接近它想要与之通约、与之等同的体系,越来越少地游离于体系之外。在理论上被证明是徒劳的东西,讽刺性地被实践索求归还。因此,在尼采之后的一代人中,关于体系危机的讨论变得越来越意识形态化,甚至在那些根据已经过时的、不再令人满意的体系理想,以充满怨恨的职业腔调谈论概要(Aperçu)的人那里也是如此。实在性不应再被建构,因为它似乎已经被建构得太彻底了,并且它的非理性为这种建构提供了借口,前者在特殊合理性的压力下愈演愈烈:通过整合而来的瓦解。⑪ 如果社会作为一个封闭的,并且由此作为与主体无法和解的体系这一点被洞察到了,那么只要主体仍然是那些主体,它就无法为主体所容忍。它的体系特征,在昨天仍然是学院哲学的识别记号(Schibboleth),必须为它的大师们(Adepten)所刻意否认;与此同时他们被允许以自由的、原创的,可能是非学院思维的代言人自居。这种滥用不会取消对体系的批判。所有深刻的哲学都有个共同的命题,即哲学只有作为体系才是可能的,而拒绝深刻的怀疑论哲学则与之相反,这个命题对哲学的敌意几乎不亚于经验主义流派。关于它首先应当有充分根据进行判断的东西,是由其方法的假设预先决定的。(17)[19]体系,一种总体性的陈述形式,没有任何东西外在于它,它设定思想绝对地对立于思想的每一个内容,并蒸发掉思想中的内容:在所有对唯心主义的论证之前,它就是唯心论的。 243

但是,对它的批判并没有简单地清除体系。体系的形式不仅仅适合于世界,世界就内容而言摆脱了思维的霸权。统一和一致性是一种和解的、不再对抗的状态在统治的、压迫的思维坐标上的歪曲投射。哲学体系的双重意义除了将曾经为体系所释放的思想的力量转化为个别因素的公开规定之外,别无其他选择,这个力量与直到尼采为止的非体系的思想相比,总是显示出些许虚弱和无力。黑格尔的逻辑的方法曾瞄准这个方向。不管上个层级的范畴给它盖上了什么东西,对单个范畴的反思都应当引起任何一个概念在另一些概念中的运动,它们的总体性对概念而言就意味着体系。只是这个体系,首先并不让自己结晶出来,而是隐含地,因此是欺骗性地在每一个个别的规定中已经被预先思考了。这种假象应予清除,黑格尔只是承诺做到这点,即意识仿佛无意识地沉潜于它所立足的现象之中,这样,辩证法当然会发生质的变化。体系的一致性将会分崩离析。现象不再是概念的例子,而它在黑格尔那里就是概念的例子,并且这又是黑格尔不想要的。(18)从思想的角度来看,这比黑格尔所说的需要更多的工作与努力,[20]因为在他看来,思想往往只要在它的对象中阐明它本身已然所是的东西。尽管有外化的程序,但思想仍然舒适地守在自己身边,无论它如何频繁地对它的对立物作出担保。如果思想确实外化到了事物之中,那么客体就会开始在思想的顽固的凝视之下,自己开始说话。 244

就此而言,哲学的理想是解释对它的传统概念而言是禁忌的东西。黑格尔对认识论的反对意见是,一个人只有通过打铁才能成为铁匠,在与认识相反的事物,也就是非理论之物上执行认识的过程中才能成为铁匠。在这一点上,我们应该相信他的话;只有这样,才能将自由归还给哲学,这个自由是哲学在概念的魔咒之下,即设定意义的主体自律中失去的。哲学的实质在个别之物和特殊之物中,而它的整个传统都将之作为可忽略的量(quantité négligeable)来处理。但炸开不可溶解之物的思辨力量正是否定的力量。只有在它之中,体系的特征才能继续存在。批判体系的范畴同时也是那些把握特殊之物的范畴。曾经在体系中合法地超越个别之物的东西,在未被体系覆盖之物中有它的一席之地。在现象中葆有比现象之单纯所是更多的东西,并且唯此现象才成其为现象,这个观念使形而上学世俗化了。哲学结束于其中的断片,才会将唯心主义以虚幻的方式拟定的单子带入其合适的位置,即在个别之物中的这个如此无法表象的总体性的表象。在辩证法的贯彻过程之外不允许任何肯定性的东西被实体化,这个思想冲出了对象,[21]它不再假装与之合为一体;它变得比在它的绝对性构想中更为独立,在这个构想之中,主权者和服从者混合在一起,互相依赖。或许这就是康德为智性领域免除所有内在性的目标。这个思想过剩并不与辩证的微观逻辑重合。(19)向个别之物的沉浸,上升到极致的辩证法的内在性,也需要超出对象的自由作为它的因素,这个自由是被同一性诉求所切断了的。黑格尔最后或许已经同意:他信赖在诸对象中的完全的中介。

245 在认识实践之中,在不可溶解之物的消解中,思想的这种超越性的因素就暴露了出来:对不可溶解之物的解码,是只能使用宏观手段的微观逻辑。诚然,打开不透明之物的并不是被归于其下的分类概念,而是建构性思想给它提供的概念星丛,正如妥善保管的保险箱不是由一把钥匙或者一个数字来打开,而只能用数字的组合才能打开。如果哲学自欺欺人地认为,它在自身内部移动其对象的同时,也必须从外部唤起这些对象,那么哲学就会再次沦为莱布尼茨或者黑格尔式的前定和谐、令人安慰的肯定性的牺牲品。在它们自身之中等待的东西需要干预才能开口说话。意图仍然是,那些从外部动员起来的力量,那些对现象产生影响的理论,最终会在现象当中耗尽自己。哲学理论意味着其本身的终结。

(20)[22]不再被"固定"(康德:《纯粹理性批判》,B134)在同一性中的辩证法,即便不会激起对无根底之物(Bodenlose)的反对(这应该可以从它法西斯主义的恶果中看出来),也会引发对令人头晕目眩的东西的反对。在如何获取哲学的焦虑背后,通常只有侵略,一种抓住哲学的欲望,就像历史上的流派相互吞噬一样。罪与罚的等价已经转移到了思想的序列之中。正是这个精神对统治原则的同化被哲学反思所识破。传统思维和它在哲学上消逝之后遗留下来的健全人类知性的习惯,要求一个参考体系,一个在其中所有的东西都能找到它的位置的参照框架。假如参考体系只为每一种考虑提供避难所,并使未被体系覆盖的思想远离自己,那么参考体系的合理性(Einsichtigkeit)就完全没有那么大的价值——它甚至可以被下放到教条主义的公理中去。已经 246
摆脱了黑格尔的固定化的辩证法,只有在没有安全措施的情况下回报无望地(à fonds perdu)将自己扔给对象,它才能够满足它自己;由此引发的眩晕是一个验证指数(index veri);它在被覆盖之物和始终如一的东西中必然显现为头晕目眩之物、对开放的震惊、否定性:对不真之物而言的非真理。诸多体系与体系的解体不是形式—认识论的,而赤裸裸地是内容上的:细节不再顺从了。体系以前想要为它们置办的东西,作为质上的他者,只有在它们之中去寻找。它是否存在或者它是什么,都无法事先得到思想的保证。只有这样,一贯被滥用的关于真理是具体的说法[23]才会水落石出。它迫使思维去破解最细微的东西。不是对具体之物进行哲学思考,而应该是从具体事物出发,将概念聚集在它们周围。黑格尔"特殊即普遍"的命题,是对它最尖锐的批判;这个批判应当就足够了。但是,委身于特殊对象会被带有偏爱的咩咩叫(Geblök)归结为缺乏明确的立场。与实存之物不同的东西被认为是巫术;在魔咒之下存在的东西具有一个优势,也就是所有在一个错误的世界中是邻近、家乡和安全的东西,其本身就是魔咒的形象。因为这个,人们害怕失去一切,因为除了人能够抓住某些东西之外,人们不知道其他的幸福,不知道思想的幸福,这就是永恒的不自由。(21)至少要看一下一个人意愿什么;他们这个批判中的一点点本体论要更加清楚可把握一些,好像对所意愿之物,没有哪个不明确的洞见比意图的宣告(然后所意愿之物就驻留于此了)表达得更好似的。哲学证实了勋伯格记录在传统音乐理论中的经验:人们从这种音乐理论中真正学到的只是,乐章是如何开始和结尾的,而不是关于乐章本身和它的过程。与此类似,哲学不必提出范畴,毋宁说在某种意义上,哲学必须首先去创作。但是,一种行为方式为丑闻作好了准备,这种行为方式并不保护任何首要的和安全的东西,并且单单由于它的陈述的确定性,仅对相对主义——绝对主义的兄弟——作出了如此之少的让步,以至于它接近于教义。它超出黑格尔向外发展直至断裂,黑格尔的辩证法想要拥有一切,甚至想要成为第一哲学,而在同一性原则中,在绝对主体之中,它事实上也是(第一哲学)。然而,通过放弃对第一者的和固定之物的思考,它也没有将自己绝对化为自由飘荡的东西。恰恰是这种脱离将它跟其本身所不是的东西联系在一起,并且消除了它自给自足的幻觉。如果无根基之物应当被彻底斥责,那么就应该反对作为绝对起源领域的、在自身之中维持自身的精神原则;但是在本体论,首先是海德格尔击中无根基的地方,是真理之地。因为它的时间性(zeitlichen)内涵,真理是漂荡的、脆弱的;本雅明激烈地批判了戈特弗里德·凯勒的说法,即真理不会从我们身旁溜走。哲学必须放弃"真理不会溜走"这一安慰。一种无法坠入形而上学原教旨主义者对之胡言乱语的深渊——它不是灵活诡辩的深渊(22),而是精神错乱的深渊——的哲学,将在其确定性原则的指令下成为分析的,并潜在地成为毫无意义的同义反复。只有这样的思想,才能够勇敢抵制可靠的赞同的万能的无能,并走向极端;只有智力上的杂耍还与

事物保持关系,它为了它的自我满足,按照约定俗成的寓言(fable conv-
enue)蔑视事物。今天任何阻止这点的努力都是非理性主义的。哲学
中的安全性概念的功能已经发生了翻转。以前,试图通过自我确定性
来克服教条和专制的东西,现在已经退化为一种被社会保障的知识文　248
体,由此应该不会发生任何事情。事实上,也什么都没有发生。

　被释放的辩证法并不比黑格尔的更缺少固定之物。辩证法的确不
再给予固定之物优先地位。黑格尔在他的形而上学的起源中并没有格
外强调那个固定之物:它应当是作为被透视了的整体,在最后从形而上
学中显露出来。为此,他的逻辑范畴具有独特的双重特征。这些逻辑
范畴是上升的、自我[25]扬弃的,并且同时是先天的、不变的结构。就
动力学而言,它是通过在辩证法的每一个阶段都重新恢复自己的直接
性教义被中介的。已经带有批判色彩的关于第二自然的理论,并未在
一种否定的辩证法中失去。这个理论采用了中介了的直接性、社会和
它的(23)发展照原样(tel quel an)粗暴地扔给头脑的形式,以便按照现
象与它们所诉求的出于自身而存在之物的内在差异的尺度,通过分析
来暴露它的中介。那不变地坚持到底的固定物,青年黑格尔的"肯定之
物",对这种分析而言,是否定物,正如分析对它而言是否定物一样。主
体性的自律越是批判地限制自己,越是意识到它是一个被中介的东西,
它让对象具有这种优先性的责任就越具有约束力,即这种优先性给思
想带来它自身所没有,但却需要的固定性,并且没有这种固定性,就永
远不会存在辩证法用以消解固定之物的那种动力。否定辩证法的可能
性取决于对客体优先性的证明。但它对于否定辩证法而言也不是绝对
的原则,不是天真的实在论的重演:它只有在相互交织中才有效。如果
客体的优先性从辩证法中迸发出来,并在一致赞同胜利的喧嚣中被设
定成肯定的,那么哲学就像在晚期格奥尔格·卢卡奇那里一样,会倒退
为摄影或者反映的愚蠢教条。一条原则、一句"格言"就会再次被实体
化,最终,思想就会将存在的东西转化成了一个公分母。意识形态绝不　249

总是等同于唯心主义的普遍论题。事实上,无论其内容如何,它都包含在一个第一者自身的基础结构之中。它暗示了[26]概念和事物之间的同一性,从而暗示了对世界的辩护,即使它总结性地约定了意识对存在的依赖。历史的神义论,包括为它辩解的和声,对马克思来说并不陌生。

思维,它并不倚靠不可动摇的基本原则,它针对的是合题的概念。合题作为哲学的终极目的及其个别运作的模式,它使得方法屈从于所谓的唯心主义的主体和客体的同一性:方法按照圆圈的[24]形象(Figur),这一形象是结果向起源极端无效的返回,铸就了黑格尔的辩证法。依此合题的概念,对分解的迅速治疗,被认为具有那种致命性,在针对弗洛伊德精神分析的所谓精神综合的发明中,这种致命性以最令人反感的方式宣告了自己;特质的敏感性厌恶把这个词挂在嘴边。当然,黑格尔使用它(即合题这个词)的频率要远远低于被证明是胡说八道的三一图式给人的预期。他的哲学组织(Gewebe)应当与这个三一图式相符。在其中,思维操作几乎总是规定了的概念的否定,这些概念被他近距离地审视,并且被他来回地翻转。在这种分析中,从形式上被描述为合题的东西,就此而言具有否定的形式,因为应当拯救在先前的概念运动中沦为牺牲品的东西。黑格尔的合题始终是对那种运动之不充分的洞见;所谓的更高阶段,同时证明自己是更低级的阶段,是向过去完成了的东西的倒退。这将黑格尔与作为获胜般的肯定性的那种合题的庸俗观念区分开来。诚然,在他那里不断重新形成的直接性(在其中它们自身的中介[27]应当消失),不仅仅携带这种积极性的痕迹。就马克思主义的法哲学批判而言,由此而来的结果是,对变成的和被设定的直接性的信任的取消,这种信任是黑格尔的辩证法在后来的体系形态中完全给予它们的。与康德相反,黑格尔限制了综合的优先性:他认识到杂多性与统一性都是因素,两者缺一不可;它们之间的张力通过否定得到解决(ausgetragen)。尽管如此,他仍然与康德及整个传统分享了对统一性的偏见(parti pris)。(25)但是,思维也不能在它的抽象的否定上停滞不前。能够直接捕获丰富多样的事物这个幻觉,同样会退回到神话中,退回到对弥散的恐惧,就像在另一个极端中,统一性思维会通过它的压迫、神话式的统治来模仿盲目的自然。启蒙的自我反思不是对它的废除:因此,启蒙为了当前的统治而自甘堕落。统一性思维的自我批判转向依赖于概念,也就是综合,并且不能以支配的姿态贬低它。抽象地看,统一性为这两者都提供了空间:为对思想中无法取消的质的压制和为远离对抗的和解的理想。它总是使得它的暴力对人们来说容易接受,因为在暴力身上也闪烁着非暴力的与和平的痕迹。撇开对统一性科学的所有谈论不说,统一性的因素是不会被摘除的,就像它无形地发生在未被反思的唯名论中一样。综合性的因素的趋势被翻转过来了,由于它回忆起它使丰富多样的事物遭受了些什么。只有统一性才能超越统一性。即使在同一性因素中,某些东西仍然有生活的权利,被不断进步的同一性压制,但仍然蛰伏其中的亲合性,被世俗化[28]得面目全非。未被覆盖(ungedeckte)的知识并不取消从事统一化的主体。在客体的经验中它是无法消除的。(26)正如柏拉图清楚地意识到的,主体本身的综合想要借助概念间接地改变和模仿自身想要的那种综合 251
的东西。

把自己交托给对象的思维,使哲学有了内容。之后,这种有内容的哲学为柏格森和齐美尔、胡塞尔和舍勒那一代人徒劳地渴望。传统哲学废除的是它们本身的需要。如果自我批判地放松对方法的强制,那么哲学的努力将补偿性地越来越由它的内容来决定。非概念物与它的概念是不同一的这一点,将由认识的实践通过它的内容化来兑现。社会的,按照哲学的说法是"存在论的"辩证法,是持续不断地对抗的辩证法,它反映在主体与客体的哲学对抗中。如果有什么本体论的话,如果有什么不变之物的话,那么它就是持续对抗的否定的本体论。(27)如果内容性的思维不想成为教条主义或随意的灵感的牺牲品,它就仍然不能简单地放弃按照方法展开的推理,尽管很多时候这个灵感往往比按照方法展开的推理阶段更加接近真理,而推理进程的安全性减少了它的收益。内容性的个别分析如何看待辩证法理论这个问题,不能依靠唯心主义的保证来加以解决,因为唯心主义将前者和后者归结为一回事。它再一次偷偷地把方法和事物的错误的同一性带进来了。思想毫无根据,也可以说毫无方法地盲目屈服于它指向的东西,这就是方法论的原则。"只有那些不理解自己的思想才是真的。"[Theodor W. Adorno, *Minima Moralia. Reflexionen aus dem beschädigten Leben*, 2. Aufl., Frankfurt a.M. 1962, S. 254 (GS 4, S. 218)]。思想受它的对象之外的反思的束缚越少,它就越深入地认识到特殊之物中的普遍物;康德、黑格尔和尼采对哲学中例子的抨击,对他们自己传统的抨击,都指明了这点。从内容上来说,作为每种现象通过社会总体——它对哲学而言完全颠倒为纯粹的主体性——的普遍中介,每种特殊物都隐含着普遍物。但是,哲学的经验并不具有这种普遍物,或者说它只是抽象地具有这种普遍物,因此,哲学总是从特殊物出发,但是它也没有忘记它不拥有但却知道的东西。虽然哲学的经验通过它的概念来保证现象的实在规定(vgl. Theodor W. Adorno, Gesellschaft, in: Evangelisches Staatslexikon, hrsg. von Hermann Kunst u.a., Stuttgart, Berlin 1966, Sp. 636ff. [GS 8, S. 9 ff. 中译参阅阿多诺:《整合与分裂——社会学文集》,侯振武译,上海人民出版社即出]),但它不能在本体论上假装是这个概念(28),假装是自在地是真的。概念与不真实之物、压制性的原则联合在一起,这的确削弱了它的认识论批判的尊严。它并没有积极地建构知识在其中感到满足的最终目的。普遍之物本身的否定性将知识作为要被拯救的东西固定在特殊之物之上。但离开从特殊之物中释放出来的普遍性,对特殊之物的拯救根本就无从开始。(29)所有的哲学,包括那些以自由为旨归的哲学,都拖拽着不自由前行,在这种不自由中,社会的不自由得到延伸。新本体论的草案对此表示了反抗,但它们的姿态是诉诸真实的或虚构的本源(archai),这个本源无非是强制原则。通过保证自己成为它的对立因素的中介,思维超越了对任意和强制的抉择。思维在其自身之中就具有强制;[30]强制保护思维不倒退回任意之中。然而思维有能力批判地识别内在于它之中的强制特征;它自己的强制是它的解放的媒介。黑格尔对客体的自由必须首先被确立,它在黑格尔那里是压制性的,是对主体权力的单纯取消。在此之前,作为方法和作为事物之一的辩证法分离开了,它们没有被专断地彼此等同起来。

253

当然,概念以及现实是充满矛盾的存在物这一点并不是天外来物。对抗性地撕裂社会的东西,也就是统治性的原则,被精神化为产生概念与屈服于概念的事物之间的差异的那个事物。但矛盾的逻辑形式赢得了那种差异,因为,并不服从统治原则的统一性的东西,按照其本身的尺度,并不表现为一个对原则漠不关心的差异之物,而是表现为对逻辑的违背:表现为矛盾。在另一方面,哲学的构想与实施之间的其他分歧也表达了一种真实的东西,某些非同一性的东西,它既不允许方法完全与它应当只在其中存在的内容相重合,也不允许如此将内容精神化,就好像它们能和解一样。内容的优先性将自己表现为方法不可避免的不足。为了在哲学家的哲学面前不是软弱无力的,诸如此类必须以普遍反思的形态被说出的东西,只在实施中表明自己的合法性,因而它作为方法再度被拒绝。就内容而言,它的过剩是抽象和错误的;黑格尔已经不得不接受《精神现象学》"序言"与"精神现象学"本身之间的不相称。哲学的理想是,对人们所作所为的说明通过人们的所作所为变成多余的。

[31](30)最新的打破概念拜物教的尝试——打破学院哲学,而不放弃义务的诉求——是在存在主义的名义下进行的。就像它批判性地从中分裂出来的基础本体论一样,尽管作出了政治上的承诺,但仍然抱有唯心主义式的偏见;顺便说一句,与哲学的结构相比,它保留了某些

偶然的东西,并且可能被相反的结构所替代,只要这些结构满足存在主

254 义的形式特征。在存在主义与决断主义之间没有理论的界限。存在主义身上的唯心主义成分本身就是政治的一种功能。因此,萨特将统治实践中不再容忍的因素,即哲学语言中的自发性挪动到了中心。社会的权力分配给它提供的客观机会越少,它就越是排外地把自发性设定在克尔凯郭尔的决断范畴之中,这个范畴在他那里的含义取自终结于时间中的最后限制点(terminus ad quem),也就是基督学(Christologie)。尽管萨特是极端的唯名论者,但他的哲学是按照主体的自由行动这个古老的唯心主义范畴组织起来的。费希特和存在主义一样,对任何客观性都漠不关心,正如在萨特的戏剧中,社会关系和社会条件是含混不清的,几乎沦为行动的单纯诱因。这一点被无对象性的状态谴责为一种非理性,这无疑是这个毫不动摇的[32]启蒙者最不想看到的。绝对自由地作决断的想法与从自身之中释放出世界的绝对自我的想法一样,都是虚幻的。萨特的戏剧取消了哲学,而这是他的戏剧如此论题般地探讨的东西。(31)最初步的政治经验也足以看透为英雄们进行决断的背景而建造的那些局面,它们被布置成舞台的样子。在具体的历史纠葛中,甚至在美学上都无法假定这样一个主权的决断。一位将军,非理性地决定不允许犯更多的暴行,就像他在此之前同样非理性地沉迷于暴行那样;他因叛徒出卖而放弃围攻一座拱手让给他的城市,并建立起一个乌托邦的共同体,那么即使在浪漫的德国文艺复兴

255 的野蛮时代,他若不被叛军杀害,也会被上级召回。支持这点的恰恰是如下实事,当光明之城的屠杀让他掌握了自由行动的真谛之后,夸夸其谈的格茨便将他的自发性用于有组织的群众运动,这很容易被解读为萨特将其渲染为绝对自发性的封面图片;这个抒情叙述者(Butzens-scheibenmann)立即再次犯下了他出于自由而宣誓放弃的暴行,只是现在明显经过了哲学的同意。绝对主体无法从它的各种束缚中摆脱出来:他想要挣脱的锁链,统治的锁链与绝对主体性的原则是同一的。政

治的存在主义的愚蠢,跟去政治化的德国人的惯用语一样,都有其哲学原因。存在主义所搬运的,是本来就存在的东西,是人类的单纯此在,是它应当选择的意向(Gesinnung),就好像它还有任何其他的选择似的。如果存在主义教导的不仅仅是这种同义反复,那么它就会退回到对作为唯一实体的自为存在着的主体性的重申中去。那些将拉丁语存在(existere)的派生词当作座右铭的流派,想要恢复活生生的经验的现实性,以对抗异化了的个别科学。因此,他们没有吸收任何事实,而被他们放在"悬置"(ἐποχή)名下的东西,通过躲在哲学背后的、被哲学认为是不合理的决断,实施了它的暴力并报复了他们。(32)清除了事实的思维,并不比无概念的具体科学更优越;它恰恰又一次陷入了形式主义,它为了哲学的本质性的兴趣而与之斗争,并且这个形式主义之后又充满了(尤其是在心理学中)偶然的借用。存在主义的意图,至少在它激进的法国形态上不是通过远离事实,而只能通过危险的靠近才能够得以实现。主体与客体的分离不该通过单纯的思考行为来扬弃,最终 256 要通过向人类的还原来扬弃。在人类的符号中,在生存的符号中,这种分离是以抽象和无关紧要的方式开始被思考的;这个操作过程是扼杀思想的个别科学的背面。围绕生存而划分的学派对于那种外化是如此的无能为力——这种外化,是它们在援引个体人类的生存来反对先验主体的过程中觉察到的——它们承认了这一点,因为它们,甚至在它们的唯名论的细微差别中,都想要处理那些没有消失在主体的概念中、在哲学上与这概念相反的东西,通过这样的方式,即它们按照黑格尔的样式,将这些东西再次带回到主体的概念之中。非概念物的概念应当将这些东西献给思维。在这一点上,它们顺从传统,在它们本身的任务面前退缩了[34],这个任务是以概念的方式去追寻被概念所拒绝的东西,而不是通过将其纳入主体自身的概念之下来吸收和蒸发它。

在语言中,这个操作过程在名称中有它遥远且模糊的原型,这些名称不是以范畴的方式网罗事物,但却以它们的认知功能为代价。

(33)未遭贬损的认识要的是人们灌输给它的东西,让它屈服的东西,以及由于拥有了名称就变得模糊不清的东西;屈服与蒙蔽两者在意识形态上相互补充。在认识词汇选择上特殊的确切性,仿佛它们应该被用来给事物命名,这绝非下述事实最微不足道的原因之一,即陈述对哲学来说至关重要,而不是外在的媒介。(34)在"这一个"($\tau\acute{o}\delta\epsilon\ \tau\iota$)面前对表达的坚持,其认知根据是它本身的辩证本质,是其自身之中的概念中介;这个中介是在表达之中把握非概念物的切入点。通过批判性地理解实存之物中潜在的概念物,认识实际上就达到了不透明的东西,并且仅仅是在这种关系中达到了不透明的东西。因为,在非概念物中的中介,并不是在减法之后作为余数而剩下的残余物,并且指向(verweisen)了此类程序的坏无限。更确切地说,质料($\mathring{\upsilon}\lambda\eta$)的中介是它隐含的历史。哲学从一种否定物中汲取任何使其合法行进的东西:哲学屈服于那种无法消解的东西,那种让唯心主义的威力不起作用的东西,在其如此而非其他的存在(So-und-nicht-anders-Sein)中又有一种拜物教的东西,对存在者的不可撤销性的崇拜。它在如下论据(Beweis)面前消解了,即它不是简单地是如此而非其他,相反它是在特定条件下生成的。这种生成是事物所固有的,它既不会被静置在概念中,也不会从[35]结果中分离开而[35]被遗忘。在这点上,唯心主义和唯物主义的辩证法是一致的;对唯心主义而言,直接性的内在历史证明它是概念的诸阶段,而对唯物主义而言,它不仅成为衡量概念的非真理性的尺度,更是成为衡量存在着的直接性之非真理的尺度;两者的共同之处在于,对凝结于对象中的历史的强调。否定辩证法用以渗透到其硬化了的对象之中的,是被否定辩证法骗走了其现实性的可能性,是每一个人都可以证明的可能性。(33,续)但即使尽最大的努力,通过表达来达到非概念之物,语词也仍然是概念。概念的精确性代替了事物的自身性(Selbstheit),而这种自身性却完全没有为概念所分享;在概念与此时此地之物间裂出了一个空洞的空间。这与任意和相对性的沉淀物相符合,在词语的选择中

257

是如此,在整个的陈述中也是如此。与此相反,只有对概念的,同时也恰恰是具体物的批判性反思才有所助益。即使在本雅明那里,它们也喜欢以专制的方式隐藏其概念性。只有概念才能够完成概念所阻止的东西,疗愈伤痕。⑫在对它们宣称的内容进行的判断面前,所有概念都走向抗议。作为普遍之物,它们永远都不会与它们所意指的并由此想与之同一的东西相同一。这对它们来说是一个确定无疑的错误。这个错误促使它们用其他概念来纠正;这就是那种星丛发源的地方,在其中某些事物仅靠名称的希望而继续存在。哲学的语言通过对它的否定来 258 接近它。哲学对语词的批判,即词语直接就具有词语的权利,几乎总是关于语词与事物的积极的、现存同一性的意识形态,是所有唯心主义哲学的隐秘的迷信。唯心主义缩减了绝对者,它热烈地谈论着绝对者的无限性或者[36]假装来规定这种无限性;(34,续)同时,内在性中无限物不可逆转的世俗化伪造了这一点。同样,对个别语词或概念的坚持——在钥匙刚好合适时,打开它应当打开的铁门——是唯一的、同时也是绝对必要的因素。为了被认识,内向的东西——依恋着表达中的认识,需要一种外在于它的东西来作钥匙。与康德相反,莱布尼茨和黑格尔从内部理解事物的要求应该得到满足,而不是再一次陷入同一哲学中。

(35,续)不应该再跟所谓的现代哲学的主流同流合污了。曾经,在20世纪的上半叶,获得最多曝光率的反对派思维期刊叫作《反潮流》。同一个派别的西方杂志在东方成立之后,被冠以《主流》之名。⑬在哲学中,这样的主流想要冲洗掉思维的传统因素,它按照自身的内容将传统的因素去历史化,将历史指派给确定的事实科学的一个特殊分支。自从人们开始把主体性臆想的直接性视为所有认识的基础以来,就像处在当前直接性的魔咒之下一样,人们就在谋求驱除思想的历史维度;在这个视角之下,被公开地认作相对两极的现代性的鼻祖们就和谐相处了:在笛卡尔关于他的方法的起源的自传式解释和培根的假象学说

259 中。⑭在思维中历史性的东西，非但没有被归入受赞颂的客观化逻辑的永恒性，反而被等同于迷信，这实际上是援引教会制度传统来反对思维的自主性。然而对作为权威的传统的积极批判拒绝了(36)这一洞见，即传统作为它的对象的中介性因素自身是内在于认识的。它一旦借助静置的客体化将对象制成了白板(tabula rasa)，它就扭曲了它的对象。认识本身，即使其形式独立于内容，也分有着作为无意识的记忆的传统；人们无法追问任何如下的问题，在这个问题中，过往的知识没有被保存下来，也没有被进一步推动，并且，思维的形态，内在于时间的、有动力地向前的运动，无论是在微观上还是与在宏观的、在历史的层面上，都预先内化在思维的结构中了。康德的范畴演绎最重要的成就是，它仍然在知识的纯粹形式中、在我思的统一性中，将历史性之物微不足道和可以抹去的痕迹，保持为想象力中的再生产和记忆。然而，因为不存在那种没有存在物存在于其中的时间，胡塞尔在他后期称为内在历史性的东西⑮就仍然不是纯粹的形式。这种思维的内在历史性与它的内容，由此与传统交织在一起。相反，纯粹的、完全升华了的主体据说是绝对无传统的。完全顺从于那种纯粹性的偶像、彻底无时间性的认识，与形式逻辑相重合，完全就是同语反复；它甚至不再为先验逻辑留出任何空间。资产阶级意识所追求的无时间性，或许是为了弥补它自身的有死性，是其盲目性的高峰。当本雅明发誓[38]放弃——也许太过突然了——他的自主性理想，并让他的思想隶属于某种传统时，是这

260 个意识刺激了他；当然，因为这是本雅明自愿援引的，因此缺乏同样的权威，它之缺乏是当着自给自足的思想的面清算的。而作为本雅明自愿召来的东西，这种传统缺乏它算作自足思想之缺陷的类似的权威。准先验的东西、先验的对立面，是传统的因素，(37)而不是主体性，它真正说来是构成性的东西，对康德而言是隐藏在灵魂深处的机制。在《纯粹理性批判》开头的那些问题的变体——它们决定了《纯粹理性批判》的狭隘性——当中，有这样一个问题：必须摆脱传统的思维如何以变化

了的方式来保存传统。柏格森的哲学,特别是紧随其后的普鲁斯特的小说,其本身就处在直接性的魔咒之下,抽象地反对资产阶级的那种无时间性,这种无时间性用概念的机制预示了生命的废除。哲学对传统的参与(Methexis)只是对其规定了的否定。哲学是由它所批判的文本建立起来的。这些文本是由它们所体现的传统带给哲学的,正是在处理这些文本的过程中,哲学才与传统相称。这就为从哲学到解释的过渡进行了辩护,这个解释既没有实体化为被解释之物,也没有实体化为涉及它的思想,即它的象征,相反它在思想耗尽其基质的地方寻找真实的东西,这个基质是神圣文本不可挽回的原型的世俗化。通过或明显或潜在地束缚于文本,哲学承认它在方法论的理想下徒劳地想要祛除的东西,它的语言本质。在哲学更新近的历史中,更确切地说,是在跟传统相似的视角下,它的语言本质被谴责为修辞学。[39]它被炸掉并沦为一种达到效果的手段,它是哲学中谎言的承载者。对修辞学的蔑视清偿了自古以来就为柏拉图所控告的通过卷入与事情的那种分离所犯的罪。但是对思维中的表达避难于其中的修辞学因素的追捕,对思维的技术化和它潜在的废除的贡献,并不亚于在客体的蔑视之下对修辞学的照料。在哲学中,修辞学代表着除非在语言中否则便无法被思考的东西。它在陈述的假设中坚守自身(38),通过这种陈述哲学将自己与已经认识到的固定内容的交往区别开来。就像所有代理者一样,修辞学面临着被篡权的危险,这危险来自陈述无法立即为思想置办的东西。它不断被劝说的目的所腐蚀,离开这个目的,思维与思维行动本身的实践之间的绝对必要的关联就行将消失。整个被认可的哲学传统的过激反应,从《斐德罗篇》到想要从语言中剔除表达的最后残余的语义学家们,符合启蒙的整体特征,即惩罚无纪律的姿态,直至深入逻辑之中。但它也见证了物化意识对物化意识所缺乏的东西的怨恨。如果哲学与科学的结盟实际上导致了语言的废除,那么与它的幸存最类似的便是它的语言努力:不是通过盲目地遵循语言的落差,而是对之进行

261

反思。语言上的草率——在科学上说:就是不精确——乐于通过语言与廉洁奉公的科学姿态相互配合是有原因的。因为,在思维中废除语言[40]不是思维的去神话化。通过语言,哲学牺牲掉了它与对象之间不同于单纯意指关系的其他关系;只有作为语言,相似的东西才能认识相似的东西。然而,唯名论对修辞学的长期谴责——对于前者的基本命题而言,名称确确实实恰似一声回响和一缕青烟,与名称所说之物没有任何相似性——是不容忽视的,也不能原封不动地使用修辞学的因

262 素。辩证法,按照字面意思让人联想起作为思维工具的语言,将是这样一种尝试,即通过名称与事物的相符来批判地拯救修辞学因素。它将历史上似乎是思维缺陷的东西,即它与语言之间任何东西都无法完全打破的关系,占有为思想的力量;这启发了现象学,因为它总是天真地希望通过对语词的分析来确保真理。在修辞的质上,文化、社会和整个传统都反映在它所中介的思想当中;赤裸裸地反修辞的东西与资产阶级思想终结于其中的野蛮结合在一起。无论是对西塞罗的诽谤,还是黑格尔对狄德罗的谩骂,都是那些因生活所迫而失去上升自由的那些人的怨恨的回音,他们认为语言的气息就是罪恶。在辩证法中,修辞的因素偏袒它的内容,而逻辑的因素服从于形式的倾向。为了调和两者,辩证法尝试着克服随性的意见和非本质的正确之间的两难困境。但它倾向于将内容作为开放之物,而不是由框架预先决定的东西:对神话的抗议。因为只有神话般的东西才是永远同一的东西,就像它最终会被稀释为形式的思维法则性一样。想要获得内容的认识,意味着乌托邦。这个乌托邦——可能性的意识——紧紧抓住作为未破相的具体之物。阻挡其位置的是可能性,而绝非直接的现实之物;因此,在现存之物中间,它看起来是抽象的。无法消除的颜色来自非存在者。思维服务于它,思维是定在的一部分,它总是以否定的方式达到非存在者。(40)在这个理念中,所有的哲学都与最遥远的远方会聚,唯有最遥远的,才是最切近的;哲学就是那个捕捉其色彩的棱镜。

注释

① 编者所加的标题根据的是阿多诺的一个手写边旁注(Ts 13352)。

② 见第四讲注释⑳。

③ S. das Marx-Zitat oben, S. 68, 对马克思的引用见本书边码第 68 页以及第四讲注释⑲。

④ 对不丧失信心(nicht verzagt)的修订；阿多诺起初口述的是不再相信(nicht länger sich zutraut)，之后手写改成了 verzagt，但忘记了划掉 nicht。

⑤ 柏格森和胡塞尔关于突破尝试的最终表述，参阅 GS 6, S. 20 f. 中译参阅阿多诺：《否定的辩证法》，张峰译，上海人民出版社 2020 年版，第 5—7 页。

⑥ 对于《逻辑哲学论》的最后一句话应当重新思考(s. oben, Anm. 129. 见第七讲注释⑯)，对此阿多诺写道："维特根斯坦的格言'一个人对于不能谈的事情就应当沉默'是全然反哲学的，在其中实证主义的极端渐渐变成崇敬权威的本真性的习惯，它因此实行了一种知识分子的大众建议。如果有一种哲学的，那么哲学可以被定义为去言说不能言说之物的努力；帮助表达那些非同一物，那些表达总是将之同一化的非同一物。黑格尔曾尝试这么做。"(GS 5, S. 336. 中译参阅阿多诺：《黑格尔三论》，谢永康译，上海人民出版社 2020 年版，第 78 页。)-Vgl. auch GS 6, S. 21, GS 8, S. 336 f., sowie NaS IV·4, S. 271und 399. 也可参阅《否定的辩证法》，张峰译，上海人民出版社 2020 年版，第 8—9 页，以及阿多诺：《整合与分裂——社会学文集》，侯振武译，上海人民出版社即出。

⑦ 未指明。

⑧ 这是指黑格尔的《精神现象学》；最初，在 1807 年的第一版中，这本书是作为"科学的体系"的"第一部分"，另一方面这个部分——在"序言"之后，"导论"之前——被描述为"第一部分"，本身带有"意识经验的科学"的副标题。

⑨ Vgl. aber Rolf Tiedemann, *Mystik und Aufklärung. Studien zur Philosophie Walter Benjamins*, a. a. O. [Anm. 183], S. 224 f., undebd., Anm. 5.

⑩ Vgl. Karl Heinz Haag, *Das Unwiederholbare*, in: Zeugnisse, a. a. O. [Anm. 58], S. 152 ff.; auch: Haag, Philosophischer Idealismus, a. a. O. [Anm. 68], S. 7 ff.

⑪ 见第十五讲注释①。

⑫ S. oben, S. 220, Anm. 225. 见本书第 207 页及其余的提纲部分注释①。

⑬《反潮流》是阿多诺可能想到的两本杂志的标题：第一本于 1928—1935 年出版，是德共—反对派(KPD-Opposition)的机关报，另一个是德美文化联盟的机关报，1938—1939 年于纽约出版，由罗伯特·贝克格兰和鲁道夫·洛克编辑，是一本具有无政府主义倾向的反法西斯主义和反斯大林主义的流亡杂志。——《主流》无法确定为杂志名。

⑭《谈谈方法》是笛卡尔匿名出版的处女作，他在陈述它的全部主题时，还附有一份自传式的报道，在其中，笛卡尔写了他在弗莱彻的皇家学院学生时代

有关的故事："我很明白，……史传上的丰功伟业，可以激励人心；精研史册，可以有助于英明善断；读遍好书，有如走访著书的前代高贤，同他们促膝谈心，而且是一种精湛的交谈，古人向我们谈出的只是他们最精粹的思想。……可是我认为自己用在语言文字上的功夫已经够多，诵读古书、读历史、读寓言花的时间也已经不少。因为同古人交谈有如旅行异域……可是旅行过久就会对乡土生疏，对古代的事情过分好奇每每会对现代的事情茫然无知。……就连最忠实的史书，如果不歪曲、不夸张史实以求动听，至少总要略去细微末节，因而不能尽如原貌；……"（René Descartes, *Discours de la Méthode • Von der Methodedes richtigen Vernunftgebrauchs und der wissenschaftlichen Forschung*, übers. und hrsg. von Lüder Gäbe, Hamburg 1969, S. 9, 11, 13. 中译参阅笛卡尔：《谈谈方法》，王太庆译，商务印书馆2000年版，第7—8页。）在培根那里，事情就没有那么清楚了，他自己就是一位重要的历史学家，他计划在他的《伟大的复兴》的第三部分处理历史问题，但这个计划没有实现。就培根的假象理论的假象（idolafori），阿多诺在他的《关于意识形态理论的论文》中强调，借助它们，对"那些"人，同时也是不变的自然存在而言的幻觉，是一种负担，而不是使它们成为这样或它们作为大众而取决于的条件。……此外，术语的蒙蔽被归咎为逻辑的不纯，并由此被归因于主体和它们在客观的历史星丛立场上的不可靠……（GS 8, S. 459. 中译参阅阿多诺：《整合与分裂——社会学文集》，侯振武译，上海人民出版社即出。）就此而言，实际上人们可能希望看到，不同于哲学历史的一般见解（communis opinio），经验主义和理性主义更为接近。（s. auch oben, S. 52 f. 见本书第45—46页及相关论述。）

⑮ 阿多诺想到的是胡塞尔1929年的《形式逻辑和先验逻辑》中的一段话，他在他的《认识论元批判》中引用和评论了这段话；它可以在胡塞尔的文集中找到（a. a. O. [Anm. 122], Bd. 7, S. 215）："更准确地说，揭示判断的意义发生，就相当于对蕴含于和本质上属于显然可见意义的意义因素之展开。作为一种'构造'或'发生'的已完成产物，判断的构造或发生问题能够和应该被提出。此产物的本质特性正在于以下三点：首先，此产物正是意义，此意义作为其发生之意义内涵，自身包含着一种历史性；其次，在此产物中意义逐阶地指涉着原初意义以及相关的意义相关项的意向性；再者，人们因此能够对于每一意义形成物提出符合意义本质的意义史问题。"胡塞尔几乎没有比上文走得更远。其内容似乎缺乏新意。从主观综合出发论证物性的同一性，这源自康德，而对"历史内在性"的证明则源自黑格尔。但是，胡塞尔的洞见的影响在于，他迫使坚硬的物乃至于抽象的判断形式产生出综合和历史，而在古典唯心主义者那里，它们属于一种已经预先构想好的关于精神的解释，这种解释恰恰是"体系的"，它考虑到了物世界，但没有认识到，在辩证的进展中，精神自己的世界的状况不同于物化的状况，并且没有通过方法来表达出这种认识。然而，作为追究细节的学者和修正的实证主义者，胡塞尔一直在坚硬的和陌生的认识对象面前坚持着，直到它屈服于

美杜莎式的目光。作为同一的判断对象,物打开了自身并在一瞬间呈现出其坚硬性应当隐匿的内容,即历史性的进行。[GS 5, S. 218 f.中译参阅阿多诺:《认识论元批判》,侯振武、黄亚明译,上海人民出版社 2020 年版,第189 页;他在《遗著》第 4 卷,第 14 册,第 253 页起,注释㊲中遗落了的段落,是由编辑通过卡尔·马库斯(阿姆斯特丹),他最细心的读者,指出来的。]也可参阅本书边码第 221 页,以及 1939 年 10 月 13 日,阿多诺和霍克海默之间的对话,见 Horkheimer, *Gesammelte Schriften*, a. a. O.[Anm. 9],Bd. 12:*Nachgelassene Schriften 1931—1949*, hrsg. von Gunzelin Schmid Noerr, Frankfurt a. M. 1985, S. 499 ff.——胡塞尔思想的重要性,"即每一个判断,按照它自己的意义,都在其本身中有其起源",对于阿多诺的思想而言决不应该被高估。

*

"而现在,我希望没有什么东西能够阻碍眼前这本小册子给人一个好的第一印象。因此,我决定澄清、解释和证明……然而,一些无法避免的外来词还是会阻碍理解,这些外来词之所以晦涩难懂,是因为它们涉及特定的对象,涉及信仰、意见、习俗、寓言和伦理。对这些外来词的解释被认为是下一项义务……但这些解释是在一定的关联中进行的……"

缩　略　语

本书中阿多诺的著作是根据《阿多诺著作集》(*Gesammelten-Schriften*, hrsg. von Rolf Tiedemann unter Mitwirkung von Gretel Adorno, Susan Buck-Morss und Klaus Schultz; Frankfurt a. M.1970 ff.) 以及已经出版的《阿多诺遗著集》(*Nachgelassenen Schriften*, hrsg. vom Theodor W. Adorno Archiv; Frankfurt a. M. 1993 ff.)的版本来引用的。缩略语通用:

GS 1: Philosophische Frühschriften. 3. Aufl., 1996

GS 2: Kierkegaard. Konstruktion des Ästhetischen. 2. Aufl., 1990

GS 3: Max Horkheimer und Theodor W. Adorno, Dialektik der Aufklärung. Philosophische Fragmente. 3. Aufl., 1996

GS 4: Minima Moralia. Reflexionen aus dem beschädigten Leben. 2. Aufl., 1996

GS 5: Zur Metakritik der Erkenntnistheorie/Drei Studien zu Hegel. 5. [recte: 4.] Aufl., 1996

GS 6: Negative Dialektik/Jargon der Eigentlichkeit. 5. Aufl., 1996

GS 7： Ästhetische Theorie. 6. Aufl., 1996

GS 8： Soziologische Schriften I. 4. Aufl., 1996

GS 10 • 1： Kulturkritik und Gesellschaft I. 2. Aufl., 1996

GS 10 • 2： Kulturkritik und Gesellschaft II. 2. Aufl., 1996

GS 11： Noten zur Literatur. 4. Aufl., 1996

GS 12： Philosophie der neuen Musik. 2. Aufl., 1990

GS 13： Die musikalischen Monographien. 4. Aufl., 1996

GS 14： Dissonanzen/Einleitung in die Musiksoziologie. 4. Aufl., 1996

GS 18： Musikalische Schriften V. 1984

GS 20 • 1： Vermischte Schriften I. 1986

GS 20 • 2： Vermischte Schriften II. 1986

NaS IV • 4： Kants »Kritik der reinen Vernunft« 〈1959〉, hrsg. Von Rolf Tiedemann. 1995

NaS IV • 7： Ontologie und Dialektik 〈1960/61〉, hrsg. von Rolf 266 Tiedemann. 2001

NaS IV • 10： Probleme der Moralphilosophie 〈1963〉, hrsg. Von Thomas Schröder. 2. Aufl., 1997

NaS IV • 13： Zur Lehre von der Geschichte und von der Freiheit 〈1964/65〉, hrsg. von Rolf Tiedemann. 2000

NaS IV • 14： Metaphysik. Begriff und Probleme 〈1965〉, hrsg. Von Rolf Tiedemann. 1998

NaS IV • 15： Einleitung in die Soziologie 〈1968〉, hrsg. von Christoph Gödde. 1993

来自美因河畔的法兰克福阿多诺档案馆的未出版材料仅以相应的档案签名引用；前面带有印记"Ts"的签名表示已完成作品或仍为片段

的作品的打字稿;前面的"Vo"既表示阿多诺演讲磁带的打字转录,也表示他自己手写的关键词。

本版本的录音带位于阿多诺档案馆中,索书号为 Vo 10809-10919,阿多诺本次演讲的手写关键词位于 Vo 11031-11061 下的相同位置。

编 者 后 记

阿多诺在 1960 年到 1966 年间伴随《否定的辩证法》的形成进行了 ³³⁷四门讲授课,在最后一门讲授课中,他谈到了 1966 年出版的《否定的辩证法》一书开头出现的主题,可能是为了纪念《精神现象学》,这些主题被置于"导论"的标题之下。黑格尔的"导论",就像他的整本书一样,处理的是"意识的经验",而不是它的"科学";当阿多诺计划给《否定的辩证法》的"导论"文本设想"论精神经验的理论"这个临时的标题,并将其描述为他对"哲学经验的概念"(GS 6, S. 10. 中译参阅阿多尔诺:《否定的辩证法》,张峰译,上海人民出版社 2020 年版,"序言",第 2 页。)的阐述时,这一点似乎在阿多诺的术语中再一次出现了。阿多诺毫不犹豫地使用与"在概念反思的媒介中完整的、未被化约的经验"同义的"精神的经验",从而试图转写一直浮现在他眼前的那种哲学(s. oben, S. 122. 参阅本书第 118 页);一种"精神经验的理论",就像他在《否定的辩证法》的"导论"中和在平行开设的课程中勾勒的那样,似乎也是某种类似其哲学的方法论的东西,如果人们能以任何其他的方式来谈论这种方法的话。阿多诺自己只将《否定的辩证法》称作为"[他的]材料性研究工作"的一个整体的方法论,以便立即纠正:"根据否定的辩证法的理论,这些工作与本书之间不存在任何连续性。然而,这种不连续性也将得到研究,从中可以了解到思想的指南。这种做法并不获得奠基,而是得到辩护。笔者打算尽其所能把牌摊在桌面上——这和玩牌游戏绝不是一回事。"(GS 6，S. 9. 中译参阅阿多诺：《否定的辩证法》，张峰译，上海人民出版社 2020 年版，"序言"，第 1 页，译文有改动。)奇怪的是，这些规定对《否定的辩证法》的文本而言是不恰当的。阿多诺一再强调，他的材料性研究工作恰恰不该被归属于固定的"方法"，这些研究工作并不能独立于它们的对象和内容而转移到任何其他作品中，并且从文本上看，这就再明显不过了。除了作为"材料性研究工作"的总和：关于本体论、历史和道德哲学或形而上学这样的工作；也可以说：关于海德格尔、黑格尔和康德或者奥斯威辛之后哲学的可能性之外，《否定的辩证法》会是什么呢？充其量是这本书的中间部分，关于一种否定辩

338 证法的概念与范畴的部分，可以算是传统上属于方法论的东西。甚至是无力的"思维指南"：相较于将他的代表作（chef-d'œuvre）拉低为这种没有约束力的"指南"，阿多诺的对手再没有能比这更使他不愉快的了。最终：如果不这样处理材料上与"方法论上的"哲学思考之间的非连续性，那么"游戏"还能是什么呢？人们只有坚持方法论的字面意思，只要人们思考每种方法都固有的逻各斯；那就不会期待特定的方法，而是会期待多种方法的正当性：阿多诺所有个别作品不同的程序的倾向，这个概念在《否定的辩证法》的"序言"和手头上的这个讲座中才有意义。然而，就像阿多诺在关于黑格尔的《经验内涵》的文章中所做的，更好的做法是，讨论"精神经验的模式"，是它"触动"了阿多诺的思想，并且他的"真理内涵"包含其中（vgl. GS 5，S. 295. 中译参阅阿多诺：《黑格尔三论》，谢永康译，上海人民出版社 2020 年版，第 41 页）——在否定辩证法的讲授课中引用的诗句"卡斯特纳先生，肯定性在哪里呢"，在当时——或许现在亦然——适用于同样平淡无味的"阿多诺先生，您的方法到底是什么呢"。阿多诺似乎曾想为此作出一些让步，但在他努力为自己的思想穿上被要求的方法的紧身衣时，却不断地破坏自己的意图，并再次陷入材料性的哲学探究当中，无论是关于方法的二律背反，还是

关于精神的经验。

阿多诺尝试着在不断变更的术语表之下,将那些令人深感不满的、与其对象不相称的和所有传统哲学中被世界进程所否认的东西,带到"唯一仍然开放的批判道路"之上:作为对第一者的思维、原初思维、主体性的优先性、万能的统治原则——同时恰恰也作为一种方法的构造。"确切意义上的方法"对他而言是"精神的操作方式,这种操作方式总是被有效地运用着,因为它抛弃同实事即认识对象的所有联系"(GS 5, S. 19. 中译参阅阿多诺:《认识论元批判》,侯振武、黄亚明译,上海人民出版社 2020 年版,第 8 页)。这个操作过程是无处不在的数学化,就像每一种明确的方法的理想在任何时候都是数学一样,它作为柏拉图的天堂超拔到经验的低洼之上;阿多诺想要澄清这种已经出现在柏拉图《美诺篇》中苏格拉底的"数学的胜利和每一次胜利",他致力于"将美德还原为不变的,但因此也是抽象的东西"(ebd. 中译参阅阿多诺:《认识论元批判》,侯振武、黄亚明译,上海人民出版社 2020 年版,第 8 页)。抽象是一种操作方式,其每种方法都是概念形成活动必须提前使用的:不考虑在每种情况下都要关注的特殊之物,使它可管理,但这意味着——可统治。方法论者和逻辑学家错误地认为,通过这种方式,能够轻易地将普遍物作为特殊之物、有限之物和在此存在物的他者操纵在手中;正如数学是一个巨大的同义反复,它的"全部统治范围仅限于它预先准备好的、被驯化了的东西"(ebd.; s. auch oben, S. 47. 中译参阅阿多诺:《认识论元批判》,侯振武、黄亚明译,上海人民出版社 2020 年版,第 8 页及本书第 42 页),因此,方法总是只与其自身相关,与那种最稀薄的、抽象的和剩余的东西相关,它们为这些东西准备了一个世界,由于它们将所有一切都仅仅当作普遍概念性之物来对待,不再在其自身中去寻找任何东西。出于这个困境,唯心主义创造了如下美德,即从自我中推导出每一个非我,将所有的客体规定为主体,或者就像它们所说的那样,让主体去"设定"客体:这样它就只能是如此被给定的,并再次受制于主体性的统治,而它们自身从一开始就隶属于这种主体性。如此理解的方法最终在它们的社会模式之中、交换社会的等价原则中得到体现,在交换社会中,使用价值更多的是在量的视角之下,作为根据交换价值并通过货币等价的东西,而不是作为不同的质来探究。阿多诺在《认识论元批判》的"导论"中(而《认识论元批判》几乎没有正确地认识它的地位),从最疏远的密切关系中描绘了这条——尽管有康德的描绘,也有远超康德的"非批判"的描绘——精神和现实的道路,这是一部真正哲学的哲学史著作,同时也是尼采之后使用德语写作的思想语言之荒漠中的文学幸运之笔。阿多诺的"第二篇导论",也就是《否定的辩证法》的导论,是对第一篇导论的续写,因为他将这个本质上批判—否定的操作过程,进一步推进到否定—辩证的操作过程。

阿多诺将哲学的,或者更一般而言,精神的经验与方法论拜物教对立起来,这意味着从具体的个体、从不可言说的个人出发,长期停留在它那里并将自己交付给它,而无论如何不在这种信任中耗尽自己。与抽象的方法相反,精神经验感兴趣的是经验中的差异,而不是在其中它与其他事物同一的东西;**"否定辩证法"**所指的**"不是同一性的辩证法,而是非同一性的辩证法"**(oben,S. 9. 见本书第4页)。毫无疑问,阿多诺对经验概念的强调使用,凸显了它与亚里士多德的 ἐμπειρία(经验),以及英国经验主义在经验(experientia and experience)之下理解的东西的关系:否定辩证法家竭力追求的思维,从属于个体的首要性;它是个人投向个体存在者的目光,或者说它是以这种个体存在者为开始的。就此而言,阿多诺可以说,他争取达到的"转向","以某种棘手的、辩证的方式包含了对经验主义的拯救;这意味着,它在原则上始终是一种自下而上的认识,而不是自上而下的认识,它是自身沉湎(Sichüberlassen),而非演绎"(oben,S. 122 f. 见本书第118页)。这个"也"是决定性的:阿多诺的经验转向**"也"**是一种对经验主义的拯救,但绝不是那种旧的或者一种新的经验主义。按照以赛亚·伯林的说法,正如哈曼是处在阿多诺既与之相对立又与之相关联的"反对理性主义的神秘主义和经验主义的联盟"中一样（vgl. Isaiah Berlin, *Der Magus in Norden. J. G. Hamann und der Ursprung des modernen Irrationalismus*, übers. von Jens Hagestedt, Berlin 1995, S. 74；vgl.auch NaS IV·13, 412 f.），阿多诺的思想则可以被描述为反对神秘主义的理性主义和经验主义的联盟。——"实际上，思想者根本不思考，而是把自己变成精神经验的发生地点，而不拆开它"：因此，阿多诺讨论了"作为形式的论说文"和"论说文式的思想家"，尽管这思想家很可能接近哲学家，但他仍然不是哲学家；恰恰相反，哲学的思想者认为他的任务正在于这个"拆解"过程中他所追寻的经验，对他来说，思想与对他关于原初事实（facta bruta）的经验的"拆解"同时发生。经验是一回事，思维则是另一回事；正如洛克所说，所有的思维都建立在经验之上，莱布尼茨的理念学说也必须加上如下一点："如果不首先出现在感官中，那么理智中就不会有任何东西，**除了理智自身**"（nihil est in intellectu, quod non fuerit in sensu, *nisi intellectus ipse*）；为了使经验成为精神经验，精神必须穿透和超越被经验之物。但阿多诺和荷尔德林都意识到，这是行不通的。"精神并不像它自我加冕的那样，是他者，是保持纯粹性的超越性的东西，它也是某种自然史……现实给精神颁布的禁令阻止精神飞翔到它自己的概念悖逆单纯存在者而妄想的地方去"。（GS 10·2, S. 633. 中译参见阿多诺：《批判模式》，林南译，上海人民出版社 2023 年版，第 162、163 页。）仅仅是经验，仅仅是这样的经验是不够的；只有当经验成为精神经验——甚至此时经验也是一个"附加物"，没有这个附加物，否定辩证法就不会产生——存在者才能够放弃那些无效的"他者的踪迹"，那些对"是其所是，但非所有"的脆弱指示。但是，这其中可能固有的非理性因素却与让自己委身于非理性主义相去甚远，毋宁说："在哲学意义上想来，谁若是始终逻辑连贯地将精神的经验固定下来，那种经验的对立面也便为他所知。很快精神的经验就只剩下狂想成分了。只有这样，事

341

后的反思才不仅仅是对已经验的东西的重复性呈现。"(GS 10·2,S. 160. 中译参见阿多诺:《批判模式》,林南译,上海人民出版社 2023年版,第 137 页。)但这也无非是说,精神经验决不能建立在一种与概念性的松散关系中,而必须在推论性与合理性方面更加严格地证明自身。

阿多诺的否定辩证法几乎不能与一种德里达意义上的"差异哲学"相比较,德里达在差异(différence)之外提出延异(différance)这个不恰当的词,并相信,通过变戏法的诡计能够摆脱被概念性所迷住之物的命运,这样,在唯心主义终结之后,几乎不能再谈论一种被给予的或者被建立的主体与客体的同一性。事物和它的概念不再以这种方式合二为一,以至于后者能够被冒充为前者的内涵。对否定辩证法而言,"事物自身""绝不是思想产品,而是贯穿同一性的非同一性"(GS 6, S. 189.中译参见阿多诺:《否定的辩证法》,张峰译,上海人民出版社 2020 年版,第 161 页)。要达到事物的客观规定性,需要主体付出更大的,而非更少的努力;"按照康德的学说,意识实际上无意识地、自动地贯彻了同一化。精神的活动,特别是康德列入构造问题的那些活动,不同于他将其与之等同的那种自动作用——由此特别形成了唯心主义者发现的精神经验,尽管很快又阉割了它"(Ebd. 中译参见阿多诺:《否定的辩证法》,张峰译,上海人民出版社 2020 年版,第 161 页)。如果在此期间,哲学的关注点是被黑格尔蔑视为"惰性实存"和被排除的非概念物领域的东西,那么"为概念所压制之物、蔑视之物和抛弃之物"(GS 6, S. 21.中译参见阿多诺:《否定的辩证法》,张峰译,上海人民出版社 2020 年版,第 7 页,译文有改动),只能在概念性的语言中得到"公正对待"。否定辩证法不能废除概念性和抽象性,而是想用另一类知识来代替它们,这种知识必定会以一种无力的方式从现实之物中反弹出来。它也不是直接对事物的反思,而是对阻碍我们意识到事物本身的东西的反思;对知识的社会局限性的反思,这种知识只有通过抽象,借助推论性的语言才是可能的。这种反思将不会从推论性语言中跳脱出来,相反,它"想用概念炸开未进入概念的东西"(GS 11，S. 32)。那时,阿多诺不害怕以定义的形式去言说那种他认为要争取达到的认识,因为他不容置疑地将之与概念联系在了一起:"认识的乌托邦是把非概念与概念拆散,不使非概念成为概念的对等物"(GS 6，S. 21. 中译参见阿多诺:《否定的辩证法》,张峰译,上海人民出版社 2020 年版,第 7 页)。然而,这个非概念之物:事物自身、非同一物或非意向之物——阿多诺试图用概念表明,它们并不仅仅是类的范例——并不是在某个地方已经给定或预先找到,只是认识还没有够得到的东西;它将首先"在[它的]社会、历史和人类的发展意义上才能被实现"(GS 3，S. 43. 中译参见霍克海默、阿道尔诺:《启蒙辩证法》,渠敬东、曹卫东译,上海人民出版社 2006 年版,第 20 页),然而,它是作为它的潜能包含在抽象的概念本身中,这个潜能迫使它超出它僵化的、封闭的固定化。否定辩证法力求满足这种强迫,并由此为新事物再度打开那些将现实之物一劳永逸地归类和静置的范畴。

非同一物不是由任何孤立的概念打开的——毋宁说,它恰恰是对"单纯"概念性的批判的动机;相反,它在任何情况下都是由多个概念,即不同的单个概念所组成的星丛打开的:"虽然打开个别之物的,并不是它作为样本所属的分类概念,但却可能是建构性思想加诸个别之物身上的概念星丛。——与保险箱的数字组合的比较"(Oben，S. 183. 见本书第 185 页)。阿多诺在这门课程的提纲中这样写道。星丛的或构型的(konfigurativ)思维的思想是阿多诺最长期的和最强烈的追求。早在 1932 年《自然历史的观念》的报告(这是他哲学的一份纲领性文件)中,他就已经认识到用普遍概念进行思维的严重不足,普遍概念把正需要去认识的存在物的最好部分切掉了,这个部分构成了每一个个体的特殊之处;为了作为工具加以掌控,概念只保留了它应该说的事物的抽象方面,工具与这种抽象有许多共同之处。针对普遍概念的操作 343 过程,阿多诺想提供一种"不同的逻辑结构":"它是星丛的结构。它涉及的不是概念彼此之间的澄清,而是观念的星丛……它并不回溯到作为'不变之物'的观念；问题意向（Frageintention）不是要去找出它们，而是它们聚集在具体的历史事实性周围，这个事实性在那些因素的关联中显示它的唯一性。"（GS 1，S. 359）对阿多诺来说，他的哲学的唯一对象是"独特性"（Einmaligkeit）或者"具体的历史事实性"，直到他最晚期的著作，都一直坚持这一点，即使他从来没有给出过一个详尽的、一致的或者仅仅是单义的星丛的认识理论。甚至连星丛或构型得以形成，或它们聚集在一起的环节也不总是相同的；概念、理念、因素或在者（τὰ ὄντα）：星丛的思维必须在所有这些环节中证明自己。"将哲学规定为因素的组合，在质上是区别于组合中任何因素的单义性的，因为因素组合本身多于它的诸因素的总概念，也是不同于这诸多因素之总和的另一种东西。星丛不是体系，不能调停，所有因素都不是融入星丛之中，但是一个因素照亮另一个因素，而且将诸多单个因素一道构成的形象，就是确定的符号和可读的著作"（GS 5，S. 342. 中译参阅阿多诺：《黑格尔三论》，谢永康译，上海人民出版社 2020 年版，第 83—84 页）。在阿多诺的所有著作中可以找到大量关于星丛概念的认识论—方法论的详细解释，无论它们如何不尽如人意：星丛理论都是作为传统认识论的反对物而被构想出来的。它只是在阿多诺的材料工作中得到实现，所有哲学作品都是对符号的规定、对文字的阅读，星丛将存在的世界组装到这些作品之中。否定辩证法据说是非同一性的辩证法：这就是说，产生它的精神经验的真理内涵，是一个否定的真理内涵。他不仅注意到，概念将永远不会公正地对待被包含在它之下的东西，而且也注意到，存在物并不——仍然没有——符合于它的概念。"在未取得一致的条件下，非同一性被体验为否定性"（GS 6，S. 41. 中译参阅阿多诺：《否定的辩证法》，张峰译，上海人民出版社 2020 年版，第 25 页），这构成了否定辩证法及其精神经验的形态的历史哲学标志。

　　《否定的辩证法》的"导论"以及参引并改写了它的《否定辩证法讲演录》都是晚期的作品，这不仅仅是在字面意义上说它们的写作和讲课的举行晚于已经成稿的《否定的辩证法》，而且是在更宽泛的意义上，阿多诺的去世使它们进入其创作的尾声，从而使它们成为传记意义上的晚期作品；最重要的是，它们两者都属于阿多诺"正当其时代"地发现的"最后的哲学"，这个时代是在 20 世纪上半叶随着文明和文化的崩溃开始并持续至今的野蛮时代。

令人遗憾的是，手头上的这本文集的残缺版本是根据前十次讲座的录音稿转写而成的，这些录音是在社会研究所录制的，现存特奥多·阿多诺档案馆，编号为 Vo 10809-10919。在文本编辑的过程中，编者努力采用与阿多诺本人编辑演讲稿类似的方法，只要他想要出版这些自由而克制的演讲稿，就会采用这种方法，并且编者特别尝试着保留了口头演讲的特点。除了在任何必要的地方，编者都尽可能少地对流传下来的文本进行干预；在这方面编者已经有了经验，这些经验是他在编辑阿多诺讲座先前版本的过程中积累起来的，编者感到在当前版本的编辑中，相比于之前对《本体论和辩证法》的编辑，他对稿件的润色——虽然的确既没有回到阿多诺，也没有得到他的授权——稍微自由了一些。错格和省略的表达已经默默地得到纠正，其他违反语法规则的文句也是如此。除了谨慎地删除掉太具干扰性的重复之外，也有一些对让人感到困惑的句子结构的调整。阿多诺语速相对较快，他经常会对个别词稍作改动，这种情况并不少见；只要这些词语在意义的归属上清晰可辨，就能够在语法上进行相应的改进。填充词，尤其是小品词 nun，also，ja，还包括偶尔几乎是大量涌现的 eigentlich，当它们被简化为无意义的废话时，就会被删除。在处理本质上必须由编者添加的标点符号的过程中，编者是最自由的，他不需要顾及阿多诺所重视的书面文本的规则，而是努力地将所讲的内容尽可能清晰无误地组织起来。但是，编者并没有尝试着去"改进"阿多诺的文本，而只是按照编者对它的理解，将"**他的**"文本摆放出来。

阿多诺为他课程第十一讲到第二十五讲拟定的提纲,必定会在这些讲课中相应地出现,它们可以在阿多诺档案馆中找到,编号为 Vo 11031-11061。尽管这些提纲能够让编者相当精确地重构讲座的过程,但一般来说,它们较少构成阿多诺的论证;另一方面,后者通常来自总是在左侧页面与提纲平行的、阿多诺作为基础的报告的片段。提纲是按照阿多诺的字迹尽可能有策略而又与之完全相符地刊印出来的。四个编者无法准确破译的词用[?]标注。

在评注中,阿多诺使用的引文,以及阿多诺援引的或者可能援引的段落,都尽可能地指明了。此外,可能提到一些出自他的著作中的平行段落,它们能够澄清讲座所说的内容,但同时也证明,作者的讲课和著作是以极其多样的方式联系在一起的。——"必须从重音、从哲学所特有的重音符号发展感觉器官,在哲学关联的内部开拓它的关系,从而真正地理解哲学"(NaS IV・14, S. 81):评注同样服务于适合于阿多诺的指引的阅读。评注希望帮助人们回忆起阿多诺的讲座活动运行于其中的教育空间,现在它几乎不再被假定为理所当然的了。从《否定的辩证法》背景出发对这门讲授课的评注,完整地包含了一个对阿多诺哲学中更为重要的概念的解释。

＊

编者再次感谢在编辑过程中迈克尔・施瓦茨(Michael Schwarz)给予的帮助。编者还要向他的朋友赫尔曼・施韦彭豪泽(Hermann Schweppenhäuser)致以最深切的谢意,他一如既往地用他渊博的知识支持着编者。编者将以当前卷结束他为阿多诺档案馆所作的编辑工作,因此他想借此机会,感谢汉堡科学文化促进基金会及其董事会,特别是扬・菲利普・雷姆茨玛(Jan Philipp Reemtsma),是他们在过去十七年里使得编者的工作成为可能。

2002 年 9 月 22 日

346

术　语　索　引

（术语后的数字为原书页码，即本书边码；高频出现的术语未列出）

A

爱　Liebe　10

奥斯威辛　Auschwitz　26，35，337

B

被给予性　Gegebenheit　23，131，146

本质与现象　Wesen und Erscheinung　96，141，146，148—149，158—159，229

崩溃的逻辑　Logik des Zerfalls　16

必然性　Notwendigkeit　18，28，30，51，72，80，90，101，130，151，158，185

庇护　Geborgenheit　68

辩证法的肯定性　Positivität der Dialektik　18—19，23，25—29，30—31，36—37，40，47，48—49，245—247

表达和严格性　Ausdruck und Strin-genz　160，236

表象　Vorstellung　69，74，80，90，105，119，130，133，141，142，156，175，214，254，

剥削　Ausbeutung　89

C

参考系　Bezugssystem　58，188

阐释　Interpretation　28，70，79—80，90，106，115，227，232

陈述　Darstellung　58，160—161，192，216—217，219—220，222，235，247，256，257，261

抽象　Abstraktion　86，92，107，114，126—127，142，145，156，165，173，181，189，229，232

抽象的主体性　abstrakte Subjektivität　25，28，30

纯粹性　Reinheit　259，340

存在概念　Seinsbegriff　55，60—62，91—92，95—98，101

283

人 名 索 引

（人名后的数字是德文版页码，即本书边码；高频出现的人名未列出。除了每页出现的阿多诺提到的名字外，索引还包括讲座正文、注释和编者后记中提到的人名。正字体的页码指的是讲座和提纲，斜体的数字指的是注释和编者后记。间接提及已被包含在内，没有任何的特殊标记。）

概　　览

第一讲：矛盾的概念

保罗·蒂利希逝世之后—讲课的计划和意图—否定辩证法与崩溃的逻辑—概念中的矛盾—逻辑的同一性强制—客体中的矛盾；社会对抗；自然统治—唯心主义的、唯物主义的和否定的辩证法

第二讲：论否定之否定

抽象的主体性与社会的客观性—否定之否定作为肯定；黑格尔对实定性的批判—对黑格尔的制度辩护的批判—反对实定性自身的拜物教化—现实的东西不是合乎理性的—批判理论和否定辩证法；对精神的实体化的哲学批判

第三讲：否定辩证法是否可能

肯定之物的意识形态、物化思维—对物化的反抗、规定了的否定、内在批判—肯定之物作为因素—黑格尔哲学作为圆圈；虚假的东西是检验它自身和真理的试金石—对合题的批判—论体系的概念(I)

第四讲：没有体系的哲学是否可能

论体系的概念(II)—体系和系统—海德格尔的隐匿的体系—否定

辩证法作为世俗化的体系—统一性的因素与肯定之物的反抗；对个体的分析与体系的力量—乡土主义的强迫—当前《关于费尔巴哈的提纲》的第十一条

第九讲:思辨的因素

与经验主义的关系;精神经验和精神化—严肃和游戏—不受管束、非理性和模仿的要素;论哲学与艺术的亲缘关系—直觉、灵感、联想—概念与无概念之物—思辨的概念;马克思的思辨因素—"生产力的形而上学"

第十讲:哲学与"深度"

本质与现象;思辨与意识形态—作为"反抗"的哲学—痛苦的神义论;痛苦与幸福—乞求于深度或形而上学的内容—拒绝富于意义的命题;"内在性"—对咩咩叫的抵抗—深度:痛苦的表达

第十一讲到第二十五讲:关于否定的辩证法

关键词:表达与陈述,思维作为否定性—二阶反思,具体性—"紧身衣",与体系的关系—资产阶级的理性与体系—交换原则与体系—论对体系的批判—体系的双重意义—体系与断片,内在性与超越性—客观性中的主体,质的概念—具体之物作为真理—关于相对主义,真理的脆弱性,无根基的真理—辩证法和固定物,反合题—统一性与多样性—不断地对抗的否定本体论—内容化与方法—统治性原则,存在主义—萨特的自发性,萨特的格茨,语言和历史

其余的提纲

事物,概念与名称—反潮流—传统—修辞学—论柏拉图的《克拉底鲁篇》—关于语言的准确性—认识与乌托邦—思维与非存在物

译　后　记

　　阿多诺"遗著集"中的课程记录对于理解阿多诺核心思想而言具有十分重要的意义。尤其是这些课程是伴随着阿多诺诸多代表作的创作平行开设的,作者的创作过程有意无意地反映在这些课程之中。伴随着《否定的辩证法》的创作,阿多诺开设了四门课程,它们构成了我们探索这部艰深的哲学著作的门径,不仅是这部著作的"入门,也是他对其所作的自我评注"(蒂德曼语)。本书产生于这四门课程中的最后一门,其主题却直接关联《否定的辩证法》一开篇的"导论",其总括和方法的意义不言而喻。

　　《否定的辩证法》一书的读者通常会有如下印象,即此书尤其是"导论"不仅典型地体现阿多诺的论说文式的,甚至碎片化的构思和写作风格,而且其包含的主题繁多,让人感到不得要领,很难把握其中的核心动机和一致性的逻辑线索。而如果我们结合这些课程,尤其是对照本书来阅读,则会轻松许多。首先是因为阿多诺的讲课提纲的主体本就是对照这部著作的"导论"的草稿制定的,可以理解为对著作导论的主体文本的讲解;其次是考虑到课程的听众主要是青年学生或学者,阿多诺的讲解语言直接就是不同于书面语的日常口语,对重要的主题和逻辑关键点还会反复强调;最后是阿多诺或许未必满足于最终文本呈现的那种零散状态,所以在其草稿中给出了一个"论精神经验的理论"的手写旁注，以标记导论的核心主题。

这个旁注给了读者一个进一步理解否定辩证法的哲学史线索。据编者蒂德曼说，这或许是在致敬黑格尔的伟大著作《精神现象学》，具体而言是其最初的副标题"意识经验的科学"。阿多诺将"精神经验的理论"视为自己理想的哲学形态的"特征"，也是这种哲学的"方法论"。鉴于黑格尔及其辩证法在阿多诺哲学构思中的分量，我们不难推测，阿多诺在此公开了其对黑格尔《精神现象学》的某种模仿，而如果再考虑到《黑格尔三论》中的"经验内涵"一文，这种模仿也就可以说更加具体化为了改造，在那里黑格尔展现出双重的形象，其中之一正是非同一哲学和唯物主义的形象。无论是模仿还是改造，都足见黑格尔对阿多诺否定辩证法的影响力，读者也可以通过黑格尔哲学来把握否定辩证法的实质。当然，这种"精神经验"的概念虽然可以回溯到黑格尔的"意识经验"，甚至更早，但在阿多诺这个概念中客体作为非同一物的地位被进一步突出，最终呈现为一种"贯穿同一性的非同一性"（蒂德曼语）。当然这里同一性也得到了保留，从而使得否定辩证法不同于当代各种形式的后现代主义。

关于本书的编辑结构，德文版编者罗尔夫·蒂德曼（Rolf Tiedemann, 1932—2018）已作了仔细说明。眼前的中文版整体上依据德文版翻译，在排版方面按照中文版"阿多诺选集"进行了调整，除了注释改为章后注并加入少许中译者注之外，还不得已放弃了德文版中第十一讲到第二十五讲的逐页对照的效果，但采用了不同的字体进行区分。另外中文版还增加了术语索引，以提高本书的可读性和实用性。

从德文编者罗尔夫·蒂德曼的致谢中看出，本书是其阿多诺著作整理和编辑的最后一本，尽管这个出版工作还远未结束。作为阿多诺最忠实的学生和阿多诺思想遗产的守护人，法兰克福阿多诺档案馆（Adorno Archiv）馆长（1985—2002），罗尔夫·蒂德曼不仅是阿多诺和本雅明的重要研究者，更是他们著作最重要的整理、编辑和出版人。

1970 年开始,他与格雷特·阿多诺等人合作编辑出版了"阿多诺著作集"(Gesammelte Schriften),为阿多诺档案馆规划了"阿多诺遗著"(Nachgelassene Schriften)和"往来书信集"(Briefe und Briefwechsel)的出版计划,另外还为这些工作组织出版了八卷的《法兰克福阿多诺通讯》(Frankfurter Adorno Blätter)和"辩证法研究"(Dialektische Studien)丛书。可以说整个阿多诺研究,都受益于蒂德曼几十年来的默默付出,他的名字也始终陪伴着像译者这样的阿多诺学者。借本书中译本出版的机会,向蒂德曼先生致敬!

本书的翻译是谢永康和毛林林合作完成的,具体分工为:首先由毛林林翻译初稿,谢永康逐章校对,全书完成之后又各自校对一遍,然后提交"阿多诺选集译者工作群"审读,参考审读意见修改后交出版社,最后参考出版社的编辑意见修改定稿。照例要感谢译者"工作群"同仁的热心支持和帮助,以及于力平和毛衍沁两位编辑老师的辛勤工作。译文肯定还有很多不足甚至错讹之处,恳请读者批评指正。

谢永康　毛林林

图书在版编目(CIP)数据

否定辩证法讲演录 / (德)阿多诺
(Theodor W. Adorno) 著；(德)罗尔夫·蒂德曼编；
谢永康，毛林林译. -- 上海 : 上海人民出版社，2025.
(阿多诺选集). -- ISBN 978-7-208-19428-1

Ⅰ. B516.59；B089.1

中国国家版本馆 CIP 数据核字第 2025PW8673 号

责任编辑　毛衍沁
封面设计　尚书堂

阿多诺选集

否定辩证法讲演录

[德]阿多诺 著
[德]罗尔夫·蒂德曼 编

谢永康　毛林林 译

出　　版　上海人民出版社
　　　　　（201101　上海市闵行区号景路 159 弄 C 座）
发　　行　上海人民出版社发行中心
印　　刷　上海商务联西印刷有限公司
开　　本　635×965　1/16
印　　张　20
插　　页　2
字　　数　252,000
版　　次　2025 年 4 月第 1 版
印　　次　2025 年 4 月第 1 次印刷
ISBN 978 - 7 - 208 - 19428 - 1/B·1822
定　　价　80.00 元

马克斯·霍克海默

《启蒙辩证法：哲学断片》

《理性之蚀》

《批判理论》

《文化批判》

特奥多·W.阿多诺

◇ **阿多诺选集·哲学**

《否定的辩证法》

《美学理论（修订译本）》

《最低限度的道德：对受损生活的反思》

《黑格尔三论》

《认识论元批判：胡塞尔与现象学的二律背反研究》

《本真性的行话：论德意志意识形态》

《批判模式》

《棱镜》

《整合与分裂:社会学文集》

《全无范例:小美学》

《文学笔记》

◇ **阿多诺选集·音乐**

《论瓦格纳与马勒》

《音乐的瞬间》

《音乐与被支配的世界》

《新音乐哲学》

◇ **阿多诺选集·遗著**

《道德哲学的问题》

《辩证法导论》

《社会学导论》

《康德的纯粹理性批判》

Frankfurter Schule
法兰克福学派书系

《形而上学:概念和问题》

《否定辩证法讲演录》

《1949—1968 演讲集》

阿多诺选集 · 书信

《阿多诺-托马斯 · 曼书信集》

利奥 · 洛文塔尔

《文学与大众文化》

《文学与人的形象》

《虚假的先知》

尤尔根 · 哈贝马斯

《交往行为理论(第一卷):行为合理性与社会合理化》

《包容他者》

《后民族结构》

《社会科学的逻辑》

《真理与论证》

《在自然主义与宗教之间》

阿克塞尔 · 霍耐特

《权力的批判:批判社会理论反思的几个阶段》

《为承认而斗争:论社会冲突的道德语法》

《承认:一部欧洲观念史》

《再分配还是承认? ——一个政治哲学交辩》

《理性的病理学:批判理论的历史与当前》

《时代的活体解剖:20 世纪思想史画像》

《承认还是歧义:一场辩论》

《物化:承认理论探析》

《正义的他者》

《道德、承认与当下社会》

Frankfurter Schule
法兰克福学派书系

《作为社会批判的承认理论》

《劳动的主权：规范的工作理论》

《自由的贫困》

南希·弗雷泽

《食人资本主义》

《正义的中断：对"后社会主义"状况的批判性反思》

《正义的尺度：全球化世界中政治空间的再认识》

《伤害＋侮辱：争论中的再分配、承认和代表权》

哈特穆特·罗萨

《新异化的诞生：社会加速批判理论大纲》

《不受掌控》

《晚期现代社会的危机：社会理论能做什么?》

《加速：现代社会中时间结构的改变(修订译本)》

《共鸣：世界关系社会学》

《共鸣教育学》

《当野兽咆哮天使歌唱：重金属摇滚社会学》

莱纳·福斯特

《辩护的权利：建构主义正义论的诸要素》

《正义的语境：超越自由主义与社群主义的政治哲学》

《冲突中的宽容：一个争议性概念的历史、内涵与当下境遇》

《本体共和国——康德之后的批判建构主义》

《规范性与权力——社会辩护秩序分析》